GEORGE WASHINGTON'S
FALSE TEETH

华盛顿的假牙

非典型的十八世纪指南

〔美〕罗伯特·达恩顿 著
杨孝敏 译
刘北成 校

商务印书馆
The Commercial Press

Robert Darnton
GEORGE WASHINGTON'S FALSE TEETH
An Unconventional Guide to the Eighteenth Century
W. W. Norton & Company Ltd., First Edition, 2003.
根据 W. W. 诺顿出版公司 2003 年版译出

目　录

致谢　　　　　　　　　　　　　　　　　　　　　　001
导言　　　　　　　　　　　　　　　　　　　　　　005

第一章　启蒙运动案例：乔治·华盛顿的假牙　　　　015
第二章　新闻在巴黎：早期信息社会　　　　　　　　037
第三章　欧洲一体化：文化和礼仪　　　　　　　　　095
第四章　追求幸福：伏尔泰和杰斐逊　　　　　　　　108
第五章　重要的分水岭：奔向万森途中的卢梭　　　　126
第六章　美国热：孔多塞和布里索　　　　　　　　　138
第七章　追求获利：卢梭主义在巴黎证券交易所　　　160
第八章　不为人知的秘密：历史学家如何扮演上帝　　182

索引　　　　　　　　　　　　　　　　　　　　　　203

致　谢

　　本书的诸章节被设想为一个总论点的组成部分，范围从启蒙运动早期延伸到法国大革命，但它们因不同的需求以在不同的时间写成的论文出现。其中一些涉及研究报告，因而，带有完整的证据来源和文献目录。另一些是经典类的短论，亦即深思广泛的主题，它们从18世纪发展到现在。因为后者依赖普遍的研究而非原始的追究，且针对广泛的读者而非专家而发，所以，它们不包括任何学术等级。可是，在下面的致谢中，我想指出一些我认为尤其有助益的次要作品。我特别要感谢两位编辑的帮助，他们与我一道费劲地修改这本书和许多其他文本。他们是《纽约书评》的罗伯特·塞尔维和诺顿出版公司的史蒂芬·弗马尔。

　　第一章，最初以《乔治·华盛顿的假牙》发表于《纽约书评》，1997年4月27日，第34—38页。

　　第二章，本来作为美国历史协会的年度主席讲话而发布，后加以修改以《早期信息社会：十八世纪巴黎的新闻与媒体》("An Early Information Society: News and the Media in Eighteenth-Century Paris")发表在《美国历史评论》，2000年4月，第105卷，第1—35页。还以《巴黎：早期互联网》("Paris: The Early Internet")发表在《纽约书评》，2000年6月29日，第42—47页。扩充的版本发表在www.indiana.edu/~ahr（现在是 www.historycooperative.org/ahr）。增补的诗歌与歌曲传播之研究发表为《十八世纪巴黎的公众舆论和沟通网络》（"Public Opinion and Communication Networks in Eighteenth-Century Paris"），被收入在彼得－艾克哈德·那比（Peter-Eckhard Rnabe）编《舆论》（*Opinion*, Berlin, 2000），第149—230页。

第三章，是为德国《明镜周刊》（*Der Spiegel*）的专题而写，题名为:《共同体的幸福》（"Das Glück der Gemeinschoft"），《明镜周刊》，2002年1月7日，第148—159页。一个稍稍不同的版本题名为《欧洲心态一元化》（"A Euro State of Mind"），《纽约书评》，2002年2月28日，第30—32页。许多次要作品，受惠于路易丝·雷奥（Louis Réau）著《启蒙运动时期法国影响下的欧洲》（*L'Europe française au siècle des Lumières*, Paris, 1938）和弗朗索瓦·布莱谢（Françoise Bléchet）编《伏尔泰与欧洲》（*Voltaire et l'Europe*, Paris, 1994）。

第四章，是由1993年10月6日在东京作的一次演讲改编的，以庆祝日本高级研究所的创立，发表时题名为《追求幸福》（"The Pursuit of Happiness"），《威尔逊季刊》，1995年秋季号，第42—52页。一篇相关的短论《何谓美国世纪？》（"What American Century?"）发表于《欧洲评论》，1999年第7卷，第4期，第455—459页，两者均依赖广泛的二手研究成果，包括：罗伯特·莫齐（Robert Mauzi）著《十八世纪法国文学和思想中的幸福观》（*L'Idée du bonheur dans la littérature et la pensée française au XVIIIe siècle*, Paris, 1979）；霍华德·芒福德·琼斯（Howard Mumford Jones）著《追求幸福》（*The Pursuit of Happiness*, Cambridge, Mass., 1953）；厄休拉·M·冯·埃

克特（Ursula M. von Eckardt）著《民主信仰下对幸福的追求》（*The Pursuit of Happiness in the Democratic Creed*, New York, 1959）；以及里斯·艾萨克（Rhys Isaac）著《1740—1790年弗吉尼亚的转型》（*The Transformation of Virginia 1740-1790*, Chapel Hill, 1982）。

第五章，起初发表时题为《卢梭的社会生活：人类学与纯真的缺失》（"The Social Life of Rousseau: Anthropology and the Loss of Innocence"），《哈珀杂志》，1985年6月，第69—73页，并改写为《卢梭与礼仪社会》（"Rosseau in Gesellschaft"），收入厄恩斯特·卡西尔（Ernst Cassire）、琼·斯塔罗宾斯基（Jean Starobinski）和罗伯特·达恩顿合著《卢梭倡议的三种阅读》（*Drei Vorschläge Rousseau zu Lesen*, Frankfurt am Main, 1989），第104—114页。

第六章，发表时题为《孔多塞与法国的美国热》（"Condorcet and the Craze for America in France"），收入《富兰克林与孔多塞：来自美国哲学协会的两幅画像》（*Franklin and Condorcet: Two Portraits from the American Philosophical Society*, Philadelphia, 1997），第27—39页。

第七章，发表时题为《意识形态在巴黎证券交易所》（"Ideology on the Bourse"），收入米歇尔·沃韦勒（Michel Vovelle）编《法国大革命之映像》（*L'Image de La Révolution francaise*, Paris, 1989），第1卷，第124—139页。

第八章，发表时题为《历史学家如何扮演上帝》（"How Historians Play God"），收入《拉里坦：季刊评论》（*Raritan: A Quarterly Review*），第22卷，第1期（2002年夏季号），第1—19页。它取自我和伏尔泰基金会一起发表的一部电子书专著：《J.-P.-布里索：生涯与通信（1779—1787年）》（*J.-P. -Brissot, His Career and Correspondence 1779-1787*, Oxford, 2001），www.voltaire.ox.ac.uk。

导　言

美国的国父乔治·华盛顿正在同牙痛抗争吗？这并不是他最容易应付的战斗，而且他最后以失败告终。击败英国人并赢得首次总统选举之后，乔治·华盛顿于1789年正式就任，其时他口中仅有一颗牙，左下方的二尖齿。如果你知道如何看的话，审视他的肖像，你就能看出缺牙对他外观的影响——并非是钞票上的吉尔伯特·斯图尔特的作品，或是艺术家在华盛顿的嘴唇后面塞上棉花以使其看上去更自然一些的1796年著名的斯图尔特作品，而是由查尔斯·威尔森·皮尔绘制的1779年的肖像（见图1），它显露出他左颧骨下方凹进区域上的伤痕，据传，是由于化脓牙形成瘘的结果。国内所有最著名牙医都为华盛顿做过仔细的治疗。他自己也收集了许多由种种材料制成的假牙，从象牙、海象长牙、河马长牙到一个同胞的牙齿。[①] 并非只有他在跟牙疾进行斗争。他同时代的人对自身齿龈疼痛的忧虑大概超过了对1787年新宪法的忧虑。然而，倘若近距离观看，可看出他们是一群奇特的人。

---

① Malvin E. Ring, *Dentistry: An Illustrated History* (New York, 1985), p. 193, and James Wynbrandt, *The Excruciating History of Dentistry* (New York, 1998), pp. 158–162.

事实上，只要你详尽地审视一下18世纪，你就会发现围绕它的一切事物都是奇怪的。萨德侯爵的马车在一次交通阻塞中受阻，一阵狂怒之下，他用剑刺穿一匹马的肚子。德翁骑士宣称他是一个女人，穿着女装发起决斗。拉法耶特和身穿土著服饰的美洲印第安人一起装修巴黎市内住宅，同时，玛丽-安托瓦内特则化装成挤奶女工在凡尔赛宫花园中构建一个村庄。18世纪总是采用伪装并变换服饰。

图1 《乔治·华盛顿在普林斯顿》（1779年细部）。伊丽莎白·沃顿·麦基恩遗产执行者的赠与，1943年2月16日。承宾夕法尼亚美术学院许可。

18世纪也充满公民教训。它颁布宣言——美国《独立宣言》、法国《人权宣言》，它还出版许多专著：《论法的精神》《社会契约论》。但它把奇怪的曲解加到自由辩护上。孟德斯鸠从马基雅维利

导　言

那儿得到提示并想象了一场后宫爆发的革命*。卢梭吸收霍布斯的思想，试图把民主结合到共同意志上。米拉波援引卢梭的思想，为的是操纵巴黎证券交易所。造访18世纪，你一定会头晕目眩地返回来，因为它没完没了地令人诧异，无穷无尽地引起兴趣，不可抗拒地使人惊奇。

对奇特事物的好奇并不与美国历史学界所特别钟爱的特点相合，但如果这种品位能成为一种纠正错误历史意识的良方，它就可能产生一些积极的功效。当国家面临灾难时，美国人往往转向开国者求助，仿佛我们能打开一条直接通往18世纪的路径，轻叩智慧之源泉。举例而言，在关于尼克松与克林顿总统弹劾问题的争辩过程中，我们试图找到一条摆脱危机之路，潜心研读参加立宪会议的人们所抛出的每一片零碎资料。然而，他们生活的世界与我们的迥然相异。打开杰斐逊和麦迪逊之间的通信，你会惊讶地发现如下的话语："大地永远属于活着的一代……那么，每部宪法和每部法律，自然在19年末到期（原文如此）。倘若它被更长久地实施，那就是一种暴力的作用，而非权利使然。"① 倘若我们胆敢冒昧地闯入丹尼尔·布尔斯廷所称的"托马斯·杰斐逊的失落世界"，我们自己就可能陷入迷惘。

这部书提供一个18世纪的指南，但它并非包罗万象（那将需要多卷专著），而是涉及一些最引起人们好奇心的异常角落，以及

---

*　这里的后宫革命是孟德斯鸠《波斯人信札》中的情节。——校者
①　Jefferson to Madison, September 6, 1789, in Julian P. Boyd, ed. *The Papers of Thomas Jefferson* (Princeton, 1958), p. 396. 关于这种思想背后的哲理，杰斐逊最狂热的思想之一，见 Adrienne Koch, *Jefferson and Madison: The Great Collaboration* (New York, 1950), vol. 15, pp. 62–96。

本书对启蒙运动的原因的主要关注。很久以前，我企图写这样一本参考手册，另外又试图追随杰斐逊穿越巴黎。他的足迹通向法国人的生活，这些法国人对美国有一种理想化的热爱，同时又热衷于格拉布街的无情政治。其中一位，艾蒂安·克拉维埃勒，居然在巴黎证券交易所的一场吵闹的殴斗中被抓住，同时，他的投机使他卷入在俄亥俄州建立乌托邦似的殖民地计划与打倒凡尔赛政府的阴谋。另一个亲美的人，雅克-皮埃尔·布里索，在警方总监的档案中，证明是一名密探。探究的路线通向如此陌生的领域，因而，我最终决定追随他们，而非杰斐逊，在随后的十年内，在法国通称为心态史（history of mentalities）的研究领域中漫游。这里收集起来的论文正是基于那段经历的报告。不过，它们的足迹并未走遍18世纪所有版图，只是集中于四个相互关联的主题：法美关系、"文人共和国"*的生活、传播方式及法国启蒙运动特有的思想方法。

上述每一个主题均开辟了一条通向久远的18世纪精神世界之路，而每一个主题也与当代的争议问题有某些相似之处，因而提出一个问题。"你不应该犯时代误植错误"是历史学家的第一条戒律。倘若我们在现在和过去之间建立联系，我们可能打破它。"现代主义"的危险，如它有时被称谓的那样，比它看上去显得更加有害。少有几个历史学家出于道德教训筛选过去，或把华盛顿想象成为我们之中的一员，身着现代的流行服装。但是，除了通过我们自己的眼睛，我们如何能了解他？除了经由我们自己的

---

* "文人共和国"（Republic of Letters）是启蒙运动时期启蒙哲人共同体的自称和理想。——校者

导　言

时代我们如何反思过去呢？难道没有一个现代主义者的偏见植入我们的观念之中吗？即使当我们沉思吉尔伯特·斯图尔特与查尔斯·威尔森·皮尔的华盛顿肖像画时，我们又如何能得到一个关于华盛顿的直接印象呢？没有媒介，就没有通往历史之径。

历史学家们采取职业的精神特质对待这种两难。他们试图按照兰克模仿修昔底德规定的标准，重建"如其事实上"的过去。① 但这种做法需要付出代价才能得到，因为职业的历史学是倾向于封闭的，职业的历史学家往往为同行而写作，用博学的保护墙隔绝与普通公众的联系。这本书旨在冲破这一隔阂。它是为受过教育的普通读者写的，旨在为诸如此类的当代问题提供历史的观点：采用欧元向欧洲一体化的概念挑战了吗？互联网构建起一个新的信息社会吗？纠缠知名人士的私生活能使政治文化中的错误路线曝光吗？通过以 18 世纪为背景来看这些问题，我以为有可能以新眼光看它们，与此同时，又可享受一种关于 18 世纪的新观点。

这可能听起来像不知反省的时代误植。然而，我希望，通过认识和重视来应付隐含在表现过去的任何画面中的现代主义因素。我的论点并非是说 18 世纪本身是奇怪的——华盛顿并不认为未能"享受到" 21 世纪的牙医术是奇怪的，更确切地说，它对我们

---

① 兰克著名的惯用语句实际上比通常在翻译中所引用的说法显得更加充分有力。原文在《拉丁和条顿民族史（1494—1514 年）》（*Histories of the Latin and Germanic Nations from 1494 to 1514*）的前言中，他写道，他的努力并非欲判断过去或欲指导现在，而是"如实直书"："... Er will bloss zeigen, wie es eigentlich gewesen." 它是有这样分量的"唯一的"。Leopold von Ranke, "Vorrede der ersten Ausgabe", *Geschichten der romanischen und genmanischen Völker von 1494 bis 1514* in *Leopotol von Rankés Sämmtliche Werke* (Leipzig, 1877), vol. 33. p. vii.

而言是奇怪的。经由这种奇怪，我们始能更好地了解 18 世纪。我们也可能打退来自相反极端的威胁，即法国人所称的"怀旧主义"（passéisme）。沉湎于过去，并夸大使之独特的一切，就会歪曲过去。在人类学家当中，这个过错有个不同的名称：他者化。几年来，他们不断发出告诫，提防给其他文化附加上太多的他者特征。坚决主张另一个民族具有怪异的独特性可能会把他们置于无法理解的地位，从而误解他们。① 同样地，使过去显得宛如太久远的异乡可能会断绝通往它的门路。我们不应期待着捕捉想象中的本质的东西，从而把异地文化凝固化，而应去探询它们。我们需要学会讲它们的语言，向相关的源泉提出正确的问题，并把答案译回到我们同时代的人所能理解的言语。

倘若你把上述规划付诸实施，你不可避免地要正视自己的主观性。历史学，像人类学一样，已经变换成一种自我反省的方式，但它无须屈从于种族中心主义，也无须屈从于自我中心，如我希望这些短论所表明的那样。其中一些是以第一人称单数写成的，在职业历史学家看来，这种做法向来是禁忌；他们试图通过在其主观和自己之间保持适当修辞上的距离，创造一个客观性的错觉。我不想否认主观性，相反，在本书中我尝试推崇历史学家的第二条戒律"你不应成为他人"，即便它与第一条戒律相抵触。围绕着过去主义和现在主义的双重危险，我看不出任何简单的出路，除了跨越悠悠岁月，来来回回穿梭，以寻找新观点。但如我所理解

---

① 举例而言，见 James Clifford and George E. Marcus, *Writing Culture: The Poetics and Politics of Ethnogranhy* (Berkeley, 1986); Johannes Fabian, *Time and the Work of Anthropology: Critical Essays, 1971–1991* (Philadelphia, 1991)。

导　言

的，那是历史学的价值观念：并非意在教训，而是提供观点。

这样的做法也给予人们欢悦，尤其对于那些往返于18世纪的人们。美国开国者们的时代肩负着艰巨使命，但也不乏作乐。人们用拇指顶着鼻尖摆动其余四指以示轻蔑，跳摇摆舞，降低帆杠，追求各种各样的欢乐。然而，遗憾的是，当时也有牙病。任何在18世纪漫游的人不断遇到牙疼问题。18世纪的巴黎最著名的人物，除众所周知的刽子手外，就是大托马斯（Le Grand Thomas），一个拔牙师，他在巴黎新桥边上拔牙。同时代的人把他描述成一个了不起的人物。

> 凭着他巨大的身形和宽袍大袖，从老远的地方他就能被人们认出来。他高昂着头，披挂鲜艳的羽衣，稳坐在一辆钢制大车上，他……声音刚强有力，朝着桥的两头和塞纳河两岸发出低沉有回响的声音。他被一批信众团团围住；牙痛似乎在他脚下终止。那些狂热的仰慕者，像无尽的洪水，簇拥着他，目不转睛地望着他。千百双手高举到空中，恳求他治疗，而其他医生却只能沿人行道慌忙急奔，对他的成功，因嫉妒而心中充满愤怒。①

今天，我们大多数人不再为牙齿操心，除了偶尔在牙医那儿快速修补一下。倘若我们倾听18世纪，我们会听到人类不断咬牙

---

① Louis-Sébastien Mercier, *Tableau de Paris*, ed., Jean-Claude Bonnet (Paris, 1994), vol. 1, chap, 50, pp. 138–139. 亦见由科林·琼斯（Colin Jones）撰写的优秀短论："Pulling Teeth in Eighteenth-Century Paris", *Past & Present*, no. 166 (February 2000), pp. 100–145。

切齿与疼痛斗争的声音，虽然作用寥寥。连国王也不能幸免。路易十四的医生们弄开他的下颚，试图拔出腐烂的臼齿。对华盛顿的崇拜很大程度上应归因于其假牙。我自己的牙医向我保证说，华盛顿的假牙在牙科术教科书中处处出现；在牙医学校中，有关其笑话也是司空见惯的谈资。举例而言：

  牙科学生A：为什么在钞票上乔治·华盛顿看上去这么痛苦？
  牙科学生B：因为那副木制的假牙。
  牙科学生A：不，那是因为在20美元的钞票上，华盛顿没有戴上它。

  华盛顿真的戴着木制的假牙吗？许久以来，我以为我在弗农山（华盛顿故居）见过它们，但弗农山现在有一张网页，它告诫道，木制牙是一个神话。或许我应该从第一章中把它们删除——也从再次提及它们的第四章中删除，然而，我还是把它们留在那里，因为它们属于历史的虚构维度，是本书的另一个主题。虚构的故事塑造了心态，而它们也能在特别的地方被发现，例如18世纪的沙龙，它们在那儿为孔多塞提供材料，使他能把自己想象为纽黑文的一个有产者，并向布里索提供追踪巴黎外来的美国人的机会——并非仅仅拉法耶特及印第安人，还有埃克托尔·圣约翰·德·克雷夫科尔，这个诺曼人成为美国农夫，充当了论述高贵的野蛮人的专家。
  互联网本身被一个神话，即一个跨进历史新阶段"信息时代"的观念围绕着。在这方面，18世纪也向我们提供了加强我们历史意识的机会,因为它也是一个具有自己的媒介的信息时代。它们传递的信息依然能从残存的文件中获得。在档案馆消磨一整天,人们甚至能拼凑它们流经的部分传播系统。那项历史任务与本书的总目标相符合:打开与 18 世纪交流的路线,循着它到达本源,了解光怪陆离、"如其事实上"的世纪。

第一章

启蒙运动案例：乔治·华盛顿的假牙

【乔治·华盛顿带着一副假牙，几十年忍受牙痛的折磨，今天的人们或许惊讶不已，然而，在十八世纪这种"怪异"的现象并不少见。启蒙运动部分源自巴黎的沙龙、咖啡馆、戏院；巴黎的街头巷尾，人们的闲谈碎语、歌曲和诗歌与法国大革命有着密不可分的关系；坚定的革命者布里索或许是警方的一个密探；伏尔泰、孔多塞、卢梭等大名鼎鼎的人物还有另一副不为人知的面孔？琐细事件，断续残片，揭开了诸多鲜为人知的秘密，重塑了光怪陆离的，或许是"更为真实"的十八世纪。】*

我们生活在一个膨胀的时代：膨胀的货币、膨胀的评级、膨胀的推荐信、膨胀的名望和膨胀的思想。广泛的吹嘘影响了我们对近代政治文化初始之运动——18世纪启蒙运动的理解，因为它

---

* 此题注为中文版所加，引自本书商务印书馆2014年版封底文字。——校者

也已经被夸大到创始它的人们都将无法辨别的地步。启蒙运动起源于巴黎的一些沙龙中流传的一点点妙语,逐渐变成一个"消灭败类"*的运动,一种进步追求,一种时代精神,一种尘世信仰,一种须被抗辩、奋斗或超越的世界观及一切不论好坏的现代事物之源,包括自由主义、资本主义、帝国主义、沙文主义、世界联邦主义、UNESCO(联合国教科文组织)、人道主义和"人类大家庭"(摄影展)。凡是有怨言或有理由抗辩的人都从启蒙运动开始。

我们学者加剧了这混乱状态,因为我们创立了一个巨大的行业——启蒙运动研究,它拥有专门的学会、定期刊物、专题系列论文、学术会议和基金会。像所有专业人员一样,我们继续扩大着我们的领域。最终数一数,在七个大陆(南极洲除外)的六个之中,已有30个专业学会。在上一次世界代表大会上,我们聆听了许多关于俄罗斯启蒙运动、罗马尼亚启蒙运动、巴西启蒙运动、(奥地利)约瑟夫皇帝的启蒙运动、虔敬派启蒙运动、犹太人启蒙运动、音乐启蒙运动、宗教启蒙运动、激进启蒙运动、保守启蒙运动及儒家启蒙运动的论文。启蒙运动正开始成为所有事物的代名词,因而显得毫无意义。

一

我建议紧缩。让我们把启蒙运动视为一种运动、一种事业、一种观念转变和制度革新的活动。像所有的运动一样,它有开始、

---

* "消灭败类"是伏尔泰提出的口号。——校者

第一章　启蒙运动案例：乔治·华盛顿的假牙

发展，在某些地方但并非别的地方，有终止。它是具体的历史现象，可以定位于时间，限定于空间：在18世纪早期的巴黎。当然，它有起源。什么运动没有起源呢？它们追溯到古代，涵盖欧洲版图。笛卡尔的怀疑论、牛顿的物理学、洛克的认识论、莱布尼茨和斯宾诺莎的宇宙论、格劳秀斯和普芬多夫的自然法、培尔的怀疑主义、理查德·西蒙的《圣经》校订、荷兰人的宗教宽容、德国人的虔敬主义、英国人的政治理论和思想自由：人们可以充分地列出哲学来源，许多历史学家已经这样做了。但汇集这些来源即失却了要领，因为启蒙运动并非哲学才智的总和，少有几位启蒙思想家*是有独创性的哲学家。

他们是文人。他们极少提出前人梦想不到的思想。让我们将伏尔泰和帕斯卡尔、孔狄亚克和洛克、狄德罗和笛卡尔、拉普拉斯和牛顿、霍尔巴赫和莱布尼茨对比一下吧。这些启蒙思想家们致力于对前辈们为他们确定的主题写变奏。自然、理性、宽容、幸福、怀疑论、个人主义、公民自由和世界主义等在17世纪的思想领域中均可以见到，而且被更深刻地阐释过。这些思想在那些与启蒙思想家无关甚至对应的18世纪思想家，如维科、哈勒、伯克和塞缪尔·约翰逊等人那里也可以见到。那么，什么使启蒙思想家显得突出呢？

首先，他们献身于一项事业或信念。启蒙思想家是一种新的社会类型，今天，被我们通称为知识分子。他们意欲把其思想付之于应用，说服、宣传并改变周围的世界。无疑地，早期的思想家们也曾期望变更世界，如16世纪的宗教激进主义者和人文主义

---

*　启蒙思想家法语原文是philosophes，直译"哲人"。——校者

者均曾献身于他们的事业。但启蒙思想家们代表历史上的一种新力量。文人们齐心协力,且以相当大的自主性设法完成一项规划。他们发展一种集体的身份,被共同的信念锻造,不惧怕共同的风险。作为一个群体,他们因遭受迫害而引人注目,把其勇敢大胆戏剧化,但无论怎样都不足以制止他们进一步从事活动。他们逐渐产生了一种强烈的"我们"与"他们"对照的意识:智者和偏执者对照,正派人和物权者对照,光明之子和黑暗魔鬼对照。

他们还是精英。尽管在其理性信仰中就固有一种平等倾向,但他们仍旨在接管占支配地位的文化高地,并自上而下地启迪。这个战略导致他们集中精力攻克沙龙和研究院、日报和戏院、共济会地方分会和主要咖啡馆,他们在那儿能争取富人和权势们赞同他们的事业,甚至通过后门和卧房把他们的主张上达给王室。在中产阶级当中,他们得到了广泛的支持,但他们与农民划清界限。伏尔泰说道,最好不要教农民读书;某些人必须耕种田地。

我知道,这个观点是异端邪说。政治上,它是不正确的。虽然它考虑到皇家女主人和沙龙中贵妇人的影响,但它聚焦于男人。它是精英主义的、伏尔泰风格的,且根深蒂固地偏重巴黎的。对启蒙运动中著名的世界主义怎么看呢?不仅巴黎以外,而且法兰西疆界之外的那些伟大思想家又置于何地?尽管我认为巴黎是18世纪"文人共和国"的首都,但我还以为启蒙运动仍从许多场地传播:爱丁堡、那不勒斯、哈勒、阿姆斯特丹、日内瓦、柏林、米兰、里斯本、伦敦,乃至费城。每个城市均有其哲学家,其中许多人与启蒙思想家通信,且相当多的人超过他们。倘若人们测思想之深度和独创性,则难以找到一个与休谟、斯密、伯克、温

第一章 启蒙运动案例：乔治·华盛顿的假牙

克尔曼、康德和歌德匹敌的巴黎人。那么，为什么要专注于巴黎呢？

因为巴黎是这项运动的汇集地并使之成为一项事业的地方。在较早阶段，我愿意称之为前启蒙运动阶段，主要是像约翰·洛克（John Locke）、约翰·托兰德（John Toland）和皮埃尔·培尔（Pierre Bayle）一样富于哲理性的作家们跨越遍布英国和低地国的道路。他们分享旅行指南和观念，包括培尔对国际性"文人共和国"的设想。但直至他们智识的继承人，启蒙思想家们，建立营垒并开始参加运动时，启蒙运动才作为一项事业出现，才拥有热情的支持者和纲领。18世纪的头数十年间，其追随者们在巴黎锻造了集体的认同感。随着运动积聚力量，它传播着，而随着它传播，它变化着，不断适应其他条件并吸收其他思想。但它并未触及和涵盖知识生活的每一处及每个事物。将启蒙运动与18世纪的西方思想总和同等看待即是大大地误解它。把它看作知识分子的自我意识群体方面协力一致的运动，我们可把它缩小到适当的范围。这样来看它，是符合它的特点的，因为启蒙思想家们并不怎么致力于研发系统的哲学，更多的倒是致力于掌握其时代的传播媒介。他们擅长于使用机智的对话、书信、手稿会刊、报刊及各种形式的印刷信息，从多卷本的《百科全书》到由伏尔泰提供的各种小册子。

这种传播论的观念也会容纳18世纪后半叶启蒙运动在欧洲其他地方的传播以及此后在世界各地的传播。到1750年，其他地区有同样思想的哲学家开始自认为是启蒙思想家。巴黎像磁石一样吸引他们，巴黎人将他们列入这项事业中，欣喜地从像休谟和贝卡里亚（Beccaria）*这样有独创性的思想家那里得到增援。但这些外国的启蒙思想家，操着不纯正的法语，戴着不规范的假发，在巴黎感到陌生。他们常常返回家园，凭自己的力量加以发挥。（尽管在巴黎结交名流，贝卡里亚一经登上马车，他立即匆匆回到米兰，并从犯罪学研究转向美学。）伦敦、柏林和米兰的如同使节般的启蒙思想家们还发现了相异的思想根源，他们之中许多人是令人不安地信仰基督的。裂缝打开了；分歧发展了；分支已开始向新方向扩展。这就是所有运动的本性。它们总是在运转着，不断地扩展，不断地分裂。

在启蒙思想家或研究他们的历史学家当中，强调传播并非意味着漠视思想。它也不意味着接收从巴黎或从沿着智识交流途径传播的信息是被动的。相反，外国人反唇相讥。抗辩，个人互动，相互交流信件和书籍继续扩大着这个伏尔泰所称的"教会"。这项事业承载着坚定的信仰，因为启蒙思想家的思想，如自由、幸福、自然和自然法则都是有力量的理念。但它们并非是特别有独创性的。斯德哥尔摩和那不勒斯的思想家们为了学到宗教宽容和自然法则，无须阅读伏尔泰的著作。

这些思想属于各地受过教育的阶层人士易接触到的普通思想。哲学家们用新方法认真研究它们，无需由巴黎推进，而且往往不与启蒙运动一致。伏尔泰及其同道者所提供的并不是一种原创思想，而是一种新精神，即参与世俗十字军的意识。它以嘲笑始，试图把盲信者哄笑出上流社会；它以占领道德高地终，参与解放人类的运动，包括解放农奴、奴隶、新教徒、犹太人、黑人和（就

---

* 贝卡里亚（1738—1794年），意大利经济学家、法理学家。——译者

第一章　启蒙运动案例：乔治·华盛顿的假牙

孔多塞说）妇女。

从紧缩到传播，又从传播到研究一种精神，这个通向启蒙运动的途径看似是可疑的。因为倘若我们不欲编制思想目录，反而想把握运动的脉搏，难道我们不会被迫仰赖在黑暗中摸索时代精神吗？我宁愿认为我们能追求更精确的历史真实性。运动可以在地图上被标示出来。根据人群的聚合和信息流经传播系统，我们能在时空中追随那些运动。

启蒙运功从路易十四在位期最后数年间的大危机中产生。君主政体的威力和文学的声誉迅速发展有一个世纪，但1685年后，它们衰落了。废除南特敕令，古人派和今人派的争论，对詹森主义者和寂静主义的迫害均达到顶点。法兰西同时也经历了一系列人口、经济和军事的灾难。随着国家濒于分崩离析，附属于宫廷的文人们——费内隆、拉布律耶尔、布兰维利耶、沃邦和圣西门开始怀疑波旁绝对专制政体的基础和它所强力推行的宗教正统派观念。在宫廷陷入瘫痪，等待着年迈国王去世之时，巴黎开始走自己的路了。新一代精神独立和有才华的人接管了沙龙，向17世纪发展起来的自由思想注入新生机。1706年，一个12岁的神童，弗朗索瓦·马里·阿鲁埃，以后叫作伏尔泰，在巴黎自由思想的圈子崭露头角。九年后，到路易十四离开人世之时，他确立了作为巴黎最能嘲讽的才子的声望。这座城市，或富有且追名逐利的被称为上流社会的地区纵情于妙语，大多数妙语都是针对教会及摄政时期之统治阶层中被视为尊严的任何事物。

这个阶段的启蒙运动依然局限于狭隘的精英圈子，还限定在口说和手稿的范围。妙语和自由思想者的短论从沙龙传到沙龙，但它们难得印出来。第一个重大例外是孟德斯鸠的《波斯人信札》

（1721年）和伏尔泰的《哲学通信》（1734年）。两部著作均显示出从风趣的话语到至理名言的提升，因为两位作家均把自由思想者的不虔诚言论与对专制主义和不容异说的深刻反思结合起来。受到德·罗昂－夏博骑士的仆从们痛打并在巴士底狱被监禁两次后，伏尔泰逐渐认识到在一个由财富和门第保护网支配的世界中，独立作家们的弱势。

下一个重大的出版事件是《哲人家》于1743年问世，对上述问题提供答案。它提出，作家们应符合一种理想类型：既非科学家，亦非学者，而是新型的启蒙人，半是文人，半是社会达人，并完全致力于用文学使世界摆脱迷信。这本小册子，后来被收入《百科全书》及伏尔泰的《理性的福音》中，作为知识分子的独立宣言，同时又给他提供策略：他应在权力机构内工作，促进文人和社会达人之联盟，为的是推动这项哲学事业。

哲人们（启蒙思想家）作为一个群体开始为人们所知，他们找到德·马尔泽尔布作为最主要的支持者，1750—1763年图书出版行业的指挥者。由于有了他的保护，启蒙运动出版物突然火爆。虽然有自神职人员和地方行政长官的迫害，但最重要的作品，从孟德斯鸠的《论法的精神》（1748年）到卢梭的《爱弥儿》和《社会契约论》，在出版市场上稳定流通。《百科全书》（1751—1765年17卷正文出版，随之是11卷金属版画，最后一卷于1772年出版），为近代读者重新界定了知识领域，使之与启蒙哲学相融，并把它看作与启蒙思想家们的圈子一致，"文人协会"（société de gens de letters）一词被题写在书名页上。然而《百科全书》引起了公愤，几乎垮掉；但到1789年，它成为出版史上最重要的畅销书。经历过一些艰辛挫折，确切点说，由于它们，特别是在1757—1762年的政治知识危机期间，启蒙思想家始作为一种新的社会类型且必须予以重视的力量出现，我们现在称他们为知识分子。

其他情况无须赘述。这个故事具有诸多复杂性和矛盾性（更不用说让·雅克·卢梭了），不能简单地看成一个通过售书传播知识的平静过程。1750 年后，启蒙运动大部分发生在法兰西以外，尤其是以开明专制主义的形式重塑专制权力的形象。但所到之处——在腓特烈二世的普鲁士、叶卡捷琳娜二世的俄国、约瑟夫二世的奥地利、利奥波德大公的托斯卡纳、查理三世的西班牙、约瑟夫一世的葡萄牙、古斯塔夫三世的瑞典——君主和大臣们都指望从启蒙思想家们那里获得指导或合法性认可。几乎他们所有的人都阅读法文书；几乎全体都查阅《百科全书》，他们的臣民中最重要人物亦然。

经由这种历史主义绕道而行，不仅旨在把启蒙运动缩小到可驾驭的范围，而且也为了探讨下一个问题，即它与 18 世纪后发生的系列问题之相关性。膨胀的启蒙运动可被视为等同于全部现代性及归于西方文明名义下的所有事物，因而，它会被认为应对一切引起不满的事物负责，在后现代主义者和反西方化的阵营中许多人尤其持这种看法。

二

无论我们多么成功地把启蒙运动缩小到其真实的规模，即它只是一个 18 世纪的现象，我们都不能否认，它产生了在随后数个世纪中依然富有生命力的一套价值观念，它使一些社会与另一些社会迥然不同。用以描述的术语虽有不同——近代的对中古时代的，资产阶级的对贵族的，自由主义的对传统的，资本主义的对封建的，但合起来看，这些对比的术语都表示了久已存在于集体意识中的分隔线。像大多数界限一样，它挑起了冲突。一些人想要改动推进它，一些人想要消灭之。然而，现在，它可能不经一场战斗就消失，因为一个新界限已经画出：1989年，两个时代的界限——冷战前后。我们来到一个短暂世纪的终点，从1914年延续到1989年，但我们不知道我们进入了一个怎样的世纪。

是后现代主义时代吗？对于不同的人，这术语意味着不同的事物，无论人们对它如何不满意，它还是传达了一种与一个时代决裂的意思，其间，这些术语是清楚的，或至少清清楚楚地沿着一组对立面延伸。人们支持或反对自由主义、保守主义、资本主义、社会主义、个人主义、集体主义，等等。现在，我们谈论，确切点说，论说的则是再现、记忆、发明、谈判、推论、建构和解构。在我们接受了语言学转向之后，我们现在可自由地重新编写现实并宣称启蒙运动已消亡。但现实不愿显得像一个文本那样，启蒙运动到目前为止似乎在现实中仍富有生命力，因为它依然是一个替罪羔羊，而我们不会鞭打尸体。可是，抨击发生了变化。代替旧有的指控——肤浅的实证主义、幼稚的乐观主义、资产阶级意识形态，后现代主义者在一套新的名义之下，对启蒙运动提出指控。控告如下：

1.启蒙运动的普世主义主张，实际上充当了西方霸权的掩护物。人权为破坏其他文化提供了合法性。示例：库克船长。

我不想缩小西方人与世界其他地区接触时所造成的损害，也

第一章　启蒙运动案例：乔治·华盛顿的假牙

绝不想对库克作为启蒙运动之原型人的声望提出质疑。但库克对土著人的风俗习惯予以莫大的尊重远远胜过16世纪的征服者和19世纪的帝国主义者。在东西方和南北方的接触碰撞中，悲剧是不可避免的，但它是由贸易、疾病和技术而非哲学驱动的。相互缺乏理解肯定加重损害。其中的文化维度是至关重要的；但启蒙运动并非和西方文化是同一事物，并且启蒙思想家们令人称道地勉力，不仅要了解其他民族，而且要改善他们的命运：像《欧洲人在两个印度公司中的机构和商务之哲学与政治史》这样一部由雷纳尔修道院院长撰写、激进且广泛传播的论著，对废除奴隶制做出了极大的贡献。

相关的一项指控多少有些差别：

2. 启蒙运动是冒充更高级理性形式的文化帝国主义。它向欧洲人提供了一个"文明使命"和一种构建"土著居民"从而导致其沉默并屈从的方法。示例：东方学。

这个论点依赖福柯的思想、文学理论和人类学，它强调西方霸权中的认识论和文化成分。没有任何一个读完那些理论的人会否认，人们总是在解释他者。在交叉文化接触中，"他者化"（如他们的行话所说）可能是致命的。它导致"本质主义"（另一个流行的贬义词），亦即在旁观者心目中，有时也在被视者心目中，把某些特质加于他者身上，把这些特质固定化。在这方面，启蒙运动思想好像是"有文化限定的"且是"无对话的"（另外两个后现代主义社会学中的禁忌）。但是，每一种文化均有界限。西方的个人主义概念可能确实与在中国和印度发展起来的自我概念是不相容的。但启蒙运动开辟了用人类学的观点理解他者之路。它是有深度对话性质的，并为自己的武断倾向提出了补救方法；狄德罗的《布干维尔游记续篇》和全部对话即是明证。

东方学的确向西方人提供了游历东方的刻板印象,且启蒙思想家们对这个趋势也有参与。孟德斯鸠和伏尔泰极富同情地揄扬波斯人和哲学深厚的中国人,为的是批判法兰西;但正面的刻板印象依旧是刻板印象,它可能关闭真正向其他文化互相学习借鉴的可能性。其他时代,与18世纪不同,几乎全是索取而没有给予。帝国主义实际上是19世纪的一种现象,它从浪漫主义者而非启蒙思想家那里汲取灵感。拜伦和吉卜林、德拉克鲁瓦和安格尔、威尔第和普契尼,在创造异国情调的东方方面远远胜过18世纪的艺术家们。此外,早在启蒙运动之前,描绘异国情调就开始了,它往往采取妖魔化的形式。残忍的萨拉森人、东方的暴君及土耳其人的头像自早期抵抗奥斯曼帝国战争以来就一直在西方人的想象中激增。更古老的偏见可以追溯到十字军东征。它们的发展跨越数个世纪,但必须说,同时伴随于东方人对西方人的偏见。(我听到过一份报纸报道了卢梭在日本的接受情况,据我看,我们应该既考虑"东方学"又考虑"西方学"。)把东方学扣到启蒙运动上就是把18世纪少数几个知识分子的思想与西方文明的整个进程混同。

最后,必须强调,启蒙运动并没有帝国主义的最有恶意的成分——种族主义。我们在此并不回避杰斐逊对奴隶制的支持,或卡姆斯勋爵和蒙博多勋爵关于美洲印第安人、非洲人及奥兰·奥坦斯人的本性的生物学推断。但启蒙运动有更典型的观点,我们应该转向伏尔泰在《老实人》第19章中对奴隶制慷慨激昂的痛斥,他受到爱尔维修的《论精神》中激进平等主义的启示。在启蒙思想家们的思想中,种族并非基本的范畴。世界必须等待出现戈比诺那样的人，才会把种族上升为哲学。

3. 启蒙运动太狂热地追求知识，以致它败坏了伦理学。最终，那种狂热滋生了法西斯主义，因为以技术至上武装起来的国家权力无孔不入，破坏了道德壁垒。牛顿的自然法则被简化为物质运动，尽管他坚信有一个干涉者——基督教的上帝。康德的"敢于求知"被说成"敢于否认良心的提示"，尽管他试图为"道德金律"提供理性基础。启蒙思想家们不仅仅伤害了有组织的宗教，他们还使全部道德削弱，最终依靠非理性：信仰和启示。示例：萨德侯爵。

事实上萨德已被视为终极启蒙思想家，是把达朗贝尔的"灵魂的实验物理学"在最黑暗的残酷角落中付诸实践的人。马克斯·霍克海默（Max Horkheimer）和西奥多·阿多诺（Theodor Adorno）在从荷马延续到希特勒的"启蒙辩证法"中把萨德与康德和尼采归为一类。面对极权主义和世界大战的灾难，他们质疑所谓的左派智慧，因它把启蒙运动和革命联系起来。相反，他们主张，启蒙运动可能被否定的辩证法导引到其对立面——法西斯主义。

他们的要点不难理解：18 世纪那种倡导理性破除神话的做法可能被理解为产生了其辩证的对立面，即一个现代科学技术神话，劈开了通向道德荒野之路。但我们能严肃地把它当作对启蒙运动的解释吗？霍克海默和阿多诺没有单独讨论过任何一个法国启蒙思想家的著作。他们没把启蒙运动具体地视为时空中的一种现象，而是在让它从视野消失的同时，一揽子思索整个西方文明。

他们思索中的盲点带来严重的后果，因为启蒙运动为他们所叹惜的野蛮主义提供了强力的对抗。孟德斯鸠试图用自由抵御专制之入侵，伏尔泰发起反对颠倒正义的运动，卢梭为被剥夺者的权利请命，狄德罗质疑一切权威，包括理性本身的权威：这就是18世纪的知识分子为其两百年后的继承者遗赠的武器。霍克海默和阿多诺却拒不利用之。

相反，他们却依赖另一个哲学传统，即从黑格尔到海德格尔的传统。这并不是说他们赞成海德格尔的希特勒主义。但从德国辩证法的观点观察希特勒，他们不能了解那种征服了德国的极度邪恶。那种邪恶受到在启蒙运动中发展起来并在民主体制创立宪章中所宣称的人权标准的谴责，这些宪章包括美国《独立宣言》和法国《人权和公民权宣言》。美国《独立宣言》的"自明真理"可能没有充分的证据。它们是信条，不是事实。但人们的信仰必须有所依附——我以为最好信仰启蒙运动的规范传统，而不要信仰旨在驳斥启蒙传统的那个辩证法。

4. 启蒙运动过分相信理性。凭着信赖理性主义，它未能建立起对抗非理性的防卫。它天真地崇拜进步，使得人类在20世纪的浩劫面前无所倚助。

相信理性确实是一种信仰，但它不足以支撑面临20世纪的暴力和非理性的男男女女。理性主义没有把启蒙运动和其他思想派别区分开，诸如托马斯主义和笛卡尔主义。贴切的区别，如恩斯特·卡西勒所解释的那样，是把18世纪体系精神和17世纪的系统癖分离。后者利用理性，创立了包容一切的理论，把它推到极端。启蒙思想家们则挑战诸多理论。他们敢于批判一切，但除少数例外（如霍尔巴赫、魁奈），他们不去创立思想体系。

如果不是批判地运用理性，那该怎么做？拥抱非理性吗？弗洛伊德依赖理性，为的是探讨非理性。他循着狄德罗的指引，后者《拉摩的侄儿》提供了一个没有道德的人的临床个案研究。这

第一章　启蒙运动案例：乔治·华盛顿的假牙

个人想杀掉其父亲，从而能与母亲同床。尼采赞扬文化中狄俄尼索斯（希腊酒神）的要素，但他仰慕伏尔泰，没有为他的后现代主义追随者们放弃伏尔泰式的与暴政和社会不正义抗争提供理论基础。

在后现代主义者对启蒙运动的攻击中，约翰·格雷（John Gray）的《启蒙运动之苏醒》是其最具典型性的代表，他召唤出尼采来敦促我们放弃对规范原则的信仰，并接受在一片没有意义的标识的风景中选择立场的必要性。像霍克海默和阿多诺一样，格雷丝毫没有考察法国启蒙思想家们实际上写的东西。相反他拿出的是一份模糊不清且无事实根据的，被他称为启蒙方案的东西，并进而因其未能符合后现代主义哲学制定的标准而责备之。姑且不论其时代误植，这种看法似乎假定，政治文化乃是出自政治理论，仿佛某个哲学家的逻辑中的一个错误转向或歪曲就能决定普通人的世界上的定位方式。格雷试图纠正它们。秉承着尼采、霍克海默与阿多诺的论点，他猛烈抨击他所谓的启蒙运动世界观，把它驳得体无完肤，并要求读者们接受它的"历史命运"，亦即，照格雷说法的世界，一个没有启蒙的世界，"充斥着破碎的观点和毫无根据的实践的后现代状态"[①]。

倘若格雷研究启蒙运动哲学家的著作后，进行一个测试，他们大概也都会不及格。无疑，孔多塞努力解放奴隶，主张给予妇女选举权并阻止罗伯斯庇尔这个恐怖统治，脱离了那种对历史命运的理解。即使如此，他也可能会得到一个"不及格的成绩"，因为如果从希特勒主义这方面来看的话，他的进步理论更显得没有根据可言：

---

① John Gray, *Enlightenment's Wake: Politics and Culture at the Close of the Modern Age* (London: Routledge, 1995), p.146.

理性是在借助于出版物的帮助驱逐谎言吗？但对于人类持续进步的展望不可能是荒谬的。与此同时，我们应怎样来理解迫使孔多塞自杀的理性和恐怖之结合呢？

5. 启蒙运动是极权主义的根源之一。它为法国革命的恐怖提供理论基础，后者又给希特勒的恐怖政策以启示。这些恐怖的共同点是，试图强迫社会秩序符合一个意识形态蓝图。

确实，罗伯斯庇尔在为恐怖辩护时，依赖的是孟德斯鸠和卢梭的思想。像许多雅各宾文化一样，他企图按照政治理论重塑法兰西。但他还在雅各宾俱乐部打碎爱尔维修的半身像，并攻击百科全书派，仅保留对一位启蒙思想家卢梭的推崇，而卢梭与启蒙运动断绝了关系并开辟了通向浪漫主义之路。在卢梭看来，人类只有服从某种有机体的普遍意志才是自由的，这种强迫自由的观念破坏了由其他启蒙思想家发展的自由概念。但卢梭从未想象到像恐怖这样的事物，而恐怖也与法西斯主义毫无共同之处。20世纪的国家所犯下的罪行践踏了启蒙运动的基本原则：尊重个人、尊重自由和尊重一切人权。

但关于人权的表述使启蒙运动受到进一步的批判：它对妇女权利只字未提。那么，动物、环境及值得注意的后冷战世界的其他事业又怎么样呢？这些问题导致了最终的指控。

6. 启蒙运动是过时的世界观，不适于应付当代问题。启蒙思想家们支持工具主义的理性观，后者导致生态灾难，他们还支持男性中心的公共生活论，把妇女置于私人领域。

确实，启蒙运动除被时代所限制，也被文化所限制。它发生在一个20世纪无法想象的世界中。因而，它未能料想到以后改变了文化界限的那种伟大思想。捍卫启蒙运动并非否定T. S. 艾略特

（T. S. Eliot）的诗歌、毕加索的绘画、爱因斯坦的物理学，乃至德里达的修辞学；也不是否定妇女的权利。奥林佩·德·古热（Olympe de Gouges）和玛丽·沃斯通克拉夫特（Mary Wollstonecraft）实际上从启蒙思想家及其思想中获益良多，即使狄德罗和卢梭一些思考，如果与更早的普兰·德·拉·巴尔（Poulain de la Barre）的观念相比，也似乎是倒退的。* 关键不在于编制思想目录，在清单上做一些增删，而在于当界限已划定，人们无路可退时采取一种思想立场。当人们要求我们责备阿根廷的酷刑、越南战争或美国的种族主义时，如果不根据《独立宣言》和《人权宣言》（或《人权和公民权宣言》）所奉为神圣的原则，我们怎么能表明态度呢？

控告已经终了。我意识到我已变成一个鼓吹者的角色，放弃了历史学家的任务。当历史学家们属于他们所研究的文化时，他们往往屈服于这样的滑移。怎么会不抛开职业特性，而滑向说教布道呢？

三

倘若我可以加入一些我自己的观察，我则会强调启蒙思想家们是拒绝尊重学科的或国家的界线的。尽管他们是巴黎本地人，偏爱法国的东西，但他们还生活在真正具有世界性的"文人共和

---

* 德·古热（1748—1793年）是法国大革命期间《妇女权利宣言》的作者。玛丽·沃斯通克拉夫特（1759—1797年），英国启蒙运动时代著名政论家、哲学家。普兰·德·拉·巴尔（1647—1725年），法国启蒙思想家，新教徒，主张两性平等。——校者

国"中。那里既没有边界也没有警察。它向来自四面八方的思想开放。其中任何人,或在任何别的地方,都不会设想出民族主义的思想。那种野蛮主义(指爱国主义)始于1792年的战争与"无论对错,都是我的祖国"的致命性概念。

近来,我离开18世纪,为的是在伦敦的印度事务部的档案馆中做些关于英国统治的研究工作。不久,我的耳边鸣响着在所有文献中出现过的叠句乐曲。母亲万岁!母亲万岁!母亲万岁(《母亲!》亦即印度)是20世纪初,想要甩掉外国人(Feringhees即"foreigners")的印度革命者的战斗口号。这就相当于他们的"自由、平等、博爱"。这个口号使他们感动得潸然泪下,偶或甚至鼓励他们进行自杀式炸弹攻击,而其魅力,对一个外国人而言,是它的不可思议。"母亲万岁"对我意味着什么呢?

"自由、平等、博爱"吗?两个世纪的风霜雨雪几乎把这些词语从大多数法国市政厅墙面上磨去。我怀疑它们会在今天许多法国人的灵魂深处会产生共鸣。如果有的话,你们可在讽刺诗文中听到它们:"既非自由,亦非平等,亦非博爱,而是稍许多的芥末。"最后一次我发现有一个法国人因爱国而哽咽是在看电影《卡萨布兰卡》时,当汉弗莱·博加特有意使得群众唱《马赛曲》时。

但是,仅仅昨天,人类为了波斯尼亚的几平方公里还在相互残杀呢。为大塞尔维亚去死吗?又是一个不可思议的想法。为一个爱尔兰的统一去死吗?直到最近,爱尔兰共和军才同意停止投掷炸弹,埃塔(巴斯克祖国与自由组织,西班牙恐怖组织)投弹手们依然以"巴斯克祖国"的名义在杀戮。库尔德人在土耳其进行暗杀,巴勒斯坦人在以色列进行暗杀,以色列人在巴勒斯坦进行暗杀,泰米尔人在斯里兰卡进行暗杀。全都为了重新排列版图。

第一章　启蒙运动案例：乔治·华盛顿的假牙

同样的事在塞浦路斯、阿塞拜疆和车臣进行着……

无须列举所有的名单。我们对此都已耳熟能详了。我们无法领会且不能了解的是，驱动人类因此种原因而杀戮的激情。对于我们这些极少数吃得好且受过良好教育的西方人，罗伯特·格雷夫斯（Robert Graves）*在第一次世界大战结束时已说得很清楚："向那一切告别。"在第二次世界大战中，我们的前辈们战斗是为了消灭民族主义，而不是放纵之。但是，每一天在电视的屏幕上，它在我们眼前爆炸。我们如何能理解为像祖国印度的空想而战死的那种动力呢？

例如，阿吉特·辛格（Ajit Singh），一个狂热的民族主义者。根据一个警察密探的记录，他1907年在拉瓦尔品第（Rawalpindi）大声疾呼地向民众演说："为你的国家去献身吧！我们有三亿人。他们有150万人，一阵风就会把他们吹走。大炮算不了什么。一根手指能轻易被折断，当五个手指合起来，形成一个拳头，没有人能折断它（他说这话时特别用力，而且有人抛撒鲜花）。"

我们抓住了这句话中的要点。但我们能"抓住"那一阵鲜花，赤脚的踩踏，从胸中迸发出的歌声，小男孩冲过去慷慨激昂地立下誓言，老年人热泪盈眶，人人激动得哽咽在喉的澎湃激情吗？

话语犹存，乐曲已消逝——至少对于我们当中那些对格雷夫斯做出响应的人，且会附言道："别了，谢天谢地总算摆脱了，愿民族主义死一千遍，再也不要复活！"然而，在我们周围，实际上，在伦敦、阿姆斯特丹、巴黎和罗马凡能听到的地方，它继续存在，吼叫着。难道我们就找不到节拍，即便并非怀着同情，起

---

* 格雷夫斯（1895—1985年），英国诗人、小说家。——校者

码也是足够的共感,来理解驱动它的力量呢?

一个方法就是反思我们的传统。我们可能被遍布往昔的爱国者们的血迹弄得毛骨悚然,但连我们中间最老于世故的人,也会在某一时间,感受到那特殊的哽咽。

我必须供认,几年前,在一次有导游带领的、游览费城独立大厅的过程中,我经历了这种震撼。导游解释道,华盛顿坐在那里,就在那把椅子上,就在这间屋子中。它是一把乔治时代的精巧椅子,背上刻着作为象征的太阳,当时华盛顿在主持1787年的立宪会议。在辩论特别困难的时刻,当这年轻的共和国的命运似乎未决之时,坐在这里的本杰明·富兰克林问坐在那里的乔治·梅森(George Mason):"太阳正在升起还是下落?"他们打破了那个和其他许许多多僵局。当最终工作完成时,富兰克林宣称:"太阳正在升起。"

"他们是多么伟大的人物啊,"我自言自语,开始哽咽,"华盛顿、富兰克林、麦迪逊——还有在法国革命的第一阶段给拉法耶特出谋划策的杰斐逊,比我们今天的政治家要伟大得多。他们是启蒙运动的人物。"

我不能理解日本的朝日,并且我怀疑华盛顿椅上的太阳对于独立大厅中我身边的日本旅游者的重要意义。从外国人的角度看,崇拜宪法和开国者们必定看上去像一个异国民间传说。确实,华盛顿本人不再能深深打动美国人的心。和林肯与罗斯福不一样,他显得太生硬,在那些吉尔伯特·斯图尔特画的肖像中被撑起腰,下巴紧绷,嘴唇缩拢,眉毛极重,是一个神龛肖像,不是一个人。神龛肖像是供人敬奉的,但在美国敬奉的、似圣像的华盛顿,是那个从钞票上朝外盯着我们的人。

第一章 启蒙运动案例：乔治·华盛顿的假牙

现在，崇拜美元不可能全是坏事，其激起感情的范围是有限的，而非致命的。与民族主义不一样，它激起自身利益意识而非自我牺牲，投资而非投掷炸弹。尽管它是粗俗的，但它是举世皆然的；一个人的美元与另一个人的美元是等值的。这个原则也是源自启蒙运动，是曼德维尔（Mandeville）和亚当·斯密那一分支。开明的自身利益可能没有自由、平等、博爱那样崇高，但它在（美洲）新世界中使千千万万移民有可能过上一种新生活。它可能最终使已经开始通用美元的俄罗斯焕然一新。

这一路思想有个可尊敬的谱系，可追溯到法国的重农主义学说、苏格兰的道德哲学和英国的功利主义，但它带领我们美国人远离19世纪早期激励我们祖先的激情，那时，他们雕刻、绘出、缝制，并把华盛顿的肖像遍造成他们制作的所有物品。即便我们不具有那种情感，我们仍然可以通过看一看画像后面的人学到一些东西。

一次，在参观弗农山的华盛顿故居时，我偶然见到必定是在国家圣地中曾展示过的一件最令人奇怪的遗物，比在莫斯科的列宁博物馆和伦敦的威灵顿博物馆中所有古董都更奇怪，即华盛顿的假牙。假牙放在玻璃柜里，而且（如我当时所以为的）它是用木头制成！国父嘴里装着一副木制假牙！所以，这就是为什么他在肖像中显得如此冷酷。这个人处于连续不断的痛苦中。如果不靠牙床震动，他就不能尝到任何美味。

人们常常问我，作为这个领域的一名专家，我想在18世纪生活吗？其一，我说，我一定要出生在高于农民阶层之上的家庭，其二，不能有牙痛。在阅读来自18世纪生活中各个阶层人士的、数以千计的信件时，我常常碰到牙痛。这疼痛从古体语言刺破，作者在你的想象中浮现出来,正在心神不宁地等待着流动的拔牙师来到镇上,经过一阵短暂的折磨,结束数周之久的痛苦。

今天,我们的牙痛少了,芥末多了,而且大多是一流的,来自第戎。我们能称这个为进步吗?如果从两个世纪的苦难来看的话,进步是另外一个可疑的18世纪观念。但若对人类在过去遭遇的苦难有些了解的话,我们可能赏识快乐战胜痛苦的不算太多,但有不断增加的成果,亦即一种小写意义上的进步。它还可能促使我们对那些面对非人道赞成人权的人们产生同情心。我想起伏尔泰,不是那个年轻的浪子,而是那个愤怒的老人,他把最后全部的精力投入到反对盲信狂想的斗争中。倘若他让后现代主义的美国感到很陌生,为什么不召唤我们自己政治文化里的关键人物呢?当艰难局面来临,我们或许能通过咬牙切齿勇敢地对付我们周围的不公正,并回忆起华盛顿曾多么痛苦地咬着他的假牙。

第二章

新闻在巴黎：早期信息社会

21世纪发端，通往新千年之路看来直达硅谷。我们已进入信息时代，未来似乎将由信息媒介决定。一些人会断言，传播方式已取代生产方式，成为现代社会驱动力。我想要反驳这个观点。无论其作为预言有何种价值，它绝起不了历史学的作用，因为它表达一种与过去决裂的似是而非观念。我会提出理由证明，每个时代均是一个信息时代，均有自己的方式，且传播系统总是在塑造着事件。①

---

① 人们抱怨许多历史时期内过多的信息。一份1772年的年鉴偶然涉及"notre siècle de publicité à outrance"（我们过多的广告世纪），仿佛这观察报告是不言而喻的：Roze de Chantoiseau, *Jablettes royales de renommée ou Wmanach général d'indication*, rpt. in "Les cafés de Paris en 1772" (anonymous), *Extrait de la Revae de poche du 15 juillet 1867* (Paris, n.d.), p. 2. 关于说明进入由信息技术控制的空前时代的流行观念的典型评论，见 *Wall Street Journal*, December 18, 1998, p. W3 中引用的大卫·普特南（David Puttnam）的看法："我们正处于所谓信息社会的门槛。"我必须解释，这篇短论是为作讲演的讲稿而写的，且我试图通过采取印刷版本上比较非正式的风格保留原作的语调。更多的材料可在电子版本中获得，第一篇文章发表在《美国历史评论》的新联机版上，见 http://www.indiana.edu/~ahr，后来见于 www.history cooperative.org/ahr。

这个论点可能听来像是老生常谈，但如果认真去思考，它就能开启一个审视往昔的新视角。以此为起点，我会问一个关于今天媒介的问题：什么是新闻？我们中间的大多数人会答道，新闻是我们在报纸上读到的，或在广播节目上见到和听到的。倘若我们进一步思考此事，我们可能会同意新闻并非所发生的事件——昨天或上周——而是关于已发生事件的故事。它是一种叙述，由特殊种类的媒介传递的。这种思路很快就会索涉文学理论和国际互联网。但倘若反观过去，它可能有助于解开过去的一些棘手问题。①

我提议全面评论各社会如何理解事件和传播相关信息这一问题，这也可能被称为传播史的问题。原则上，这种历史能引起对过去任何时期的重新估价，因为每个社会都发展出自己的寻找及搜集信息的方法；用什么手段来传播所搜集的东西，是否运用诸如新闻和媒介之类的概念，这些能揭示许多这个社会对自己的经历的理解。从已有的研究中可引证许多示例：斯图亚特王朝时期英格兰的咖啡馆、民国初年中国的茶馆、当代摩洛哥的市场、17世纪罗马的街头诗歌、19世纪巴西的奴隶起义、印度莫卧儿王朝统治时期的赛跑人网络，乃至罗马帝国的面包和马戏。②

---

① 我企图在一篇根据我自己作为一名记者的经历的短论中阐发这个论点："Journalism: All the News that Fits We Print", in Robert Darnton, *The Kiss of Lamourette: Reflections in Cultural History* (New York, 1990), chap. 5。亦见 Michael Schudson, *Discovering the News: A Social History of American Newspapers* (New York, 1978) and Helen MacGill Hughes, *News and the Human Interest Story* (Chicago, 1940)。

② Brian Cowan, "The Social life of Coffee: Commercial Culture and Metropolitan Society in Early Modern England, 1600–1720" (Ph. D. dissertation, Princeton University, 2000); Qin Shao, "Tempest over Teapots: The Vilification of Teahouse Culture in （转下页）

第二章　新闻在巴黎：早期信息社会

但我想要审视一个在特定时间和地点中，即法国旧制度中运转着的传播系统，而不是在历史记录里处处漫游，罗列示例。我会更加精确地询问，你如何找出 1750 年前后巴黎的新闻？我认为，并非通过阅读报纸，因为刊载新闻的报纸——如我们今天对刊载公共事务和知名人士的报纸新闻的理解——并不存在。政府并不允许。

为了发现真正在发生着的是什么，请你到克拉克夫（Cracow）树那儿去。这是一棵高大、树叶茂密的栗子树，挺立在巴黎市中心的皇宫花园里。大概，它由在波兰王位继承战争期间（1733—1735 年）围绕其发生的激烈讨论得名，不过这个名字也暗示传播流言蜚语（craquer，噼啪响：讲述含糊的情况）。这棵树像一块巨大的磁体，吸引爱打听、好闲谈者，或传播新闻的人，他们通过口传散布关于流行事件的信息。他们声称，从私人来源（信件、轻率的仆人和在凡尔赛宫前厅内无意中听到的一句话），获悉在"权力走廊"中真正发生的事。那些当权者会很认真地看待这类消息，因为政府担心巴黎人的言论。据说外国使节们会派出代理人收集这些消息，或把它埋在克拉克夫树的底部（见图 2 和图 3）。这种消息得以传开，还有另外几个传递"公众议论"（bruits

---

（接上页）Early Republican China", *Journal of Asian Studies*, vol. 57 (November 1998), pp. 1009–1041; Lawrence Rosen, *Bargaining for Reality: The Construction of Social Relations in a Muslim Community* (Chicago, 1984); Laurie Nussdorfer, *Civic Politics in the Rome of Urban VIII* (Princeton, 1992); Joaö José Reis, *Slave Rebellion in Brazil: The Muslim Uprising of 1835 in Bahia*, trans. Arthur Brakel (Baltimore, 1993); Christopher A. Bayly, *Empire and Information: Intelligence Gathering and Social Communication in India, 1780–1870* (New York, 1996); and Keith Hopkins, *Death and Renewal* (Cambridge, 1983).

publics）的神经中枢，杜伊勒利花园和卢森堡花园中的特殊长凳（见图4），奥古斯丁码头和巴黎新桥上的消息灵通人士角落，以信口乱说而著称的咖啡馆，及由谣言传播者大声喊出（好笑的一连串诽谤），或由手摇风琴手唱出新闻公告的林荫大道。要收听这些消息，你只需站在大街上，竖起耳朵。①

但普通的传闻不能满足对信息有强烈兴趣的巴黎人。他们需要筛选公众议论，为的是了解真正发生了什么。有时候他们把信息集中在一起，并一伙伙地聚集在像 M.-A. L. 杜布莱夫人（M.-A. L. Doublet）这样著名的沙龙里，通称"堂区"，共同批判之。29个"堂区居民"中的许多人与巴黎高等法院或宫廷有相当的关系，他们全都因消息匮乏而痛苦，每周一次在圣托马斯修女院中杜布莱夫人寓所内聚会。据说，当他们进入沙龙时，他们会在门附近的一张书桌上发现两个大登记簿。一个包含被认为是可靠的消息，另一个则是流言蜚语。他们一起制订这天讨论的清单，由杜布莱的一个仆人备办，他可被称作法国历史上第一位"新闻通讯员"。我们并不知晓他的姓名，但在警察部门的档案中还继续保留着有

---

① 克拉克夫树在世纪之初种下，并于1781年该花园重造时被砍倒，它是这样一个众所周知的名物，乃至在由夏尔-弗朗索瓦·帕纳（Charles-François Panard）创作的喜歌剧中受到赞美：*L'Arbre de Craccvie*，1742年在圣日耳曼集市（Foire Saint-Germain）上演。上面复制的版画大概暗指那部轻松喜剧作品中的主题：每次有人在其树枝下面说谎时，这棵树就"噼噼啪啪响"。关于这个和其他当代的证据来源，见 François Rosset, *L'Arbre de Cracovie: le mythe polonais dans la littérature française* (Paris, 1996), pp. 7–11。关于爱传播新闻的人最一般的说明，见 Frantz Funck-Brentano, *Les Nouvellistes* (Paris, 1905), and *Figaro et ses devanciers* (Paris, 1909)。作为在克拉克夫树下演说如何传遍巴黎和凡尔赛的一个实例，见 E. J. B. Rathery, ed., *Journal et mémoires du marquis d'Argenson* (Paris, 1862), vol. 5, p. 450。

第二章 新闻在巴黎:早期信息社会

关他的描述(在开头我应该说,警察档案馆提供我这里依赖的大多数证据——重要的证据,我相信,而是那种要求特别批判性解释的证据):他"高大且体胖,丰满的脸,圆形假发,穿一套棕色衣装。每天清晨,他挨家挨户走一遍,以女主人的名义询问,'有什么新鲜事吗?'"① 这个仆人把每日新闻的基本条目写在登记簿上;"堂区居民"们通读后,加上他们搜集的其他信息;经大体审查后,报告被复制,然后送到杜布莱夫人挑选出来的朋友那里。其中一位,J.-G. 博斯·迪·布歇,即达尔让塔尔伯爵夫人,有一个名叫吉莱的仆从,他组织另一个复印服务机构。当他开始通过卖复制品赚钱时——地方的订户们愿意一个月付六里弗尔,以跟上来自巴黎的最新消息,他的一些抄写员建立起其自己的工场,而那些工场又不断繁衍,所以,到1750年,多种版本的杜布莱夫人新闻信札在巴黎和诸省份周围飞来飞去。复印活动——早在古登堡后及静电复印法前的一种有效的传播方法——已经变成一种较小的产业,成为为订户们提供手写报纸,或手抄新闻的机构。1777年,出版商开始把这些新闻复印,当作《法国文坛史秘密回忆录》发行,成为地下出版界的一本畅销书。②

---

① Pierre Manuel, *La Police de Paris dévoilée* (Paris, "L'An second de la liberté" [1790]), vol. 1, p. 206. 我一直不能在巴士底狱档案里穆伊(Mouhy)的全套档案中找到由臭名昭著的夏尔·德·菲厄,即穆伊骑士(Charles de Fieux, chevalier de Mouhy)写的这份密探报告的原本:Bibliothèque de l'Arsenal (hereafter, BA), Paris, ms. 10029。

② 这个描述依赖丰克-布伦塔诺(Funck-Brentano)的作品:*Les Nouvellistes, and Figaro et ses devancier*,但更近期的作品修改了"教区"的图片及其与《法国文坛史秘密回忆录》的联系。见 Jeremy D. Popkin and Bernadette Fort, eds., *The "mémoires secrets" and the Culture of Publicity in Eighteenth-Century France* (Oxford, 1998); François Moureau, *Répertoire des nouvelles à la main: Dictionnaire de la presse manuscrite* (转下页)

图 2 一幅仿佩罗特先生的《猴子们的审议：题献给克拉克夫树的爱传播新闻的先生们》雕版印刷品细部。承法国国家图书馆许可。这幅讽刺印刷品表现传播新闻的人在心爱的集会场地，公开阅读关于一次战斗行动的报告，大概在波兰王位继承权战争期间，1733—1735 年。一只猴子（爱传播新闻者）在沙地上画一个图形，说明部队的布阵。其他猴子们聆听并以有见识的神态评论着，仿佛它们能与真正的专业政治家们辩论外交事务似的。18 世纪 80 年代，当外交事务，像政府的所有活动一样，受到"舆论的公断"时，如它通常被称谓的，公开评论不再会显得荒谬可笑。

第二章　新闻在巴黎：早期信息社会

尽管这些示例是涉及轶事趣闻的，但它们还是表明，消息（nouvelles）是通过几个传播媒介并由不同的方式传播的——口头、手写及印刷。此外，在每种情况下，它依然存在于法律管制之外。因此，我们也应该考虑这些新闻的政治限制。

这是一个丰富且复杂的课题，因为过去二十年间的研究已经改变近代早期新闻业的历史。[①] 最简单地说，我会坚持一个基本论点：在法国旧制度下，关于权力体系的内部运行机制信息不允许传播。政治是国王的事、国王的秘密，这是一个从中世纪晚期和文艺复兴时期的观点演变而来的观念，亦即，视国家治理为帝王的秘密，一个限于君主及其顾问们的秘密。[②]

当然啦，确有一些信息通过期刊和报纸传到了读者大众那里，

（接上页）clandestine XVIe–XVIIIe siècle (Oxford, 1999); and Moureau, *De bonne main: La communication manuscrite au XVIIIe siècle* (paris, 1993)。研究由"教区"在 1745 至 1752 年间出版的手抄新闻长篇论文后，我得出结论，在法国国家图书馆（hereafter, BNF）中的这部书所包含的，不能通过由警察部门监管审查的信息并不多：BNF, ms. fr. 13701-12。已出版的《法国文坛史秘密回忆录》版本，其涉及 1762—1787 年时期且于 1777 年首次问世，语气全然不同。它是非常不合法的，但广泛销售；见 Robert Darnton, *The Corpus of Clandestine Literature in France 1769-1789* (New York, 1995), pp. 119-120。

① 论及法国，由 Jean Sgard, Pierre Rétat, Gilles Feyel, François Moureau, Jack Censer, 和 Jeremy Popkin 出版了大量优秀的书籍和论文。关于整个主题的概述，见 Claude Bellanger, Jacques Godechot, Pierre Guiral, and Fernand Terrou, *Histoire générale de la presse française* (Paris, 1969) 及由让·斯加尔（Jean Sgard）编辑的全集：*Dictionnaire des journaux, 1600–1789* (Oxford, 1991), 2 vols., and *Dictionnaire des journalistes, 1600–1789* (1976; rpt. ed., Oxford, 1999), 2 vols。

② Michael Stolleis, *Staat und Staatsräson in der frühen Neuzeit* (Frankfurt, 1990) and Joclien Schlobach, "Secrètes correspondances: La fonction du secret dans les correspondances littéraires", in Moureau, *De bonne main*。

图 3 "克拉克夫树",约 1742 年。如一幅讽刺版画描绘的克拉克夫树。在极左边,每次树下发生错误事情时,象征真理的人就拉一次绳子,让树"噼噼啪啪响"。按照插图说明,错误包括:声称没有掺水冲淡酒的客栈老板、自称价廉物美的商人、诚实的马匹商、无偏见的诗人,等等。本图承法国国家图书馆许可,编号 96A 74336。

第二章 新闻在巴黎：早期信息社会

但人们不认为它谈到政治的内情，或者说根本没触及政治，除官方发布的关于宫廷生活的公告之外。全部印刷品必须通过一个包括近 200 名审查官的怪异官僚机构的审核批准，审查官的决定是由警察部门的专门分部，即书籍行业审查官们，强制执行的。这些审查官们不仅压制异端邪说和煽动性言论；他们还保护特权。官方期刊——著名的《法兰西时事报》《信使报》和《学者报》——拥有报道某些特定范围内问题的皇家特权，如果不付给它们费用，没有任何新期刊能够创办起来。当革命者们回顾报业史时，他们只能看到 1789 年前没有新闻。皮埃尔·马尼埃尔这样评述《法兰西时事报》：

> 一个想要得到消息提供的民族不可能对《法兰西时事报》表示满意。为什么应该关注国王是否为一些双脚根本就不脏的穷苦人举行浴足仪式呢？或者王后是否和达尔图瓦伯爵一道庆祝复活节呢？或者先生是否屈尊接受一本他可能永远不阅读的书的题词呢？或者议员们是否穿着礼仪盛装大声训斥穿着婴儿长服的王太子呢？人民想要知道宫廷中实际上干的和说的一切——为什么和为了谁，罗昂红衣主教竟然突然想起用一串珍珠项链做游戏；迪阿纳伯爵夫人任命军队将领及朱尔伯爵夫人任命主教是否真的；陆军大臣把多少圣路易勋章拨给其夫人当作新年礼物分配。散布这些丑闻的正是秘密报刊（nouvelles à la main）的机敏发起人。①

这些话语是刚刚享有新闻自由的报业人士在极度兴奋中写成 34

---

① Manuel, *La Police de Paris dévoilée*, vol. I, pp. 201–202.

图 4 一伙闲谈者在卢森堡花园中讨论新闻。承法国国家图书馆许可,编号 88C 134231。

第二章　新闻在巴黎：早期信息社会

的，夸大了在旧制度下新闻业的奴性。许多期刊过去一直存在，其中许多在法兰西之外用法文出版，有时，它们提供关于政治事件的信息，尤其是在路易十六在位的相对自由时代（1774—1792年）。但如果发生任何对政府的大胆批评，它们能轻易地被警察部门取缔——不仅仅是查抄书店和逮捕兜售者（这频频发生），而且通常被排除于邮递之外。通过邮政分送使其供应线路极为脆弱，如同《莱登时事报》体会到的，当时它尝试且未能报道路易十五在位时代最重要的政治情况——1771—1774年（法国大革命前的）贵族议会的消亡。

这样，当时确实有某种报纸存在着，但它们刊登的新闻太少，读者大众也不相信它们，即使从荷兰来的法国期刊也不信。1746年，在一份出自警方密探的报告中，很清楚地表达了这种普遍怀疑态度：

> 人们在公开地说，法国〔每年〕向《阿姆斯特丹时事报》发起人，布勒伊先生支付2,000里弗尔，该报受在海牙的法国代表的审查。此外，法国给出版《乌德勒支时事报》的利米埃夫人12,000—15,000里弗尔。这笔钱来自报刊收入，邮政业务按17苏6德尼厄尔〔每份〕卖给大卫——其在巴黎的分送者，然后，他按20苏卖给公众。昨天，此报刊未如期出版，据传，有关大臣已让他们停办。①

简言之，法国报业是远远不自由的，并且，如果你把它与荷

---

① A. de Boislisle, ed., *Lettres de M.de Marville, Lieutenant-Général de Police, au ministre Maurepas (1742–1747)* (Paris, 1896), vol. 2, p. 262.

兰、英国和德国的报业比较，它也是未充分发展的。第一份法国的日报——《巴黎日报》，直到 1777 年才出版。第一份德国的日报早在一个世纪之前就已出版（莱比锡，1660 年）。然而，自 17 世纪以来，法国已经有了相当多的爱好阅读的公众，18 世纪，又极大地增加，尤其在各城市和法国北部，到 1789 年，几乎一半成年男子均能阅读。这些民众对公众事务感到好奇，并意识到自身为政治中的一股新力量，亦即，作为公众舆论，虽然它在政府的管理中没有发言权。①

这样，一方面渴望获得消息的民众和另一方面拥有专制主义权力的国家之间就存在一个基本矛盾。为了解这个矛盾自身如何终了，我们需要仔细地看一看新闻媒介如何传递报道消息。18 世纪巴黎的新闻媒介是怎样的呢？

我们往往会把它与今天遍及各方面的新闻媒介加以对比。我们会把旧制度想象为一个简单、平稳、无新闻媒介，我们已无法回去的世界，一个没有电话、没有电视、无电子信函、无互联网和所有其他一切的社会。不过，事实上，它全然不是一个简单的世界。它仅仅是不同而已。它拥有一个密集的传播网络，由已被人们遗忘的媒介和传播风格组成，它们被忘却得如此彻底，乃至它们的名称今天不为人所知，难以翻译成英语的相应词，诸如中

---

① 关于读写能力，见 François Furet and Jacques Ozouf, *Lire et écrire: L'Alphabétisation des Français de Calvin à Jules Ferry* (Pairs, 1977), 2 vols.; 关于舆论，见 Keith M. Baker, "Public Opinion as Politicar Invention", in Baker, *Inventing the French Revolution: Essays on French Political Culture in the Eighteenth Century* (Cambridge, 1990); and Mona Ozouf, "L'Opinion publique", in Keith Baker, ed., *The Political Culure of the Old Regime*, vol. 1, *The French Revolution and the Creation of Modern Political Culture* (Oxford, 1987)。

第二章 新闻在巴黎：早期信息社会

伤语、民众之声、据说、讽刺、巴黎新桥民谣、鸭、活页纸、论争性文章、诽谤性短文和丑闻纪事。有许许多多的传播方式，它们广泛地交叉和重叠，所以，我们几乎不能形象地描述它们是如何运作的。尽管如此，我还是试着绘出一张图，图示信息如何通过不同的新闻媒体和环境传播的示意图（见图5）。

这样看来，这个模型可能看上去复杂得近乎荒谬，更像一张给无线电布线的原理图，而非在社会制度之中的信息流程图。让我提供一个传递过程示例，代替对它的详细说明。你们可能将其比作现代简明新闻的某种东西。我引用《关于迪巴丽伯爵夫人的逸事》，法国大革命前夕的一本畅销书（有关它的情况稍后提及）：

> 我在经常引导我们为历史学收集材料的手写报纸中发现一段〔关于迪巴丽夫人的〕逸事，说明了普遍的舆论对于她支配国王的普遍猜测。日期注明是1773年3月20日："有一份由一些廷臣精心散布的报告，它证明迪巴丽夫人并没有失去国王的宠爱或爱抚，如一些人曾怀疑的那样。陛下喜欢自己煮咖啡，并凭借这单纯的兴味，从政务的沉重负担中得到调节。几天前，当陛下被一些别的事分心时，咖啡壶开始沸溢。'嘿，弗朗斯！'这位美丽的宠儿大声叫喊道，'注意！你的咖啡开溜了。'（La France, ton café fout le camp）我们听说，'弗朗斯'是这位夫人避开众人耳目在国王的私人寝室（小房间）中使用的亲昵语。这种琐事是不应该流传在外的，但还是外泄了，这要感谢廷臣们的不怀好意。"①

---

① 〔Mathieu-François Pidansat de Mairobert〕, *Anecdotes sur Mme. la comtesse du Barry* (London, 1775), p. 215.

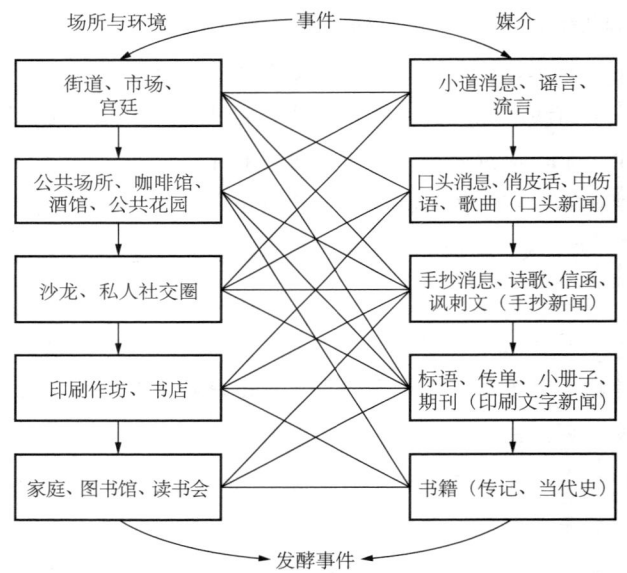

图 5 一个传播途径的图示模型。出自罗伯特·达恩顿《法国革命前的畅销禁书》(纽约,1995 年),第 189 页。

第二章 新闻在巴黎：早期信息社会

这逸事本身是琐细的，但它显示了一则消息通过各种各样的媒介行进，最后到达更广泛的民众那里的方式。在这个示例中，它途经四个阶段：第一，它始于作为宫廷中了解内幕者的流言蜚语。第二，它变成民众之声，或者巴黎的普遍谣传，且本文使用一个强烈的表达法："普遍的舆论"。第三，它与手抄新闻，或者手写新闻印刷品合并，像杜布莱夫人的印刷品一样在诸省内流传。第四，它以诽谤性短文，或者丑闻揭秘书发行——在这个示例中，一本畅销书，经过许多版本，然后到达各处的读者那里。

此书，即《关于迪巴丽伯爵夫人的逸事》，是一本粗俗的贵夫人传记，由那个世纪最重要的爱打听、传播新闻的人——马蒂厄-弗朗索瓦·皮当萨·德·梅罗贝尔四处收集的、零零星星的流言蜚语拼凑而成。他在巴黎到处奔走，收集有趣的新闻，潦草地把它们写到块块碎纸上。再将其塞入口袋和袖子中。每当他到达一个咖啡馆，他就会抽出来一张，使聚会欢悦——或者用它与由另一个爱打听、传播新闻的人收集的另一则新闻做交易。梅罗贝尔的"迪巴丽传记"实在是一个剪贴簿，这些新闻沿着讲故事的线索排列起来，先是这位女主人公出身微贱，是一个厨娘和一个漫游的托钵修会修士的女儿，后来成为巴黎妓院中一个名角，最终到了国王的床上。①

梅罗贝尔毫不犹豫地在讲故事中发泄其政治见解——他极端敌视凡尔赛（指宫廷）。1749 年，一个警察报告说他用下列话语指

---

① 这个和以下关于梅罗贝尔的评论基于巴士底狱档案中他的全套档案：BA, ms. 11683，及 soseph d'Hémery，书籍交易检查员的文件中他的全套档案：BNF, ms. acq. fr, 10783，亦见 *Dictionnaire des journalistes*, vol. 2, pp. 787-789 关于他的文章。

责政府:"讲起近来军队的改组,梅罗贝尔在普罗科佩咖啡馆中说道,任何有机会的士兵都应痛斥宫廷见鬼去吧,因为它唯一的快乐在于吞食人民和干不公正的行为。"① 几天后,警察硬把他逮到巴士底监狱,他的口袋里装满关于国王的税收和性生活的诗歌。

  梅罗贝尔的示例,及许许多多像他一样的示例,说明一种不言而喻,乃至从未被人们注意到的状况:旧制度下的传播媒介是混杂的。它们传播重叠、互相贯通的信息的混合物,说的、写的、印刷的、画的和唱的。在这个混合物中,对历史学家而言,最难隔离和分析的要素是口头传播,因为它通常消失得无影无踪。但尽管它是渐渐消失的,同时代的人还是严肃地对待之(见图6)。他们经常在信件和日记中就它说一说,他们的一些评论相当接近,符合我刚刚以流程图的形式呈现的模型。举例而言,这是一个当代人描述消息如何通过口头传播:"一个恶俗的廷臣把这些声名狼藉的事(国王纵酒宴乐的消息)写成押韵的两行诗,然后经仆从的手,散发到市场。从市场,它们到达文匠手中,他们依次把诗传回给最初炮制它们的贵族,这些人一分钟不耽搁地前往凡尔赛的国王宫殿,并以无比虚伪的口气,交头接耳地窃窃私语,'你读过它们吗?你看。这就是在巴黎民众当中正在流传的。'"②

  对历史学家而言幸运的是(对当时的法国人来说并非如此),旧制度是一个警察国家——"警察机构"照18世纪的方式来理解就是市政当局——警察部门意识到舆论的重要性。凡是人们聚集

---

① "Observations de d'Hémery du 16 juin 1749", BA. ms. 11683, fol. 52.

② *Le Portefeuille d'un talon rouge contenant des anecdotes galantes et secrètes de la cour de France*, rpt as le coffret du bibliophile (Paris, n.d.), 22.

图 6 咖啡馆中的谈话。承法国国家图书馆许可,编号 67B 41693。本图摘引自"在地图上标示出的咖啡馆谈话"(兼有本章节电子版本的增补研究,可在 http://www.history coope rative.org/ahr 索取):德富瓦咖啡店,王宫。"一些人说道,他们听说王室总审计官(勒佩尔蒂埃·德富尔,于 1726 年 6 月 15 日委任,在货币革命时)步履蹒跚,可能倒下。另一些人说道,'跟我来,那不过是你在流行歌曲中听到的。那看上去不像是真的;如果他离开政府,红衣主教(安德烈-埃居尔·德弗勒里,到 1726 年 6 月政府里的权威人物)也会离去。这仅仅是错误的警示。'"

起来讨论公共事务的地方，他们都配置密探，密切注意舆论的动向——在市场、商店、公共花园、酒馆和咖啡店里。当然，密探的报告和警察的文件不应字字句句当真。他们有内在的偏见，有时更能显示警察本身的情况而不是他们的监视对象的情况。但如果精心处理的话，警察部门的档案可以为人们搞清口传网络如何发挥功能提供足够的信息。我愿意依靠它们，为的是讨论在18世纪的巴黎很有效地运作的两种传播方式：流言蜚语和歌曲。

  先看流言蜚语。巴士底监狱的文件中充斥梅罗贝尔案一类的案例：人们言语不当，或妄议公众人物，特别是国王而被逮捕。这个样本当然是有偏见的，因为警察不曾逮捕称赞凡尔赛宫的人，而类似的倾向性也会使另一个主要资料来源难免失真——密探报告，它有时聚焦于无宗教信仰和煽动言论。然而，密探们通常详细叙述普通巴黎人当中关于各种各样话题的、漫不经心的讨论。路易十五在位初期，这种谈话听起来对君主政体有利。我已研究了1726年至1729年在29个咖啡馆中的关于179次谈话的报告（见图7）。这个样本远远算不上是全面的，因为巴黎在那个时代有大约380个咖啡馆，但它表示在沿着最重要的传播渠道开办的咖啡馆中的谈话的话题和语调，如人们能从图8的地图上看到的（关于对密探报告的范围广泛的摘录和杜尔哥平面图的各段上详尽的咖啡馆的地图标示，见本章的网络版本）。①

---

① BA, ms. 10170, 这个证据来源，我能找到的最难懂的，涉及1726—1729年。为帮助确定咖啡馆的位置并把它们绘成地图，我想感谢希恩·奎兰（Sean Quinlan），《美国历史评论》的编辑助理，及刘坚（Jian Liu），印第安纳大学图书馆，参考书图书馆馆长兼语言学珍藏管理人。他们与AHR的工作人员协作，准备这篇短论的电子版。详细的绘图和关于18个咖啡馆的谈话报告摘录，可咨询题为"Mapping Café Talk"的网络链接，http://www.historycooperative.org/ahr。

1. 店名：Coton，圣德尼街（rue Saint-Denis），29 份报告。
2. 店名：Foy，皇家宫殿（Palais Royal），28 份报告。
3. 店名：Rousseau，圣安东尼街（rue Saint-Antoine），27 份报告。
4. 店名：Veuve Joseph，圣母桥（Pont Notre Dame），9 份报告。
5. 店名：Feret，圣罗什山（butte Saint-Roche），7 份报告。
6. 店名：Gradot，学校河畔（quai de l'École），7 份报告。
7. 店名：Dupuy，圣奥诺雷路接近昆兹凡特医院旁（rue Saint-Honoré Pres lès Quinze-Vingts），7 份报告。
8. 店名：Au Prophète Élie，圣奥诺雷路（rue Saint-Honoré，au cion de la rue du Four），6 份报告。
9. 店名：Conti，新桥，第九街的转角处（Pont Neuf，au coin de la rue Dauphine），6 份报告。
10. 店名：Paul，莫菲巴荷路，大邮局旁边（rue des mauvaises-Paroles，contre la Grande Poste），5 份报告。
11. 店名：Marchand，贝勒堤码头（quai Pelletier），5 份报告。
12. 店名：Régence，圣奥诺雷路的皇家广场（rue Saint-Honoré，place du Palais Royal），5 份报告。
13. 店名：Poncelet，学校河畔（quai de l'Ecole），4 份报告。
14. 店名：Moisy，圣塞佛伦街（rue Saint-Séverin），4 份报告。
15. 店名：Veuve Laurent，多芬尼街的克丽丝汀拐角处（rue Dauphine，au coin de la rue Christine），4 份报告。
16. 店名：Baptiste，多芬尼街（rue Dauphine），4 份报告。
17. 店名：Ferré，圣米歇尔桥（Pont Saint-Michel），3 份报告。
18. 店名：La Haude，圣马丁街（rue Saint-Martin），3 份报告。
19. 店名：Lescures，靠近戏剧院（Près de la Comédie），3 份报告。
20. 店名：Marion，中士堡垒后面（derrière la Barrière des Sergents），2 份报告。
21. 店名：Bourbon，坡堤堡街（rue Bourtibourg），2 份报告。
22. 店名：Procope，柯梅地路（rue de la Comédie），2 份报告。
23. 店名：Clorjean，皇家圣安东尼街（rue royale Saint-Antoine），1 份报告。
24. 店名：Grignon，让·圣丹尼街的拐角处（au coin de la rue Jean Saint-Denis），1 份报告。
25. 店名：La Perelle，圣奥诺雷路（rue Saint-Honoré），1 份报告。
26. 店名：Maugis，圣塞佛伦街（rue Saint-Séverin），1 份报告。
27. 店名：Gantois，玛莎琳街（rue Mazarine），1 份报告。
28. 店名：Le Roy，艺术街（rue des Arts），1 份报告。
29. 店名：Duture，多菲内街（rue Dauphine），1 份报告。

图 7　29 个咖啡馆一览表

大多数的报告是以对话体写成的。这里是一个实例:

在德富瓦咖啡馆,有人说国王娶了名叫冈图的情妇,她是一位美貌的妇女,诺阿耶公爵和图卢兹伯爵夫人的侄女。其他人说道:"如果是这样的话,那么就可能有大变化。"另一个人回答道:"确实有这种谣言在散布,但我觉得难以置信,因为德弗勒里红衣主教在任。我不认为国王有那种嗜好,因为他总是不靠近女人。""虽然如此,"另外某个人说道,"如果国王有个情妇,那也不会是最大的邪恶。""啊,先生们,"又一个人附言道,"这也不可能是随便想象出来的事,爱好能在两性方面招来某种危险,可能使弊大于利。如果他喜欢狩猎胜过那类事就更好了。"①

像通常情况一样,国王的性生活为流言蜚语提供主要素材,但所有密探的报告均显示,这谈话是友好的。1729 年,当王后行将临产时,咖啡馆里喜气洋洋:"真的,人人高兴万分,因为他们全热望有个法国王太子……在迪皮咖啡馆,某个人说道,'自然啰!先生们,如果上帝惠赐我们法国王太子,你们定将看到巴黎和整个河流燃烧着(在庆祝活动中燃放烟火)。'人人为此祈祷。"② 9 月 4 日这天,王后确实生下法国王太子,巴黎人欣喜若狂,不仅有了王位继承人,而且使国王来到他们中间,因为紧随烟火之后,路

---

① BA, ms 10170, fol. 175. 为了明晰之故,我加上引号。原文没有,不过它在对话中写得很清楚,可从这篇短论的电子版中复制的正文中看出来,题为 "Spy Reports on Conversation in Cafés" 的网络链接,http://www.historycooperative.org/ahr。

② BA, ms 10170, fol. 176.

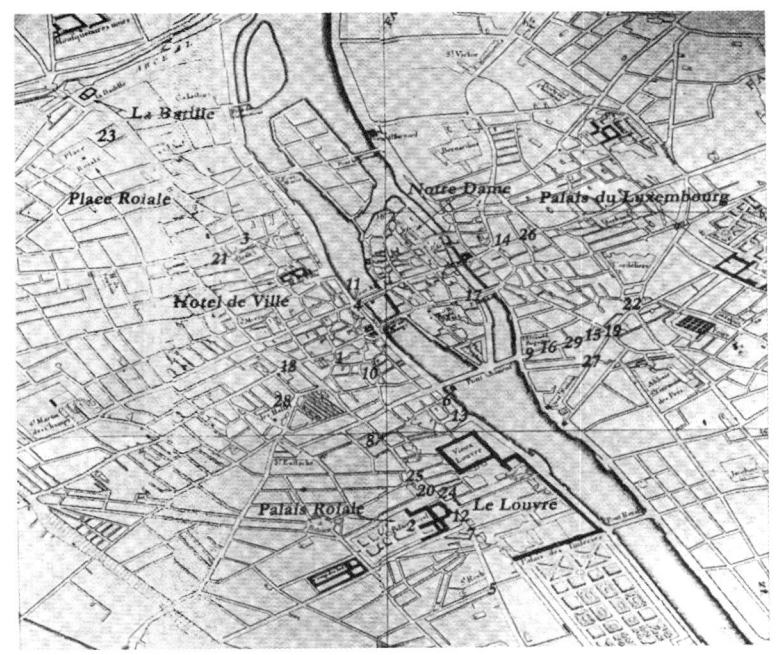

图8 巴黎地图,带有用数字标示的咖啡馆。地图设计,刘坚;调查,希恩·奎兰。

易在德维尔旅馆中摆盛宴庆贺王太子诞生。在市中心,王室的富丽堂皇展现到极致。这就是巴黎人想从国王那儿得到的,根据密探的报告:"他们之中的一个人说道(在德富瓦咖啡馆),'当然,先生们,你们再不能见到比昨晚的巴黎更美丽的情景,那时国王快活地步入维尔旅馆,非常和蔼可亲地与每个人交谈,在24名乐手的乐声中行进;他们说筵席是最最丰盛的。'"①

二十年后,语调完全改变:

> 在假发制造商戈儒的店里,这个人(朱尔-亚历克西·贝尔纳)当着一位负伤军官达泽马尔先生的面,大声朗读对国王的攻击,其中据说陛下让自己受无知且不胜任的大臣们的支配,签订了可耻又不名誉的媾和条约(《埃克斯-拉-夏佩尔条约》),放弃全部已夺得的要塞……;国王,由于他与三姊妹的风流韵事,冒犯了人民的道德观念,倘若他不端正举止,将会落得万般不幸;陛下藐视王后,是一个奸夫;他不为复活节圣餐式忏悔,会招致上帝诅咒王国且法兰西会被灾难压倒;里舍利厄公爵是一个皮条客,他会压榨蓬帕杜夫人或被她压榨。他答应把这本书出示给达泽马尔先生,书名为《三姊妹》。②

1729—1749年二十年间发生了什么?当然,很多很多:有关詹森派宗教争议的突然加剧,高等法院和国王间的连续斗争,一

---

① BA, ms. 10170, fol. 93.

② BNF, ms. novv. acq. fr. 1891. fol. 419.

场重大战争，一些灾难性的农业歉收和征收不得人心的税。但我想要强调另一个因素，国王触摸仪式的终结。

让我给你们讲个故事。称之为《三姊妹》。从前有个贵族，内斯勒侯爵，他有三个女儿，一个比一个美艳——或者，如果不十分美的话，至少乐意并热衷于性冒险。但那是一个敏感的主题，因而，我最好隐瞒其名并把故事背景安排在非洲。

故事是这样的：从前，在非洲的科菲兰斯王国，一个年轻的君主，泽欧基尼朱尔，开始盯着看出入宫中的贵妇人们。（如果你不想使名字混乱——科菲兰斯/法兰西，泽欧基尼朱尔/路易国王——那就悉听尊便。）这位国王是位胆小的人，仅仅对性事有兴趣，而在那方面他也是相当胆小的。但三姊妹的头一个，利阿米尔夫人（马伊）征服了他的局促不安，把他拖上床。她得到首席大臣，一个名叫杰夫勒（弗勒里）的毛拉（高级教士）的辅导，他利用夫人的影响扩大他的影响。接着姊妹中的第二个，勒蒂纳米尔夫人（樊蒂米）决心玩同样的游戏，她获得更大的成功，这多亏一个更邪恶的廷臣，卡姆·德·凯利里厄（里舍利厄公爵）的训导。可是，她生下一个孩子后离开人世。

于是，国王迷恋上第三个女子，勒内尔图拉夫人（拉·图尔内勒，尔后的夏托鲁公爵夫人），三姊妹之中最美丽且野心勃勃的一位。她也接受了邪恶的凯利里厄的劝导。她完全征服国王，所以很快就主宰王国。泽欧基尼朱尔意乱情迷，当他动身去反击马雷金（德国人）入侵时，他把夫人携带到前线。他的臣民们抱怨道，当国王作战时，他们应该把夫人们留在家中。事实上，企图做爱和开战都证明不是泽欧基尼朱尔的体质所能承受的。他病倒了，病得相当厉害，乃至医生们认定他已经没有希望，毛拉们准备为他举行最后的教礼。但看上去仿佛国王不听忏悔就可能死去似的，因为勒内尔图拉夫人和凯利里厄拒不让任何其他人接近国王的病床边。最终，一位毛拉闯入卧室：他警告泽欧基尼朱尔有罚入地狱的危险。作为施行忏悔和涂油礼的报酬，他要求国王宣布与其夫人断绝关系。德·勒内尔图拉在一连串的辱骂声中离去，国王接受了圣礼，其后——奇迹！——他痊愈了。

他的人民欢天喜地。他的敌人退却。他返回到宫中……并开始思考。这位毛拉一直非常坚决地主张地狱之惩罚。德·勒内尔图拉是极其美丽的……所以，国王把她召回。然后，她即刻死去。故事终了。

这个故事的道德教训是什么？对巴黎人而言，它意味着国王的罪恶会招致上帝的惩罚，每个人均会受难。如同贝尔纳在讨论《三姊妹》的过程中所宣称的。这个故事是他在假发制造商戈儒的店里所朗读的故事的改写本。

对于历史学家而言，这个故事可以被当作维系国王与其人民的道德纽带破裂的征兆。1744年12月8日，夏托鲁夫人去世后，路易再也没有进入巴黎，除了几个无法回避的典礼之外。1750年，他在城市周围筑一条路，以便他能从凡尔赛宫走到贡比涅，不向巴黎人露面。他还停止触摸在卢浮宫大画廊中排成一列，为的是治愈淋巴结结核，或瘰疬的病人。这个仪规的崩溃标志着国王的触摸——通过马克·布洛赫的著作为我们所知的、神圣而奇迹般的国王的触摸——之终结，或起码是终结之开始。到世纪中叶，路易十五与人民失去联系，所以，他也失去国王触摸的神迹。①

我承认，上述结论是过于戏剧化了。世俗化与合法性丧失是一个复杂的过程，它并非突然发生而是在相当长的一段时间内间歇地发生的。在讲述关于路易的爱情生活的故事中，我的意思不是说他突然于1744年丧失其合法性，尽管我认为他严重地损害了它。我的目的旨在提出，到那个世纪中叶，这些故事严重影响巴黎人的意识的方式。

对于现代美国人而言，这个三姐妹的故事可能读起来像民间传说与肥皂剧的无稽混合物。但对于18世纪的巴黎人来说，它起了对于时事的注解作用：1744年8月，路易十五在梅斯与死神擦肩而过，夏托鲁夫人的失宠，国王复苏的普遍欢悦及他决定召回其夫人的普遍惊愕。这个故事也传递一种厄运的预言。路易十五把通奸与乱伦结合，因为在18世纪人们的眼里，与几个姐妹私通具有乱伦的性质。例如，1744年，一个密探在报告里，警告警察部门公众对国王与夏托鲁夫人的风流事件普遍感到惊愕："实业家们、退职官员们和普通人都在抱怨，说政府的坏话，并预言这场战争将带来灾难性的结果。神职人员们，特别是詹森主义者，接受了这种说法，并大声疾呼，那征服王国的邪恶即将到来，作为对国王的乱伦和无宗教信仰的惩罚。他们援引《圣经》的段落并

---

① Marc Bloch, *Rois thaumaturges: Étude sur le caractère surnatarel attribué à la puissance royale* (Paris, 1924). 关于同时代人对巴黎周围道路的愤慨，见 BNF, ms. fr. 13710, fol. 66。至于路易十五与内斯勒姊妹之关系的严肃叙述（实际上，她们有五个，但同时代的诽谤性短文通常仅仅指出三个，或有时指出四个），见 Michel Antoine, *Louis XV* (Paris, 1989), pp. 484-492。这些年间我对政治和外交史的阐释主要归功于安东尼（Antoine）的明确研究。

把它应用于〔当前的形势〕。政府应该注意这种话题。它们是危险的。"①

如此滔天的罪会招致神的惩罚，不仅降临于国王，而且降临于整个王国。由于用克洛维当年在兰斯大教堂皈依保存下来的圣油行过涂油礼，路易十五就拥有了神圣不可侵犯的权力。他仅仅通过触摸臣民就能治愈他们因瘰疬而引起的疾病。1722年加冕典礼后，他已触摸过两千多人，在随后的十七年中他继续触摸有病的人，特别是在复活节那天领受圣餐后。可是，为了行使这项权利，他不得不通过忏悔和圣餐净化自身的罪。但他若不宣布与诸位夫人断绝关系，他的听忏悔的神父们就绝不会准许他进行感恩祈祷，而1738年后，他拒不宣布与她们断绝关系，甚至当时，他还公开表明他与德·马伊夫人的私通关系。从那时起，路易再也没有领受复活节圣餐，再也没有触摸病人。梅斯危机重新唤起人们对他的希望，即希望他将会恢复他的神力，但其结局，夏托鲁夫人之死及以1745年他又纳蓬帕杜夫人为情妇等事件，标志着路易作为人民与其愤怒的上帝之间调解者的作用的终结。这就是贝尔纳在假发制造者店铺里向听众朗读《三姊妹》后得出的结论。

此时，我应该停下来处理一个异议。你们或许承认，警察部门的报告提供了关于公众惧怕因国王的罪行而遭天罚的证据，但你们也可能说，我的《三姊妹》版本不一定与18世纪40年代由巴黎人讲述的故事相符。或许，由于后现代主义的冲动，我完全

---

① BA, ms. 10029, fol. 129. 这乱伦的主题出现于1748—1750年抨击路易十五的一些最激烈的诗歌与歌曲中。巴黎市历史图书馆（Bibliothèque Historique de la ville de Paris）收藏一首，ms. 649, p. 50，开头是"Incestueux tyran, traître inhumain, faussaire..."（"乱伦的暴君，无人性的叛徒，骗子……"）

第二章 新闻在巴黎：早期信息社会

是虚构了这个故事。

我没有虚构。像许多人一样，我强烈反对把虚构的事与事实混合起来的流行趋势，我不同意那些以历史学需要大量不可避免的修辞手法为理由歪曲证据。① 因而，我到处寻找一本题为《三姊妹》的书，我未能找到它，但我的确找到四本于1745年至1750年出版的、讲述路易的风流韵事的故事书，它们皆为根据真人真事写的小说，或者其中的真人以编造的人物出现的小说。这故事可能被安排在非洲（《科菲兰斯国王，泽欧基尼朱尔的情人》，1747年）、（亚洲《波斯史秘密回忆录》，1745年）、仙境（《塔纳斯泰斯，寓意故事》，1745年），或者一个奇异的岛屿（《到阿马通特旅行》，1750年）。但它们读起来全像是时事评论，且它们都谴责国王。如我所讲述的《三姊妹》的故事，它是忠于原著的《科菲兰斯国王，泽欧基尼朱尔的情人》的梗概，它与所有其他故事叙述线索也很相称。②

这些小说对于读者的意义，是不难查明的，因为它们都有

---

① 近来，这些争端在 Edmund Morris, *Dutch: A Memoir of Ronald Reagan* (New York, 1999) 中欺骗性的事实和虚构的混合物所惹起的论战中被戏剧化；见 Kate Masur, "Edmund Morris's *Dutch*: Reconstructing Reagan or Deconstructing History?" *Perspectives*, vol. 37 (December 1999), pp. 3–5. 对我来说，我绝不会否认历史作品的文学性质，但我认为把任何假冒的事物捏造为事实上的，就会违背历史学家和读者间隐含的契约：无论我们是否由博士学位证明为专业人员，我们历史学家们绝不应该编造证据。

② 四个版本的 *Les Amours de Zeokinizul, roi des Kofirans: Ouvrage traduit de l'Arabe du voyageur Krinelbol* (Amsterdam, 1747, 1747, 1748 and 1770) 可以在 BNF. Lb38. 554. A–D 中查阅。除第一个版本外，全部都有详尽的解释，通常从单独的文字部分插入装帧，有时带有手稿注释。一些注释也出现于这部和其他三部著作的页边，其也有解释。

密匙。在法国国家图书馆的善本特藏部中,编号 ms. 7067 处可以得到一大批密匙,许多册小说把密匙印在末尾,成为手稿的一部分,或者插进封面(见图 9)。然而,循着一个密匙去解读,并非你所期待的机械性过程。倘若你手中拿着一个密匙去通读一本小说,你会发现自己同时在不同层次上阅读,并能从字里行间体会隐含之意。一个夸张做作的故事就可能看上去像真的,一旦它被发现隐匿了另一个更猥亵的故事,而随着你愈来愈深地阅读正文,内情就会激增。一些附注是明明白白的,但另一些是模棱两可的,还有一些并没有解释。事实上,这些密匙有时是相互矛盾的或形同手稿的勘误表。这样,用密匙阅读变成一种解谜,神秘的核心最终原来是国王的秘密,国王的私生活,权力的终极泉源。《路易十五的私生活》,这本 18 世纪 80 年代的畅销诽谤性小册子,把自 18 世纪 40 年代以来的所有这种文学作品,常常一字不变地,纳入四卷本的整个国王在位时代的历史中。

这类内容深奥的文学可能与流经咖啡馆的第一手流言蜚语迥然不同,但到 1750 年,这些"公众议论"传递着相同的主题:国王的耻辱,他由于情妇们自甘堕落,情妇们由卑鄙的廷臣们操控。考虑几个从警察报告中抽取出来的实例,看看巴黎人在 1749 年是怎么议论蓬帕杜夫人的:①

勒布雷:在各种场所信口乱说诽谤蓬帕杜夫人之后,他说道,她向国王灌输各种想法把他逼疯了。他又说,由于一些攻击她的诗歌,这个淫妇正在吵吵闹闹。当她沉湎于罪恶

---

① 下面的引文来自 BNF, ms. nouv. acq. fr. 1891, fols. 421, 431, 433, 437。

Kifnara	. . . .	Marquife.
Kofir	. . . .	Paris.
Kofirans	. . . .	François.
Krnfs	. . . .	Francs.
Krinelbol	. . . .	Crebillon.

L

Lenertoula	. . . .	la Tournelle.
Leofanil	. . . .	Noailles.
Leutinenuil	. . . .	Ventimille.
Liamil	. . . .	Mailli.
Liegnelau	. . . .	l'Evangile.
Lundamberk (Kam de)	. . . .	le Duc de Cumberland.

M

Manoris	. . . .	Romains.
Maregins	. . . .	Germains ou Allemands.
Meani (Kam de)	. . . .	le Duc du Maine.

N

Neitilane	. . . .	Italienne.
Nbir	. . . .	le Rhin.
Nodais	. . . .	Danois.

O

Omeriferufi	. . . .	Sou-Fermiers.
Ourtavan	. . . .	Vantadour.

P

Pemenralt	. . . .	Parlement.
Pepa	. . . .	Pape.

R

Reinarol	. . . .	Lorraine.

S

Sefems	. . . .	Messes.
Sicidem	. . . .	Medicis.
Sokani	. . . .	Saxons.

Suefi	. . . .	Jefus.

T

Tefoulou	. . . .	Toulouse.
Tueska	. . . .	l'Escaut.

V

Vameric	. . . .	Maurice Comte de Saxe.
Vifir (un)	. . . .	Mr. de Maurepas.
Vorompdap	. . . .	Pompadour.
Vofoio	. . . .	Savoie.

Z

Zsokinizul	. . . .	Louis quinze.
Zoeteirizul	. . . .	Louis treize.
Zekitarofoul	. . . .	Louis quatorze.

图9 《科菲兰斯国王，泽欧基尼朱尔的情人》中，部分字谜游戏的解答。译自《阿拉伯旅行家克林布（Krinelbol）》（阿姆斯特丹，1746年），被认为是洛朗·安格利维埃尔·德·拉·博梅尔和克洛德-普罗斯珀·若利特·德·克雷比永写的。承普林斯顿大学图书馆珍本和特藏部的照片许可。

生活之中时,她还指望被称赞吗?

让-路易·勒克莱尔:在普罗科珀咖啡馆里发表下述看法:从未有一个更坏的国王;宫廷、大臣们和蓬帕杜一家使国王干下耻辱的事情,这绝对使他的人民嫌恶。

弗朗索瓦-菲利普·梅勒:被控告在弗韦·戈斯奥梅网球场内讲话,说里舍利厄和蓬帕杜一家毁坏国王的名声;国王没有得到人民的好评,因为他迫使他们毁灭;且他还是及早觉悟,因为这第20号加税令可能招致某种祸害降临在他头上。

弗勒尔·德·蒙塔涅:相比其他事情,他说国王的过度挥霍表明他没有不理会人民需求;虽然他知道民不聊生,但是他还堆积上又一个赋税,仿佛感谢人民为他所作的全部贡献似的。在法国,他们必定是疯的,他附言道,忍着……他对某个人附耳说道。

这些流言蜚语和诽谤性短文的主题如此一致不应该大惊小怪,因为谈论和阅读关于私生活和公众事务的话题和文章是不可分开的活动。正是公开阅读诽谤性短文才触发了假发商店内的煽动性言论。此外,"公众议论"为文本提供了养分。按照警察部门的说法,《波斯史秘密回忆录》是从维厄斯梅松夫人的社交圈收集的信息写成的,如同《法国文坛史秘密回忆录》出自杜布莱夫人的沙龙。在警察部门的档案中,维厄斯梅松夫人看起来"娇小、白皙、金发碧眼，相貌不端庄……她很伶俐且〔还〕非常邪恶，她写诗歌和两行诗捉弄人……她的圈子……是巴黎最危险的，且被强烈质疑就是她炮制了《波斯秘史》"①。

最引人注目的、被写成文学的谈话实例是《塔纳斯泰斯》，一本关于国王和这三姊妹的、根据真人真事写的小说，由玛丽-玛德莱娜-约瑟夫·博纳丰撰写——凡尔赛宫中一个28岁的侍女。警察部门不能相信，一个女性家仆竟然能写成这样一本著作。警察依线索找到她之后，她就被锁入巴士底狱，反复传唤询问。警察发现自己面对一个不可理解的人物：一个女工作家——这可能是真实的吗？在审问中，他们继续不断地返回到这个问题上：博纳丰小姐真的写过书吗？他们问道。是的，她回答道。然后，她说出书的名字:《塔纳斯泰斯，寓意故事》，另一本题为《×××男爵》小说的开始部分，几首诗歌和三部未发表的戏剧。困惑不解的警察继续盘问：

> 问：是什么使她有写作的爱好呢？为了学习如何着手组织好她欲写的文章，难道她没有请教过某位熟悉写书的人吗？
>
> 答：她没有请教过任何人；因为她大量阅读，这使她产生了写作的欲望；此外，她想象，她可以通过写作稍稍挣点儿钱……
>
> 问：她写书是出于自己的想象力吗？没有人向她提供写好的材料改写吗？是谁把那材料给了她呢？

---

① BNF. ms. nouv. acq. fr. 10783.

答：没有人把任何回忆录给她，她自己编写书，事实上，她凭想象力润饰它。好！可是，她的脑海中装满了人们在国王生病期间和之后公开讲的事情，她就试图在她的书中利用。①

一旦这本书开始流传，此书——特别是单独印出并销售的"密匙"——就会增强"公众议论"。从闲话到印刷品再到闲话，整个过程自身是相互关联的，并不断积聚力量，更广泛地传播。由于发生在二百五十年前关于口头交流的证据稀少，接下来发生的情况难以获得。但留存的文件足以表明，到 1750 年，城镇的闲话决定性地变得对国王不利。

现在，让我们谈谈歌曲。它们也是重要的传播消息的媒介。巴黎人通常创作诗句并为它谱上通俗曲调，诸如《马尔布鲁克上战场》(美国的《熊爬过山》，英国的《因为他是一个大好人》)。歌曲可以增进记忆。在一个大部分人依然是不识字的社会里，歌曲提供了一个强有力的、传递消息的途径。歌曲在 18 世纪的巴黎所起的作用大概比今日美国的商业广告短诗更有效力。巴黎各色人等，从博学多闻的沙龙名流到头脑简单的学徒工，分享共同的曲调宝库，任何有点儿才智的人都能随着脑海中的曲调即兴创作

---

① BA, ms. 11582, fols. 55–57. 亦见博纳丰小姐（Mlle. Bonafons）在第二次询问时的陈述，fols. 79–80: "A elle représenté qu'il y a dans cet ouvrage des faits particuliers dont son état ne lui permettait pas naturellment dávoir connaissance. Interpellée de nous déclarer par qui elle en a ète instruite. A dit qu'il ne lui a ète fourni aucuns mèmoires ni donné aucuns conseils, et que c'est les bruits publics et le hazard qui l'ont déterminiée à insérer dans l'ouvrage ce qui s'y trouve."（"对她来说，意味着这部作品里有一些特殊的事实，而她的情况自然不允许她知道。我们逮捕了她，询问她是如何知晓这些的。据说没有人给她任何建议，是公众的喧嚣和危险决定了书中有什么。"）

对句，或标准的、有相互对韵的八音节诗行组成的法兰西民谣。如路易-塞巴斯蒂安·梅西耶评述道："所发生的事均由不敬的民众用讽刺民歌（通俗歌曲）的形式记录下来。"①

一些歌曲源于宫廷，但它们传到普通大众那里，这些人又唱回宫廷。工匠们配上曲谱边工作边唱，遇必要时，把新诗句填入到旧曲调中。夏尔-西蒙·法瓦尔，那个世纪最伟大的歌词作者，早在孩童时代，在父亲的面包房里有节奏地揉面团时，就把歌词谱成通俗小曲，开始歌曲创作。他和他的朋友们——夏尔·科莱、皮埃尔·加莱、亚历克西·皮隆、夏尔-弗朗索瓦·帕纳尔、让-约瑟夫·瓦代、图森-加斯帕尔·塔孔内、尼古拉·弗罗马热、克里斯托夫-巴泰勒米·法冈、加布里埃尔-夏尔·拉泰格南和弗朗索瓦-奥古斯坦·帕拉迪·德蒙克里——在即兴创作淫猥民谣并首先在加莱的杂货店，尔后在卡沃的咖啡馆中吟唱方面，相互赶超。他们的歌声回荡酒馆，在街道上回响，并进入大众剧场——在富瓦勒·圣杰尔曼，沿着林荫路的滑稽歌舞剧剧场演出，最终

---

① Louis-Sébastien Mercier, *Tableau de Paris*, new ed. (Neuchâtel, 1788), vol. 1, p. 282. 梅西埃同样评论道 (vol. 6, p. 40): "Ainsi à Paris tout est matière a chanson; et quiconque, maréchal de France ou pendu, n'a pas été chansonné a beau faire il demeurera inconnu au peuple." （"在巴黎，一切都与歌曲有关，无论是谁，法国元帅或被吊死的人，都有歌曲让他为人所知。"）在许多法国歌曲的历史研究当中，特别见 Emile Raunié, *Chansonnier historique du XVIIIᵉ siècle* (Paris, 1879–1884), 10 vols.; Patrice Coirault, *Formation de nos chanscns folkloriques* (Paris, 1953), 4 vols.; Rolf Reichardt and Herbert Schneider, "Chanson et musique populaire devant l'histoire à la fin de l'Ancien Régime", *Dix-huitième siècle*, vol. 18 (1986), pp. 117–144; and Giles Barber, "Malbrouck s'en va-t-en guerre'or, How History Reaches the Nursery", in Gillian Avery and Julia Briggs, eds., *Children and Their Books: A Collection of Essays to Celebrate the Work of Iona and Peter Opie* (Oxford, 1989), pp. 135–163。

进入喜歌剧院里。在更平民化的层次上，衣衫褴褛的街头吟唱者，演奏提琴和绞弦琴，在巴黎新桥，奥古斯坦码头和其他重要场所娱悦民众。巴黎弥漫着歌声。实际上，俗话说得好，整个王国可以被描述为"由歌声调剂的绝对君主政体"①。

在这样一种环境里，一首容易上口的歌不可避免地能像野火一样蔓延，随着它散布，发展，因为它在口头传递的过程中获得新表现方法，因为人人皆能加入到把新诗句嫁接到旧曲调上面的游戏中。新诗歌被潦潦草草地写在块块碎纸上，正像由爱打听、传播新闻的人传播的诗篇和逸事一样在咖啡馆内交换。当警察在巴士底狱中搜查犯人时，他们没收大量的这种材料，到今天依然能在拉尔瑟纳尔图书馆的箱盒中查阅到——片片小纸上，布满潦草的书写，得意洋洋地四处携带，直至生死攸关的时刻。其时，有一位警察巡官，带着一封有国王签发的命令，呵斥道："掏空你的口袋。"②（见图10）其中一首典型的诗歌《这个私生的婊子》的最后诗句，是抨击蓬帕杜夫人、国王和宫廷的最通俗的歌曲之一。当皮当萨·德·梅罗贝尔在巴士底狱中受审时，从他的左上汗衫

---

① 这个妙语可能是由塞巴斯蒂安-罗克·尼古拉·尚福（Sébastien-Roch Nicolas Chamfort）杜撰的；见 Raunié, *Chansonnier historique*, vol. I, p. i。

② Bibliothèque de l'Arsenal, ms. 10319 中的一个书匣，盛有许多这样的小片摘录，杂乱地混在一起，其用韵文评论各种各样的流行事件——摄政王的爱情冒险经历、劳的金融体系、詹森主义者和耶稣会会士之战、泰雷（Terray）修道院院长的税收改革、莫普（Maupeou）大臣的司法改革——谱上各类流行曲调："巴纳巴斯神父的拐杖"（"La Béquille du Père Barnabas"）、"睡美人，醒醒吧"（"Réveillez-vous belle endormie"）、"来吧，亲爱的，别那么严厉"（"Allons cher coeur, point de rigueur"）、"我娶了个丑老婆"（"J'avais pris femme laide"）。旋律的搜集是无穷尽的，利用它们的时机没完没了，这要多亏巴黎人的创造才能，另外，谣传机器在宫廷中起作用。

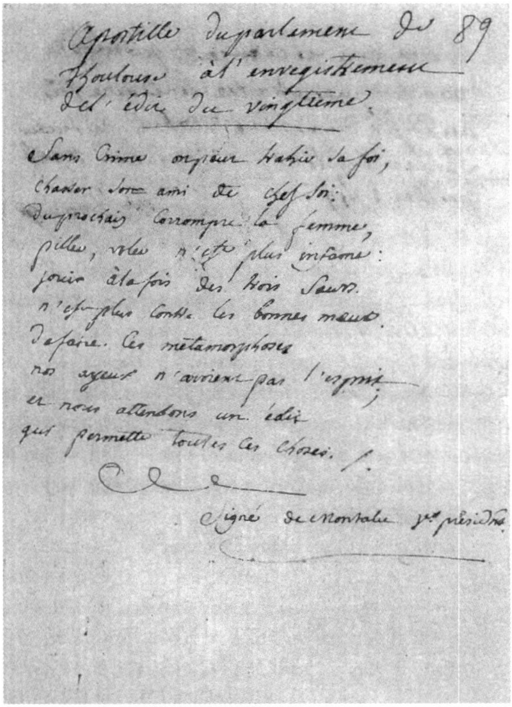

Apostille du parlement de Toulouse à l'enregistrement de l'édit du vingtième. 89

Sans crime on peut trahir sa foi,
Chasser son ami de chez soi;
Du prochain corrompre la femme,
piller, voler n'est plus infâme:
jouir à la fois des trois sœurs
n'est plus contre les bonnes mœurs.
D'opérer ces métamorphoses
nos ayeux n'avoient pas l'esprit;
et nous attendons un édit
qui permette toutes ces choses. !

Signé de Montalue 1er président

图 10　1749 年 7 月 10 日，当警察在巴士底狱搜查修道院院长居亚尔时，他们从他的口袋里拾起这片纸。这首诗歌由皮埃尔 · 西戈尔格纳口授给居亚尔，他是巴黎大学的一位教授，暗中记下全部反政府的歌曲和诗歌并把它们朗读给学生们。这首诗，讥讽由图卢兹最高法院颁发的一份滑稽可笑的布告，抨击近来第 20 次加税和各种各样的滥用权力行为，它将其归因于国王的伤风败俗行为，以他与内斯勒侯爵的三个女儿的风流韵事为例证。拉尔瑟纳尔图书馆，编号：ms，11690，1749 年。

口袋中把它搜了出来。①

梅罗贝尔活得像一个识字的仆从，按照警察档案里的说法，就像"科尔德利埃尔街，在第三层楼上一个洗烫衣物的女工所在地"，并自评为"没有财产，落魄到仅能靠天分维持生计"②。但他时常出入于杜布莱夫人沙龙中的优雅聚会，还频频造访属于宫廷最高级别的歌曲收集者。他们之中最重要的人物是莫勒帕伯爵，海军大臣兼国王的总管，凡尔赛宫中最有权势的人之一。莫勒帕体现了路易十五统治下的宫廷政治风格——诙谐、机警、毫无顾忌。他以一种受到国王喜爱的愉快神情掩盖其谋略。他还借助于最新歌曲愉悦路易，以得到他的恩宠，甚至有些是拿他自己开玩笑的歌曲，特别是那些嘲弄其竞争者的歌。③

---

① BA, ms, 11683, fol. 59，关于由约瑟夫·德莫里（Joseph d'Hémery）逮捕梅罗贝尔的报告，1749年7月2日。这块碎纸上的韵文来自一个单独的、用签条标明"68 pieces paraphées"的全套档案。1749年7月1日，一个密探在给警察的报告中特别提到（fol. 55）: "Le siear Mairobert a sur lui des vers contre le roi et contre Mme. de Pompadour, En raisonnant avec lui sur le risque que court l'auteur de pareils écrits, il répondit qu'il n'en courait aucun, qu'il ne s'agissait que d'en glisser dans la poche de quelqu'un dans un café ou au spectacle pour les répandre sans risque ou d'en laisser tomber des copies aux promenades... J'ai lieu de penser qu'il en a distribué bon nombre."（"梅罗贝尔爵士随身携带着反对国王和蓬帕杜夫人的诗篇。和他讨论这类作者的风险时，他回答说没有风险。这只是一个在咖啡馆或展会上把它们塞进某人口袋的问题，然后毫无风险地复制它们或在散步时丢下副本……我有理由相信，他分发了许多。"）

② BA, ms. 11683, fol. 45.

③ 在许多当代的证据来源中提到莫勒帕对关于流行事件的歌曲和诗歌之热爱。举例而言，见 Rathery, *Journal et mémoires du marquis d'Argenson*, vol. 5, p. 446, and Edmond-Jean-François Barbier, *Chronique de la régence et du règne de Louis XV (1718–1765), ou Journal de Barbier, avocat au Parlement de Paris* (Paris, 1858), vol. 4 pp. 363–366.

第二章　新闻在巴黎：早期信息社会

可是，这是一个危险的游戏，它产生适得其反的恶果。1749年4月24日这天，国王解除了莫勒帕的政府职务，并下敕令放逐他。同时代的人把莫勒帕的失势解释为凡尔赛宫权力体制中突如其来的剧变。他们问道，什么原因导致的？回答是，如在信件和日记中所显露的，是一致同意的：并非政治冲突、非思想对抗、非原则或政策乃至圣职授予权问题……而是歌曲，且是一首歌，特别合《当危难讨人喜欢时》的曲调而写的一首歌：①

> 凭你的高贵和仪容，
> 艾瑞斯，你令我们销魂；
> 在我们的路上，你散播了花朵。
> 但它们是白色的花儿。

对现代读者而言，文本和整个插话全然是晦涩难解的。逐字逐句翻译过来，这首歌听来像一种单纯、精神高尚的活动：

> By your noble and free manner,
> Iris, you enchant our hearts.

---

① Rathery. *Journal et mémoires de marquis d'Argenson*, 5:448, 452, 456. 下面的版本取自达让松（d'Argenson）对这一个事件的叙述，456。亦见 Barbier, *Chrcnique*, vol. 4, pp. 361-367; Charles Collé, *Journal et mémoires de Charles Collé* (Paris, 1868), vol. 1, p. 71; and François Joachim de Pierre, Cardinal de Bernis, *Mémoires et lettres de François-Joachim de Piene, cardinal de Bernis (1715–1758)* (Paris, 1878), p. 120。一份完整而翔实地叙述莫勒帕失势的材料，它包括这首歌曲的一个版本，其出现于 Bibliothèque Historique de la Viile de Paris, ms. 649, pp. 121-127 中未附印的歌曲全集中，用"Pompadour"替代"Iris"。

> On our path you strew flowers.
> But they are white flowers.*

可是，对于凡尔赛宫中的了解内幕者，其意义是明显无疑的，它表明流行的歌潮已逾越所允许的界限，即使是在宫中恶意的才子中间。这首歌以"艾瑞斯"影射蓬帕杜（一些版本用其出身微贱的娘家姓氏提及她，普瓦松，或菲什）；并提及她在国王的私人接待室中的秘密会餐，人们原以为路易在那里通过秘密屏障可免遭流言蜚语的。这小小的聚会包括国王、蓬帕杜、莫勒帕和蓬帕杜的亲戚——斯特拉德夫人。带着一束白色风信子抵达后，蓬帕杜把花朵分发给其三个伴侣：上面这首歌中的"白色的花儿"就是影射这个。但"白色的花儿"还意味着性病的症状。① 这三个见证人之中，仅只莫勒帕有能力把这个插曲转变成诗句，并将其透露到宫廷。因而，无论他是否真的编写过这首歌，歌曲都招致了国王的极度不满，所以他被剥夺权力并被驱逐出凡尔赛宫。

当然，上述故事的内情，比听到的多得多。莫勒帕有仇敌，值得注意的是仇敌还是政府中的竞争对手——达尔让松伯爵。其时，他是随军大臣且是蓬帕杜夫人的一个同盟者。她作为有头衔的女主人的地位，经宫中正式授予指定的准官员角色，迄今尚未巩固到她能自认为不会受流言蜚语伤害的地步。一个由莫勒帕安排且借助

---

* 原文为法文，由作者译为英语。余同。——译者

① *Dictionnaire de l'Académie française* (Nimes, 1778), vol. 1, p. 526: "FLEURS, au pluriel, se dit pour flueurs et signifie les règles, les purgations des femmes... On appelle fleurs blanches une certaine maladie des femmes."（"花的复数是 flueurs，意为规则，代表女性的纯净，白色的花儿被称为女性的某种疾病。"）而非像淋病等性传播疾病，这个 Maladie 可能是变色病（clorosis）或绿色贫血。

第二章　新闻在巴黎：早期信息社会

于歌曲导引的嘲弄运动可能说服国王宣布与她断绝关系，为的是赢回臣民的尊重。起码这是一些巴黎人的想法，他们注意到，白花歌属于1749年头六个月期间流经全城的一般有敌意的诗歌潮。①

这潮流在莫勒帕失势后并没有转变——或许，按照一些观察者的说法，因为他的坚定支持者们在其失势后继续维持歌曲的传播流行，以证明他起初就对歌曲不负有责任。但无论在宫中奉行什么策略，巴黎的歌声还是引起政府严重的关注。在国王的支持下，达尔让松组织了"消灭唱歌"的运动。他一得知巴黎人已唱起一首新歌，其第一行为"狂怒中的怪物"（Monster whose black fury）——这怪物是路易十五——就开始行动。从凡尔赛宫的政府部门到巴黎的警察总部，一道命令被公布：找出上面这首歌的作者。这道命令被行政管理系统往下传，从警察部门的总监到一小队巡官和密探。不久，巡官约瑟夫·德·梅里从一个隐蔽的密探那儿收到一张便条："我认识某人，几天前在他的书房中，他写出一首反对国王的可恶短诗，还称赞不已。如果你想得到的话，我能告诉你他是谁。"②在一张变皱了的纸上，只不过两个句子，没有签名，他们却给了密探十二金路易，几乎相当于一个不需要熟练技能的劳动者的全年工资，他们如此优厚的赏酬激起一场异乎寻常的诗歌搜寻和搜捕活动，结果产生了我曾碰到过的、最丰富的文学侦探作品的材料汇编。如同警察部门追随这首诗一样跟随着

---

① 除第70页注释②给出的参考资料外，又见 Bernard Cottret and Monique Cottret, "Les Chansons du mal-aimé: Raison d'Etat et rumeur publique (1748–1750)", in *Histoire sociale, sensibilités collectives et mentalités: Mélanges Robert Mandrou* (Paris, 1985), pp. 303–315。

② BA, ms. 11690, fol. 66.

他们，我将试图重建一个网络，表明在 18 世纪的巴黎，消息如何通过口头传播系统传播。①

经过好大一番秘密行动后，警方逮捕了那个拥有这首诗歌的手写原文的人，一个名叫弗朗索瓦·博尼的医科学生。在巴士底狱的审问中，他说他从一个牧师那儿得到它，牧师叫让·爱德华；爱德华被逮捕并说他从另一个牧师那儿得到它，即安甘贝尔·德·蒙塔涅；蒙塔涅被逮捕并说他从第三个牧师那儿得到它，即亚历克西·迪雅斯特；迪雅斯特被逮捕并说他从一个法律系学生那儿得到它，即雅克-玛丽·阿莱尔；阿莱尔被逮捕并说他从一个公证处的职员那儿得到它，即德尼-路易·儒埃；儒埃被逮捕……直至线索用尽，警方放弃。从开始至 14 个人收押，每次收押都产生大量的材料汇编，且每卷材料汇编均包含关于这种传播方式的新证据。总模式可以在下页的流程图（图 11）中看出。

乍一看，这模式是直截了当的，周围环境似乎是同类的。这首诗歌（该示意图上的第一首诗）沿着一条学生、牧师、律师、公证人和职员的路线传递，他们之中的大多数人是朋友且全都是年轻人——在 16—31 岁之间，一般 20 岁出头。这诗歌本身散发出相应的气味，至少对达尔让松伯爵而言是如此，因而他把一份

---

① 我最终在一篇短论中讨论了这件事，"Public Opinion and Communication Networks in Eighteenth-Century Paris"，于 2001 年在由彼得·艾克哈德·克纳贝（Peter-Eckhard Rnabe）编辑的一卷中发表，*Opinion* (Berlin, 2000), pp. 149-230；并作为一本德文书单独出版：Darnton, *Poesie and Polizei. Offentliche Meinung und Kommunikatsions — netzwerke* in Paris des 18. Jahrhunderts (Frankfurt-am-Main, 2002)。它的正文，论及大量的原始资料，可在这篇短论的电子版中查阅，http://www.historycooperative.org/ahr。大多数文献资料来自 BA, ms. 11690 中聚集到一起的全套档案。

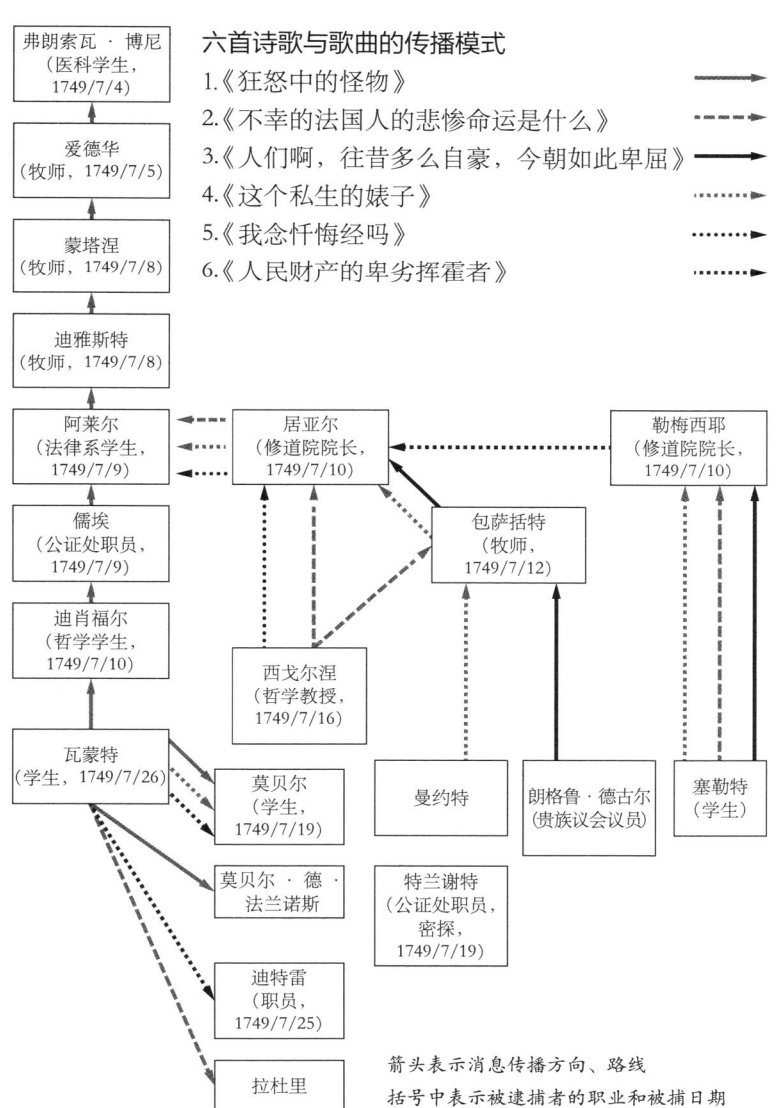

图 11 六首诗歌与歌曲的传播模式

送回给警察总监,附一张便条将其描述为"一首名誉极臭的诗,在我看来,如同对你一样,有迂腐和(巴黎的)拉丁区的气味"①。但随着调查扩展,传播途径变得愈加复杂。当诗到达阿莱尔那里,从示意图顶部数到第五个人时,诗的途径呈分叉状。阿莱尔从修道院院长居亚尔那儿收到另外三首诗,院长依次还有另外的三个供给者,而他们也有其自己的供给者,等等,直至警方发现自己共计追踪六首诗与歌曲,一首比一首更有煽动性(起码在当局的眼中),且每首均具有自己的传播模式。

最终,他们把14名诗歌提供者全部塞进巴士底狱,因此,在全套档案卷宗中,此行动有"十四人事件"之名。他们从未找到这首诗歌的作者。事实上,它根本就不可能有作者,并非由于罗兰·巴特和米歇尔·福柯告诉我们作者已过世,而是由于人们补充、删除一些诗节,并随意修改措辞。它是一个集体创作的例子,第一首诗与许多收集到一起的其他诗交叠和交叉,它们生成一片诗意的脉冲,从一个传输点跳跃到另一个,使空中充满流言蜚语,一种为韵诗配上煽动性语言的不谐调音符。

巴士底狱中嫌疑犯们的审问提供了这首诗歌在其中流传的背景情况,以及其传播方式。在每个地点,诗歌朗读均伴有讨论。博尼说他在王宫医院抄下第一首诗,他在那里碰上一个与牧师深入交谈的朋友。"谈话转向时事报刊的话题,这位牧师,说某人竟邪恶到写一些关于国王的讽刺诗的地步,还抽出一首抨击陛下的

---

① Marc Pierre de Voyer de Paulmy, comte d'Argenson, to Nicolas René Berryer, June 26, 1749, BA, ms. 11690, fol. 42.

第二章　新闻在巴黎：早期信息社会

诗。"① 阿莱尔证实,他在其父,圣德尼街的丝绸商的家中与一些朋友一起进餐时,复制了这首诗。蒙塔涅在学院餐厅自由讨论时,听到这首诗朗诵后抄下它。皮埃尔·西戈尔涅,普莱西学院的一位教授,向学生们口授两首诗;在巴黎大学的中心,它是一个政治上的口授!西戈尔涅背下这些诗,其中一首有84行。在18世纪的巴黎,记忆术依然盛行,而在许多情况下,它被音乐这种最主要的助记手段加强,因为人们作出一些符合通俗曲调节奏的诗,它们借助于吟歌,连同来自宫廷并首先引起调查的歌曲流传。

不管吟唱还是凭记忆朗诵,这诗歌都被抄在碎纸上,装在口袋里四处携带并与其他诗歌交换。原文很快传到手抄时事报刊,最后被付诸印刷。这两首最长的诗,《不幸的法国人的悲惨命运是什么》和《人们啊,往昔多么自豪,今朝如此卑屈》,很显眼地出现在《路易十五的私生活》中,一本18世纪80年代的畅销书,充满敌意的君主统治史。在讨论1749年歌曲与诗歌之迸发中,它评述道:

> 正是在这耻辱的年代,对君主及其夫人的普遍蔑视开始变得明显,接着继续发展直至在位期之终结……这种轻蔑第一次突然出现在对爱德华亲王的义愤的一些讽刺诗歌中(查尔斯·爱德华·斯图亚特,或博尼·普林斯·夏利,年轻的僭王,于1748年12月10日在巴黎被逮捕,并按照英国的要求被驱逐出王国,其在《埃克斯-拉-夏佩尔和约》中被法国接受),其中在把他与那有名的放逐相比的一段话中,路易十五被述及:

---

① "Interrogatoire du sieur Bonis", July 4, 1749, BA, ms. 11690, fols. 46–47.

他是戴着脚镣手铐的国王；
你是王位上的什么人？
〔He is a king in irons; what are you on the throne?〕

然后，用一个呼告对全体国民说：

人们啊，往昔多么自豪，今朝如此卑屈，你们不再为不幸的亲王们提供庇护所！
〔People, once so proud, today so servile,
You no longer provide a sanctuary for unhappy princes!〕

公众寻求这些诗句的热忱，把它们记在心中并相互传播，证明读者们接受诗人的思想感情。蓬帕杜夫人也没有被宽恕……她下令果断地寻找作者、传播的人和这些小册子的分发者，巴士底狱中很快就挤满囚徒。①

简言之，传播过程在许多背景中通过各不相同的方式进行。它总是牵涉讨论和社交活动，所以，它不仅仅是顺着传播路线把消息传递给被动接受者的问题，而是吸收并重新将信息分类的过程——亦即，创造集体意识或舆论。倘若你要是肯容忍一些行话，你就能把它想象为一个多媒体反馈系统。但这个听起来相当异想天开。我仅仅想要强调，在这类研究中有利害攸关的、理论上的

---

① *Vie privée de Louis XV, ou principaux événements, particularités et anecdotes de son règne* (London, 1781), vol. 2, pp. 301–302. 亦见 *Les fastes de Louis XV, de ses ministres, maîtresses, généraux et autres notables personnages de son règne* (Villefranche, 1782), vol. 1, pp. 333–340。

第二章　新闻在巴黎：早期信息社会

争论问题，及在追求它的过程中，我依赖由伊莱休·卡茨和加布里埃尔·塔尔德阐发的传播社会学，而非于尔根·哈贝马斯的更时髦的理论。①

然而，返回到吟唱的媒介物，在这 14 个人当中流传最活跃的歌曲《这个私生的婊子》，代表在巴黎最具广泛吸引力的歌谣。它简单的八音节诗行符合一种普通的曲调，即《当我的情人向我求爱》，在一些原始资料中被识别为《我念悔罪经吗？》第一诗行中的婊子（妓女）是蓬帕杜夫人。这容易上口的叠句，"啊！他来啦，啊！他在这儿／一个不注意的人"，轻蔑地指责国王——愚蠢、不负责任的路易。第一首诗歌歌词如下：②

> 一个私生的婊子
> 竟在宫廷里得势，

---

① 我自己对这个领域的理解主要归于与罗伯特·默顿（Robert Merton）和伊莱休·卡茨（Elihu Katz）的大量谈话。关于加布里埃尔·塔尔德（Gabriel Tarde），见其注有日期的但依然振奋人心的作品：*L'Opinion et la foule*（Paris, 1901）；以及特里·N. 克拉克（Terry N. Clark）编辑 *On Communication and Social Influence*（Chicago, 1969）。至于我，我发现哈贝马斯的公共领域的观念作为概念方法是相当令人信服的，但我以为他的一些追随者犯了使之具体化的错误，所以，它成为历史上的活性剂，一种产生实际效果的实际力量，有时候，包括法国大革命。关于哈贝马斯的论文的一些振奋人心和赞同的讨论，见 Craig Calhoun, ed., *Habermas and the Public Sphere*（Cambridge, Mass., 1992）。
② 我找到并比较了这首歌曲的九个未付印版本的正文。第一个韵文，下方引用并在图 10 中复制的，来自从克里斯托夫·居亚尔（Christophe Guyard）的口袋中取出的碎纸片，其时他正在巴士底狱中受审问：BA, ms. 11690, fols. 67-68。其他正文来自 BA, ms. 11683, fol. 134; ms, 11683, fol. 132; BNF, ms. fr. 12717, pp. 1-3; 12718, p. 53; ms. 12719, p. 83; Bibliothèque Historique de la ville de Paris, ms. 648, pp. 393-396; ms. 649, pp. 70-74; and ms. 580, pp. 248-249。

在美色和饮酒中
路易竟轻松地谋求荣耀，
啊！他来啦，啊！他在这儿
一个不注意的人。
〔That a bastard strumpet
Should get ahead in the court,
That in love and wine
Louis should seek some easy glory,
Ah! there he is, ah! there he is
He who doesn't have a care.〕

每首诗歌讽刺一个知名人士。继蓬帕杜夫人与国王之后，歌曲顺着大臣、将军、高级教士和廷臣深入发展。每个人似乎都是不称职或堕落的，在每种情况下叠句反复唱歌曲的主题：国王，本应对人民的福祉负责任，但除荒淫无度之外不关心任何事务。当王国的形势日趋恶化时，路易依然是"一个不注意任何事的人"。尽管我不能证明，但我还是认为这歌曲让人联想起一种儿童游戏——其中一个人站立在圆圈中央，其余的人手牵着手，围绕着他跳跳蹦蹦，唱着《小山谷中的农夫》或《孤立的干酪》——除此之外，唱歌是纯粹的嘲弄：国王是绝顶的白痴。

这些诗歌涵盖1748年至1750年全部重大事件和政治争端，创作方法如此简单，乃至随着事件展开，新嘲笑主题能轻而易举地加进来。如你比较全部残存的诗歌版本，就会看到，事实的确如此。我找到了九首，零星分散在各种各样的手写收藏品中。这些收藏品中分别包括了6首到23首诗歌，较后的手写收藏品提及

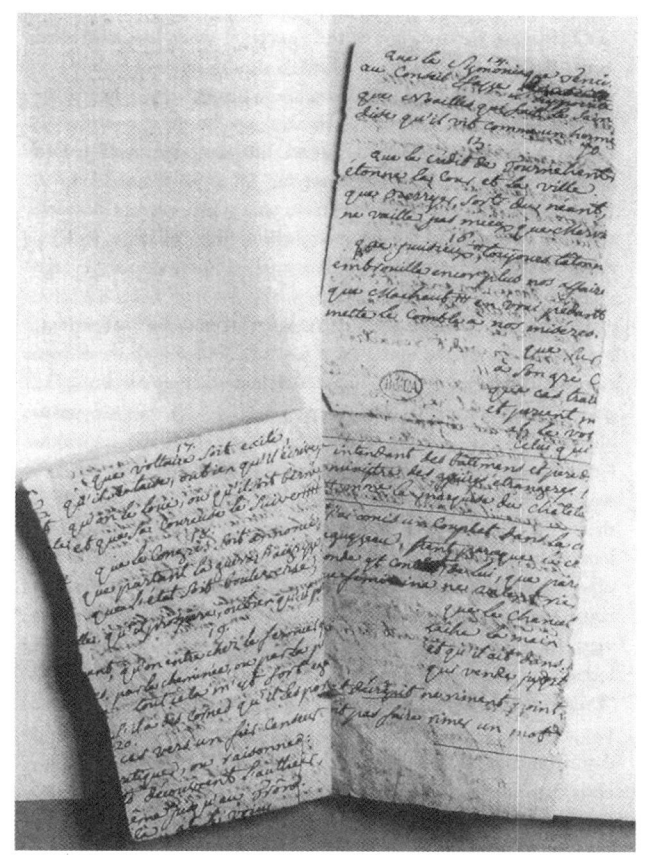

图 12　来自歌曲《这个私生的婊子》的诗行,当警察在巴士底狱中搜查修道院院长居亚尔的衣袋时,从他那儿拿到。拉尔瑟纳尔图书馆,编号:ms.11690, fols. 67–68.1749 年。

了最近的事件,诸如,臭名昭著的里舍利厄公爵于 1750 年春天与重负农夫 A.-J.-J. 勒里什·德·拉波普利尼埃勒的妻子通奸一事。而且,倘若你比较同一首诗歌的不同版本,你就能发现乐句划分中的小差异,大概带有口头传播过程中的印记,因为随着诗歌从一个歌手传到另一个歌手,变奏曲悄悄混进。巴黎人不可能是故事歌手,像艾伯特·洛德研究的《塞尔维亚人》一样,但他们是新闻歌手。① 《这个私生的婊子》包含如此多的新闻和评论,它完全可以被视为一份能被吟唱的报纸。

但它不应被孤立地考虑,因为它属于一部繁多的歌曲全集,该全集几乎延伸至巴黎各个地方,且实际上涉及一切对巴黎人有趣味的事情。测定这部全集的多少是不可能的,但通过审视档案中依然留存的证明,我们能了解它的一定范围。如果被当作著作,像图 12 中那样的首先出现在纸片上的歌曲,它包括一个来自《这个私生的婊子》的诗歌选集,且出自 14 人之一的克里斯托夫·居亚尔的一个口袋,其时,他在巴士底狱中被搜身。如已经阐释的那样,一小块类似的纸,也会有出自《这个私生的婊子》的诗歌,是从梅罗贝尔的一个口袋里没收的。不过,他与这 14 个人没有联系,所以,他大概靠另一个网络获得这首诗。另外七份复制品,在各种图书馆里被发现,恐怕还有其他来源。简而言之,这首诗经由许多渠道流传,而这 14 个人的网络仅仅是一个非常大的整体网络的一小部分而已。

有多大呢?让我们考虑下一个证据范畴:收藏品。许多巴黎

---

① Albert, B. Lord, *The Singer of Tales* (Cambridge, Mass., 1960),说明诗歌和音乐的韵律如何有助于记忆叙事诗的特别本领。

第二章　新闻在巴黎：早期信息社会

人从咖啡馆和公共花园中拾起片片乱写着诗歌的纸，然后把它们存放在其房屋中。警察搜查梅罗贝尔的房间时，找到了68片这类零星的东西——歌曲、诗，及各类潦草乱写的东西。更富有的收藏家们让其秘书把这些素材誊写入井然有序的登记簿上，通称行吟诗歌集。其中最著名的《歌手莫勒帕》，包括莫勒帕自己的收藏品，达35卷。① 通过研究它和那个世纪中叶的其他七部行吟诗歌集，我粗略地了解了那个时代到底存在多少歌曲，及哪些是流行最广的。最丰富的原始资料，巴黎市历史图书馆中的一部12卷选集——《作为时代史的恶魔般作品》，包括从1745—1751年的641首歌曲和诗歌，及从1748年末到1751年初的264首歌曲和诗歌。② 因而，看来好像很清楚，这六首歌曲和诗歌在这14个人当中交流仅仅构成一个巨大贮藏的一小部分，但它们在行吟诗歌集中处处显得醒目，连同许许多多其他同一主题的歌曲和诗歌。《这个私生的婊子》频频出现，总共八次。它可以被当作巴黎人在那个世纪中叶所吟唱的、完全有代表性的示例。

　　彻底浏览一下这些文件使我们有可能明白一些巴黎人所听到的。当然，那些声音本身在二百五十年前就消失得无影无踪，今天它们不可能被确确实实地复制。但一系列音乐的曲调，诸如，法兰西国家图书馆中的《酒吧间的谱号》，的确包括了行吟诗歌集中所引用的音调的实际乐曲。③ 我无能力把这个手稿转化成声音，

---

① 遗憾的是，《歌手莫勒帕》于1747年中止，但更丰富的《歌手克莱朗博尔特》（chansonnier Clairambault）延续到该世纪中叶：BNF, mss. fr. 12717-20。
② Bibliothèque Historique de la Ville de Paris, mss. 648-650.
③ P. Capelle, *La Clef du Caveau, à l'usage de tous les chansonniers français* (Paris, 1816); J.-B. Christophe Ballard, *La Clef des chansonniers* (Paris, 1717). 大多数其他"解释"（转下页）

但埃莱娜·德拉沃尔,有天才的歌剧演唱者兼巴黎的餐馆歌舞表演者,热心地为本章节的电子版录下 14 首歌曲,它们可以在 http://www.history cooperatire.org/ahr 网上查询。所有的歌曲均关注自 1749 年起的现实事件,而两首歌曲——我刚刚讨论过的两首歌,《凭你的高贵和仪容》和《这个私生的婊子》直接来自"十四人事件"。如网络协奏曲所显示的,现代信息技术能开辟通往 18 世纪信息时代的新途径,它能使历史唱歌。

讨论完沿着口头传播渠道进一步追寻流言蜚语和歌曲,我想把论证转向不同的方面,引向法国大革命方面。这个领域,在整个历史学研究中是最论争不休的,布满概念争论的地雷。为了开拓一条通过它的道路,我要提出关于一般传播史的三点建议。

第一,我认为,把印刷、口头和书写等传播方式分离开,是没有道理的,如我们谈及印刷文化时会偶然做的那样;因为在多媒体系统中,它们是绑在一起的。第二,它也不适合用一种传播方式获得另一种的目的,仿佛我们的任务,像警察部门的任务一样,对一则消息欲追根寻源似的。重要的是重大关系的消息的散布并非其来源,而是如何扩大,到达公众那里并最终保持的方式。那个过程应该被理解为反馈和会聚,而不是注入式和线性因果关

(接上页)是匿名手稿,可在法国国家图书馆的韦克林藏品(档案)(Fonds Weckerlin)中获得。对这个研究项目而言,最重要的是 Recaeil d'anciens vaude-villes, romances, chansons galantes et grivoises, brunettes, airs tendres (1729) and Recueil de timbres de vaudevilles nottés de la Coquette sans le savoir et autres pièces à vaudeville (n. d.)。我想要感谢埃莱娜·德拉沃尔(Hélène Delavault)、热拉尔·卡罗(Gerard Carreau)和安德鲁·克拉克(Andrew Clark)帮我找到这首乐曲。

第二章 新闻在巴黎：早期信息社会

系的问题。第三，区别大众文化和精英文化各自的范围同样误入歧途。即使旧政权下巴黎社会具有阶层划分的特征，其公众还是会处处不期而遇，互相接触。他们是各阶层混合成的。在研究传播中，我建议我们寻求周围环境以及媒介的混合物。

讲述了上述必要的事之后，我意识到我还远远没有证明我的观点。直至现在，我仅只描述了新闻是什么及它被传递的方式，而非人们如何弄懂它的意思。这最后一步是最困难的，因为它与接受力以及传播有关系。我们有很多接受理论，但关于接受实际上如何进行的根据却寥寥无几。我不能想出这个问题的解答，但我可能找到一种方法将会有助于避开它。

让我们再度考虑关于路易十五的咖啡溢出的"新闻快讯"。我们如何能知道18世纪的读者们对它的解释呢？我们没有关于其看法的记录。但我们能研究原文写成的方法，及它被纳入该书——即《关于迪巴丽伯爵夫人的逸事》的方式；以及此书在一部相关原文的全集中的地位，它向一般读者提供关于现时事件和当代史的基本信息。

我将以关键话语开始，"法兰西，你的咖啡溜掉了"。对于18世纪人们的注意力而言，它听起来会特别使人震惊，因为"法兰西"在那个时代的社交规范中引起一种特别的意义。仆从往往被其来源省份的人们称呼，所以，一不留神大喊"法兰西"，迪巴丽就是把国王叫作其仆从。[①] 她以特别引人注目的庸俗方式这么做，可以拿来揭示其在有宫廷气派的虚饰之下的平庸本性的方式，因

---

① Louis Petit de Bachaumont. the doyen of Mme. 杜布莱的沙龙有一个叫弗兰克的仆从，见 Funck-Brentano, *Figaro et ses devancier*, 264。

为"溜掉"是妓院的粗话,非宫廷言辞,全书贯穿着类似的庸俗行为的迸发。《关于迪巴丽伯爵夫人的逸事》是经典的诽谤性短文,按照我较早时指出的准则组织的:从妓院到王位。迪巴丽睡着走向上流社会,拾起在妓院中的手段,使老国王耗尽的性欲恢复,就这样把持王国。她是一个淫荡的灰姑娘,因而与所有先前的王家贵妇不同——或者说与自蓬帕杜夫人以来的所有贵妇不同,娘家姓普瓦松——无论其品德怎么样,她们起码是淑女。这个主题由一首歌曲概括,本书中用印刷体写的诸多歌曲之一,其包括这些诗行:

> 当她在街上做妓女的日子,
> 我们所有的仆从了解她;
> 二十个苏在前面呈现,
> 使她立刻接受之。①

言谈嘲弄这种假定即读者们希望他们的国王们英明豪迈,正如人们期待他们在战争中作战英勇,宫廷中显出王者风范,及在教堂里虔诚一样。尽管路易十五于1745年在丰特努瓦战役中因英勇而赢得高度评价,但他还是处处失败。他是法兰西的受爱戴的国王亨利四世的反面样本。他在本书中被痛斥,并非因为作者以任何激进或共和政体的治国理政标准衡量他,而是因为他一向就相当不适合于君主身份。像这样,第二个主题就贯穿于原文,即君主政体之堕落。每个关键时刻,故事就多讲述一些皇室象征的

---

① *Anecdotes sur Mme. la comtesse du Barry*, 167.

亵渎和国王本人的人格。据说,国王的节杖已变得和国王的阴茎一样软弱。①

对于一个把国王看作直接由上帝支配的神圣人物并被赋予国王触摸神力的时代,这是很激烈的言辞。但路易丧失了触摸神力,如我在更早的时候所阐释的。《关于迪巴丽伯爵夫人的逸事》清除了人们对国王的尊崇,把他表现为一个凡人——或者说,还要坏,一个下流的老人。同时,它诱使读者经历了解凡尔赛宫的内室,窥视国王本人的秘密,甚而在字里行间观察就寝中的国王。因为那就是决定重大国务的地方:舒瓦瑟尔陷落、瓜分波兰、因大法官莫普而招致法国司法系统垮台,这些会保证通栏大字标题的一切事务——倘若有标题的话,或者有新闻的报纸。据传,在每次要决定事物的时候,迪巴丽均把国王灌得酩酊大醉,拽他上床,并说服国王签署已由其邪恶的大臣们为她准备好的任何敕令。这种新闻报道预示一个世纪后会以黄色办报作风发展之方法的到来:它披露凡尔赛宫中内部的政治情况;它勾画如同男管家所看到的权力斗争;它使复杂的国务变成见不得人的密谋和国王的私生活。

当然,那简直不是严肃的历史。我愿意把它叫作民间传说。但它有巨大的吸引力,大得乃至今天依然显得像真的一样。在一本加拿大的法文连环漫画杂志中我发现咖啡洒在情妇身上一段情节——人物错了,但恰如其分地强调了她的庸俗是对的(见图13)。我愿意严肃地对待政治上的民间传说,而不是把它当作琐事不认真考虑。事实上,我认为在旧政权的崩溃中,它是关键性的要素。但在急速转换到那个结论之前,我最好还是回到熟悉的领域:禁

---

① *Anecdotes sur Mme. la comtesse du Barry*, 76.

书生意,即我在上一轮研究中所关注的。这个研究的主要成果可以总结于如下的畅销书列表,它表明在法国大革命前的二十年间哪些书最广泛地在广阔的非法地下文学空间流传:①

《2440 年》,L.-S. 梅西耶著

《关于迪巴丽伯爵夫人的逸事》△,M.-F. 皮当撒·德·梅罗贝尔著

《自然的体系》,P.-H. 霍尔巴赫男爵著

《巴黎景象》,L.-S. 梅西耶著

《欧洲人在两个印度公司中的机构和商务之哲学与政治史》,G.-T.-F. 雷纳尔著

《莫普革命*的历史日志》△,M.-F. 皮当撒·德·梅罗贝尔和 B.-J.-F. 穆弗勒·当热维尔著

《拉雷坦》,H.-J. 迪洛朗斯著

《哲学书简》,M. deV——无名氏

《泰雷修道院院长回忆录》△,J.-B.-L. 科克罗著

《奥尔良女郎》,伏尔泰著

《关于百科全书的问题》,伏尔泰著

《路易十五回忆录》△,无名氏

《英国间谍》△,M.-F. 皮当撒·德·梅罗贝尔著

《妓女》(《范妮·希尔》的译本),富热勒·德·蒙布伦(?)译

《哲人特蕾萨》,J.-B. 德·布瓦耶,阿尔让侯爵著

列表上居首位的 15 本书中的 5 本,那些由三角号(△)标记的,是诽谤性短文或丑闻的文集,还有许许多多。在法国,一部

---

① Robert Darnton, *The Forbidden Best-Sellers of Pre-Revolutionary France* (New York, 1995).

* 莫普曾出任路易十五的首相,打击和改组高等法院,史称莫普革命。——校者

图13 如当代加拿大法文连环漫画杂志中所画的咖啡溢出一段情节。蓬帕杜夫人被错误地替代迪巴丽夫人。出自莱昂德尔·贝尔热隆和罗贝尔·拉瓦的《小魁北克史手册》(n.p., n.d. [1970s], p. 48)。

巨大的造谣中伤的文学全集已传到各处读者的手中，尽管今日它几乎被人们遗忘——毫无疑问，因为在文学评论家和图书馆管理学专家的眼里，它没有取得文学作品的资格。尽管如此，诽谤性短文往往具有给人深刻印象的文学特性。《关于迪巴丽伯爵夫人的逸事》使其达到畅销书列表之最，因为它写得格外好。梅罗贝尔知道如何讲故事。他的主题逗人发笑，精彩，使人震惊，极端无礼，充满不敬，适合阅读。

它看上去还真的令人印象深刻。它被包装成346页的堂皇巨册，具有精巧的卷首插图和一部严肃传记的全部外观。其他的诽谤性短文往往更加精致。它们包括脚注、附录、家谱和各种各样的文件。《路易十五的私生活》提供了四卷本的、整个君主在位期的历史，更加详尽且资料更丰富——尽管比起许多近代历史，它粗鄙不堪。《莫普革命的历史日志》多达7卷；《英国间谍》达10卷；《法兰西文坛史秘密回忆录》达36卷。

这些书用图表说明了当代史的全部进程。实际上，它们是所能获得的唯一图谱，因为当代史和政治变迁史——两种在我们的畅销书列表占据重要地位的体裁——在旧政权的合法文学中并不存在。它们是被禁止的。① 想要通过把现在和新近的过去关联起来，以给自己定位的当代人不得不转向诽谤性文学。他没有另外可去的地方。

这个定位过程如何进行的呢？倘若你从头到尾读一遍整个诽谤性短文和丑闻全集，你就会发现相同的特点，相同的一段情节，

---

① 不考虑他们的官职，几乎没有国王的史官写同时代史。伏尔泰是个例外，与他权威性的《路易十四时代》相比较，其《路易十五时代》读起来像一份政治小册子。

及常常分散在各处的相同措辞。作者们依赖共同的来源并从相互的原文中剽窃一段文字,如同他们在咖啡馆里交易片片的消息一样随意。它不是一个剽窃的问题,因为那个概念几乎不适用于地下文学;像歌曲一样,这些书籍几乎没有单独的作者。它是一种不受管束的交织情况。

尽管它们数量繁多且风格怪异,这些文本还是能被归类为几个中心主题,在全集中不断重现:宫廷总是愈来愈深地陷入腐化堕落,大臣们总是欺骗国王,国王总是未能充分发挥其作为国家元首的作用,国家的权力总是被滥用,且普通人总是为强加于其身上的不公正付出代价——更高的税收,增加的苦难,更大的不满,及面对专制和有无上权力的政府之更大的无能为力。像"咖啡溢出"般的单条新闻本身就是故事。但它们也被纳入全书的叙述框架,并且这些书被纳入贯穿整个全集的叙述变体中。政治成为基于单一主题,衰亡和专制主义的,一系列无休无止的变奏曲。

的确,我不知道读者们如何阅读那些书,但我认为强调一种普遍的阅读素质是不过分的;它是一种通过使其适应环境了解语言符号的有意义的活动。故事提供一种最有吸引力的框架,普通人往往通过讲故事、听故事和阅读故事找到周围世界中的激增和嘈杂的混乱之意义。18世纪法国的一般读者通过把新闻合并入由诽谤性文学提供的框架中弄清政治的意义;而且他们借助于所有其他媒介获得的信息:流言蜚语、诗、歌曲、印刷品、笑话和其余的一切,加深了其理解。

我已写到我的论证末尾,但我实感我还没有证实之。为了把它讲得透彻明白,我必须向两个方面推进。第一,更进一步返回到过去。18世纪70年代和80年代的诽谤文学产生于一个古老的传统，可以追溯到胡格诺派教徒反对路易十四的宣传行动，朱尔·马扎兰（Jules Mazarin, mazarinades）的煽动性诽谤，编写关于宗教战争的小册子中的辱骂术及在文艺复兴时期宫廷中发展起来的传播流言蜚语。从阿雷蒂诺*的政治诋毁起，这个传统不断变化且发展着，直至它以在路易十五和路易十六的统治下诽谤性短文大量涌出而达到顶峰。①

那些诽谤性短文转而为使旧政权倒台的危机期间（1787—1788年）公众的事件观念提供了框架，这就是我愿把此论证引向的第二个方面。但欲阐释它如何发生，我必须另写一本书，说明这危机如何日复一日地在时代的所有媒体中被建构起来。

这样看来，我正在发行期票，而没有做出肯定的结论。但为了激发人们重新思考媒体和政治——甚而今天的政治——之间的联系，我相信我已论述得绰绰有余。虽然我对试图使历史给予教训抱怀疑态度，但我还是认为18世纪的巴黎提供了关于观察当代的华盛顿的某种视角。大多数美国人如何在政治混乱和媒体突击当中给自己定位呢？我担心，并非通过分析争论点，而是从我们自己种种的政治民间传说，亦即通过讲述关于我们政治家私生活的故事，恰如法国人用《路易十五的私生活》愉悦自己一样。我们能如何弄懂其全部意义呢？不仅借助于阅读日报，而且通过重读更早期的信息时代的历史，其时，国王的秘密被在克拉克夫树下披露，媒体在传播系统中交织到一起，影响力相当大，所以证明了媒体在王权倒台中起了决定性作用。

---

* 阿雷蒂诺（1492-1556年），意大利作家、诗人，诽谤小册子作者。——校者
① 我曾试图草拟《法国大革命前的畅销禁书》第八章的长期历史。

第三章

欧洲一体化：文化和礼仪

2002年，欧盟采用欧元提出了一系列基本问题：货币会使欧洲一体化吗？什么使欧洲团结在一起？欧洲如何凝聚为共同体？

人们首先想到征服者：恺撒、查理曼大帝、拿破仑和希特勒。但他们的帝国已崩溃消亡，而地理形势却继续不断地变化着。有一个时期，欧洲曾终于日耳曼森林，另一个时期，则终于乌拉尔山。它没有自然界限，即使在西欧也没有，那里的英国人依然说，当他们驱车前往法国时，他们正启程赴欧洲。

欧洲实际上是一种精神状态。它始于一个神话：腓尼基公主欧罗巴被宙斯诱拐到一片大陆。它后来逐渐形成一种基于共同文明之意识的生活方式。这种集体心态通过文明化过程本身，及在罗马法、基督教宗教信仰和启蒙运动时代世俗文化之下的共同生活经验得到发展。

那种共同文化在19世纪土崩瓦解，其时，欧洲分裂成许多民族国家，但它的原则却持续下来。从柯尼斯堡的康德到那不勒斯的菲朗格里，各处的哲学家们曾阐明这些原则。1789年《人权和公民权宣言》宣布了这些原则:"人类生来是并始终是自由的和权利平等的……这些权利是自由、财产、安全及抵抗压迫。"1948年,它们由联合国所采用的《世界人权宣言》重申。20世纪末,它们依然不变,更作为再度崛起的欧洲之基础。

基辛格的著名俏皮话——如果我呼叫欧洲,它的号码是多少呢?——没抓到要领,因为欧洲对应着一套象征和价值观念体系。欧元是其中之一,但它的价值会动摇不定,而启蒙运动的价值观念却深深地植根于往昔。

哪个过去?谁的过去?过去的两个世纪中,欧洲把自身撕裂。现在在边缘地区,在爱尔兰、俄罗斯和巴尔干国家,它依然在撕裂。造成解体的原因很多,比如工业革命和阶级斗争。但最有破坏性的力量,唯一能够动员民众并猛烈推动其相互斗争的力量是民族主义。始于1792年的、长达四分之一世纪的战争结束了受过教育的精英共享的、作为一种生活方式和一种思想方法的欧洲。因而,为了与他们共同的过去建立联系,欧洲人必须越过19世纪和20世纪,大大地向从前跳跃一步,重新考虑18世纪欧洲人的生活状况。

并非任何人都想复辟旧制度。那时,绝大多数欧洲人生活于苦难中。在易北河以东地区,他们之中多数人是农奴;在西部地区,大多数人则生活在智力的奴役状态中,不会阅读,或不能展现被康德视为启蒙运动特征的理性成熟(成年)。启蒙运动本身是一个复杂的运动,充满矛盾和逆流。它从未取得精英阶层大多数人的忠诚,且它并不等于18世纪智力生活的全部。可是,它提倡了今日欧洲共同体的核心价值观念,它采取了一种不同于民族主义的方式,亦即,它发展一种泛欧洲的生存方式,当时称为世界主义。

近代诸多自我意识源自对民族的认同,所以,我们几乎难以把世界主义想象为一种生活方式。18世纪提供了关于那种经历的说明。举例而言,考虑一下萨瓦的尤金亲王。一个为奥地利作战的意大利籍法国人,在签名中结合了三种语言,尤金诺(意大利文)·封(德文)·萨瓦(法文)。普鲁士的腓特烈二世说,他与绅士们讲法语,与马匹讲德语。而乔治一世则对其英国臣民讲德语。对于这样的君主或18世纪任何统率部队和掌管外交的其他人而言,民族性是没有什么意义的。战争属于均势的游戏,是有关围攻和季节性战役的事情,旨在夺取战略地位,而非征服国家。

战争是王室的游戏,以王朝的名义进行,因此,发生了西班牙王位继承战争(1701—1714年)、波兰王位继承战争(1733—1738年)和奥地利王位继承战争。军队没有共同的制服或旗帜。步兵包括大量的外国人,与其说军官与在其领导下战斗的士兵数目等同,不如说他们与敌方中的反对者的数目等同。若被俘获,他们往往被与另一方同等级别的俘虏互换,并在夏末返回。届时,作战停止,歌剧季开始。

当然,士兵们常常蒙受苦难——马尔帕拉凯战役(1709年)后,在10平方英里的土地上,34,000名士兵阵亡或负伤,这是博罗季诺会战前最血腥的战斗,后者(1812年)有75,000死伤者——但他们不是为一项事业或为歼灭敌人而战斗,而且平民们有时为另一方喝彩。伏尔泰曾祝贺腓特烈二世在罗斯巴赫击败法国人(1757年),斯特恩在其《感伤的旅行》中论述道(1768年):"我鲁莽地离开伦敦〔赴巴黎〕,完全没考虑到我们在与法兰西交战。"七年战争期间(1756—1763年),在英国和法国,可以感受到民族情感的首次涌动，但当塞缪尔·约翰逊把"爱国心"界定为"无赖的最后托辞"时，他只是表达了一个普通的观点（实际上，他脑海中的"无赖"是聚集在约翰·威尔克斯周围的激进分子）。

1648年，《威斯特伐利亚和约》标志着宗教不再成为国际关系中的关键因素，1792年，革命战争爆发标志着国家间战争开始。在这二者之间，战争史上发生了一个思想的插曲。在这个相对文明的时期，最文明的人们认为自己是欧洲人，不担心国界，乃至无须携带护照。他们做奢华旅行，从伦敦走向巴黎和罗马，或穿过阿姆斯特丹到维也纳，或北部岬角。沿途他们在城堡和市内住宅逗留，他们在那儿受到了其他"达官贵人"的殷勤接待，他们使用相同的语言（法语），并且具有共同的行为举止规范，不仅涉及如何掌握谈话艺术而且涉及如何掌握肢体语言：如何骑马，如何走过花园，进屋，在餐桌就座（如果你佩戴着一把剑的话，可就不是轻松的本事啦），举起酒杯（用大拇指和两个手指握高酒杯的脚，非三个手指），与饮茶（在一些优雅的圈子中用茶碟而非茶杯）。

世界主义属于这个社交规范。它把达官贵人与无知的平民百姓区划开，因平民百姓的精神视域未超越可以从他们的教堂钟楼观看的范围；因此出现了钟楼精神（the bell tower spirit）和钟楼主义（bell tower-ism），它们意味着思想是偏狭的。从世界观来看，世界主义者放眼整个欧洲，有时甚至是全人类。按照法兰西学院的字典之陈述，这个术语可以带有贬低意义地使用："COSMO-POLITAN。某个没选定祖国的人。一个世界主义者不是一个好公民。"连《百科全书》也对其加以注释："有时人们在开玩笑时用这个术语，表示一个没有固定住所的人，或在任何地方都不是一个外国人的人。"像卡萨诺瓦、卡廖斯特罗和梅斯梅尔*这样的冒险家们给它一个臭名，因为他们进行属于自己的奢华旅游，靠耍花招、骗人和受害者的易上当受骗过日子。

卢梭在青年时代周游欧洲与这些骗子打过交道。后来他在《社会契约论》中把世界主义者贬斥为某种"佯装爱全世界，为的是有不爱任何人的权利"的人。如同在许多其他事物中一样，在这方面形成对比的是，伏尔泰体现了世界主义的多样性的积极一面。他在费内的庄园位于法国和日内瓦的边界，是这奢华旅游中最奢华的停留处。两旁摆着洛克和牛顿的半身像，他接待来自欧洲大陆各个角落的游客——至少300人来自英国——如此众多的世俗朝圣者，渴望着餐饭和妙语，所以，他把自己描绘成"欧洲的客栈老板"。他被其他人描绘成"欧洲的无冕国王"，因为他发挥一种新威力，支配欧洲范围内舆论的能力。

伏尔泰的王国实际上是一个共和国，文人共和国。它向四面八方扩展，并乐意接受每个人，或至少与文学有关联的各个人。由于皮埃尔·培尔的《文人共和国信息》（1684—1687年）呈现出与其原型——16世纪的《学者共和国》**——区别开的特征。在培尔的影响下，它促进批判性地运用理性。在伏尔泰的影响下，它参与到消灭败类的运动中，亦即，反对普遍的不宽容和不公正，

---

* 卡萨诺瓦（1725—1798年），威尼斯冒险家。卡廖斯特罗（1734—1795年），出生于西西里岛的贵族冒险家。梅斯梅尔（1734—1815年），发明催眠疗法的德国医生。——校者

** 《文人共和国信息》，原文 *Nouvelles de la République ele lettres*。《学者共和国》，原文是 Gelehrtensepublik。——校者

特别指的是罗马天主教教会的弊端。到 18 世纪 60 年代，这文人共和国因此被等同于启蒙运动。

它拥有诸多的制度机构：咖啡馆、共济会聚会处、沙龙和学院，许许多多，一直扩展到圣彼得堡，并由通信网络结合在一起。处于系统中节点上的作家们，如柏林研究院的秘书塞缪尔·福尔梅，能够大规模并相当快地传播消息（在 18 世纪，信件往往比它们在今日传递得更快）。伏尔泰亲自支配着其中一个始终最有效力的网络，在欧洲无论何处，他都利用它在幕后操纵。一次次巧妙的风趣话语在巴黎所有的沙龙和德国宫廷中引发出大笑。精心、和谐结合起来的控诉暴虐——卡拉斯、拉·巴尔、拉利-托兰达尔和蒙巴伊*的合法但不公正的死刑判决——把笑声转变成愤慨。直接向大人物求助——腓特烈大帝和叶卡捷琳娜女皇（仅仅与她就交换了 187 封信）——往往带来直接的结果。

这种启蒙运动是从上至下展开的，但倘若它与受过教育的欧洲人的普遍文化没有某些亲缘关系，它就不能在下层获得成功，这里说的是最广泛意义上的文化，是一种世界上生存的方式。像诺伯特·埃利亚斯一样，伏尔泰把这种文化理解为在欧洲范围进行的、文明化过程："欧洲人像希腊人曾经历的那样。他们在自身当中开战，但在这些争端当中，他们把这么多的礼节和礼仪保存下来，所以，当一个法国人、一个英国人和一个德国人相遇时，他们好像是出生在同一个城市。"

礼仪存在于诉诸公众的启蒙运动的核心。休谟、莱辛、贝卡

---

* 卡拉斯是法国新教徒，拉巴尔是法国青年贵族，拉利-托兰达尔是爱尔兰裔的法国将军，蒙巴伊是法国市民。这几人的冤案都引起伏尔泰的关注。——校者

里亚，几乎除卢梭以外的所有启蒙思想家均把礼仪等同于征服迷信和野蛮行为。对他们而言，基督教不仅是非理性的，而且它是庸俗的。它出自古代希伯来人的粗俗世界。凡是绅士都不会认真地对待之。它是对品位的冒犯。

诉诸品位，这是本文也是启蒙思想家们的通信中的关键词，是对诉诸理性的补充。这双重的策略使启蒙运动成为18世纪欧洲的一种力量，因为那时绅士已作为一种理想的社会类型取代贵族。在上流社会的行为规范中，双方都有空间，且双方均满足新型的奢侈品贸易之需求。伦敦、斯德哥尔摩和布达佩斯的贵妇们通过仔细端详每个月从圣奥诺雷街的时装店主发送的洋娃娃得知最近的时尚。由于关于新烹饪技艺（法文 gastronomie 是18世纪所发明的一个词）的论文和新食品，像糖衣杏仁（出于普拉兰公爵的餐桌的一个新词）和蛋黄酱（围攻马翁堡时，由黎塞留公爵的厨师发明）的涌现，鉴赏力处处被训练着。新式家具——五斗橱和写字台——新式发型、瓷器和各种各样的装饰艺术在共同的物质文化中使欧洲的各类精英结合成一体。

富人们用不同种类的硬币付奢侈品的开销，但他们一向用追溯到加洛林王朝时代通用的货币单位记账。在英国、法国和意大利，英镑、里弗尔或镑等同20先令、索尔或索尔多，依次分别值12便士、德尼厄尔或第纳里——全部缩略为 £.s.d.。商人们在汇票中使用这些货币单位，尤其是约定支付的票据，其功能犹如纸币，并用来结清跨越遥远地区的账目。举例而言，F.库特纳，一个莫斯科书商，写了如下的票据，授权其巴黎的商人银行家为他从一个瑞士出版商那里收到的一批书付款：

1792年6月1日,莫斯科

有支付£2,539里弗尔的能力

从即日起12个月,我将以此为付款条件,我的纳沙泰尔的活版印刷协会的订单的票据,用硬币,按现价,商品货款总计2,539里弗尔(tournois,图尔城铸造的硬币)整。

F. 库特纳

票据借助于背书和折扣流通,但它们最终不得不以各种地区的金硬币或银硬币偿还。可是,它们用一种比今日的欧元所使用的、扩展更远的信贷系统把欧洲人束缚在一起。

欧洲的精英们还共享一种共通的语言。法语在《拉斯塔特和约》(1714年)中第一次替代了拉丁文,成为外交用语。到1774年,当俄国人和土耳其人缔结一个条约文本时,他们也使用法语。从圣彼得堡到那不勒斯,法语私人教师们在各地富人当中传播法语,尽管在法兰西,穷人依然因无数种相互无法理解的方言而四分五裂。当吉本在洛桑当学生时,他开始用法文写历史似乎是自然的,"因为我用法语思考"。同样的考虑激起普希金用法文写出第一首诗,他把法语叫作"欧洲的语言"。1743年,腓特烈二世,在伏尔泰指导下提高他的法文水平,下令柏林的科学院用法文出版学报,因为法语是"(世界)通用语言"。到1782年,当科学院主办著名的、关于法国语言之普遍性的论文竞赛时,欧洲已被法语化了。

语言世界主义意味着图书的出版和销售是在整个欧洲范围进行。印刷商们在伦敦、阿姆斯特丹、汉堡、德莱斯顿、日内瓦和法国以外的许多其他城市中的工场内用法文制作书籍。最出色

第三章　欧洲一体化：文化和礼仪

的法文报纸——《阿姆斯特丹报》《莱登时事报》和《欧洲信使报》——也在法国之外发行。倘若阅读它们所带来的结果是本尼迪克特·安德森称之的"想象的共同体"，那么，它就是民族主义之前的欧洲文化。伏尔泰的读者们大概会与他的情感产生共鸣："我属于欧洲。"

所有的媒体甚至包括口头传播在内都推动了这种集体意识的产生。交谈的艺术在17世纪巴黎人的沙龙中日臻完美。正如卡拉乔里在《巴黎，外国的榜样，或者法语的欧洲》中所解释的，它成为各地优雅的社交圈中闲谈的榜样。一个法国侯爵在其中大声说："意大利人、英国人、德国人、西班牙人、波兰人、俄罗斯人、瑞典人、葡萄牙人……你们都是我的兄弟。"

在法国大革命把"博爱"收入法兰西的民族文化之前，它是一种广布欧洲的现象。当然，它没有延伸到精英阶层之外。只有绅士们自己认为是以一种共同的生活方式联合在一起的，他们参与到一个共同的欧洲文明中，但不排除在一个区域性的、用自己方言土语表达自己的文化的社区中的公民身份。18世纪的身份认同是分割拼凑的：绅士属于一个家族、法人团体、城镇或地区、国家以及欧洲。至于哪个环节重要，因人而异。不能用西方乡绅来等同于西方文明。

然而，精英阶层正在开放并在整个西方扩展。新兴的富人在新兴的消费文化正在扎根的商店里与有身份的人交往。连手工业工人偶或也购买怀表和佩戴短剑。连女仆们也拥有几件裙装，往往由印花布制成，色彩染得鲜亮，不像17世纪的家仆们穿戴深黑和棕色的毛织品。普通人消费从国外进口的新奢侈品：咖啡、茶、巧克力、糖和烟草。那些来自社会中间阶层的人在咖啡馆——一个向任何花费得起的人开放的设施里消费新挣得的财富,享受新式的闲暇。

咖啡馆于 1560 年在君士坦丁堡诞生后,自 17 世纪中叶以来,它在欧洲所有城市中激增。1660 年在伦敦出现第一个咖啡馆。到 1663 年,伦敦已有 82 个咖啡馆;到 1734 年,增加到 551 个。由于其谈话自由和艺术品位,它们变得以"闲谈大学"著称。它们还起了政治秘密组织中心的作用,因为它们提供小册子、报纸和饮料。第一份《伦敦日报》于 1702 年开始发行,远晚于第一份德国的日报(莱比锡,1660 年),但它要比法国的第一份新闻报早很多。出版物、谈话和咖啡结合在一起,在欧洲各处产生一股强大的新力量,这就是舆论,给许多大城市带来巨大变化。

舆论有多种形式,且来源甚广,但它会聚于一个在各处都产生反响的观念:幸福。欧洲人开始相信他们应该在世上享受生活,而非为要死后在天堂赢得一席之地而备受煎熬。在中产阶级消费能力所达到的范围内,不断扩展的经济带来新的消费品。连农民都享有更好的生活条件:17 世纪的"小冰期"之后迎来了更温暖的气候;新农作物——萝卜、马铃薯和甜菜——使人们从长期的饥荒中摆脱出来,而 1700 年至 1800 年,预期寿命大概提高了近十岁。当然,思想不会像萝卜一样从土地生长出来,但得到改善的生活条件和更光明的舆论环境使启蒙运动在更普遍的大众中有可能展开。

在精英阶层当中,幸福的概念已经从由 16 世纪和 17 世纪的无神论者和不信教者所进行的大胆的思想试验中开始传播。在乔达诺·布鲁诺、勒内·笛卡尔和巴鲁克·斯宾诺莎的著作中,天然的世界呈现出一种合理的秩序,并成为快乐的潜在来源,而非痛苦的渊薮。放荡行为变得与自由思想及自由恋爱等同。该世纪最伟大的情圣体现了两种原则，并在莫里哀的《唐·璜》的舞台上炫耀它们。的确，莫里哀用地狱之火惩罚男主人公，但在莫扎特的故事版本中，亦即在他的谐歌剧中，这种惩罚却显得不那么使人信服。而当戈尔多尼重写它时，他让唐·璜死于自然原因——雷击，而非神怒。

1776年，幸福不再是贵族阶层的一种特权。它成为人权，在美国《独立宣言》中向世界宣告："生命、自由和追求幸福。"这里说的是幸福而非财产。用一个词替代了另一个词，也就开辟了平等地追求世间美好事物的权利的道路。1793年的法国宪法重新确认1789年的权利，"平等、自由、安全和财产"，但它使这些权利服从于宪法的第一条所宣称的一个原则："社会的目的是共同幸福。"从社会福利到社会主义，这距离并不大，仅经历了1793年至1848年这段时间。

当然，在欧元时代，1848年看起来遥不可及。启蒙运动时代与2002年欧洲的困境有什么相关性吗？没有直接的相关性，但18世纪可提醒我们，民族国家并非一直是存在的基本单位，而且启蒙运动的原则今天依然是有生命力的。倘若我们想要向不宽容和酷刑、歧视和书报审查以及种种弊端和不公正提出抗议，我们还能援引其他别的什么吗？可是，这个论点似乎很容易受到两种异议的抨击。

其一，启蒙运动的精英主义特征可能削弱其许诺的价值观念。倘若"文人共和国"不具有民主性质，为什么把其世界主义颂扬为民主欧洲的灵感？回答：18世纪法国化的和贵族气派的欧洲没有为今日的欧洲共同体提供一个榜样。它仅仅表明欧洲人曾经感觉到被一种共同的生活方式联合起来。但难道这种参与一种共享文明的意识不可能传播到社会的所有阶层吗？难道英语不能像两个世纪前的法语那样成为今日的通用语言吗？这样做无须抹煞其他语言。在世界主义和钟楼主义的极端之间有大量其他种类的文化发展繁荣的空间。精英主义为伏尔泰反对败类的斗争提供策略，但那时还可采用其他的策略，其中一些是民主的，一些是革命的，如同法国人于1789年证实的那样。

其二，启蒙运动可能被斥为欧洲中心主义，或者更坏：以普世主义为幌子维护文化霸权。回答：启蒙运动肯定与第二个大发现时代相符，开明的探险者们扩大了欧洲帝国的疆土。但像孔多塞和雷纳尔这样的哲学家曾向压迫殖民地人民的行为，特别是奴隶制提出过抗议。被殖民地化的人们往往用欧洲的原则反对其主人，并在他们自己的传统里寻找对应的原则。以"亚洲价值观"的名义反对人权观念适合亚洲专制者的目的，而亚洲民主的捍卫者们吸收欧洲的启蒙运动遗产，同时也不放弃对他们自己原有价值观念的信守。

韩国的金大中总统于2000年12月接受诺贝尔和平奖时，采取了这个态度：

> 在亚洲，早在西方以前，尊重人的尊严就被写入思想体系，赞同"平民"概念的知识传统就已生根。"人民是天，人民的意志是天的意志，尊敬人民，因为你愿敬天。"这是早在三千年前中国和朝鲜的政治思想的中心信条。五个世纪后在印度，佛教兴起，宣扬一个人的尊严的至高无上及作为一个人的权利。

还有把人民置于首位的主导思想和制度。孔子的门人，孟子说道："国王是天之子。上天派遣他以公正的法规为人民服务。倘若他不履行且压迫人民，人民则有权代表上天处治他。"

这一点，比约翰·洛克阐述的社会契约和公民主权理论早两千年。

理解植根于历史的原则并非否认其有效性。指出它们的文化维度并非说明其存在相对化了。相反，欧洲人能够因欧洲在成为货币区域前早已成为一个文化实体这一事实而鼓起勇气。倘若他们留心自己的历史，他们就会发现捍卫人权的依据——不是因为历史给出教训，而是因为它表明文明化过程如何引起一场与野蛮的战斗。那战斗将依然继续，欧洲人依然有理由呼喊："消灭败类。"

第四章
/
追求幸福：伏尔泰和杰斐逊

幸福的观念已深深地印在美国文化中，以至于它有时会消失不见。它无处不在而又若隐若现，它是一个含蓄的、影响世界观的假定，几乎谈不上是一个观念。但数世纪前，它就形成为一个观念，倘若从观念史的角度看，它具有久远且给人深刻印象的谱系。

在古人当中，它出现在柏拉图和亚里士多德的哲学，尤其是伊壁鸠鲁学说信奉者和斯多葛派学者的思想里。伊壁鸠鲁学说把幸福的概念纳入一般的快乐和痛苦的哲学中，导致了一种合理追求自身利益的伦理观。斯多葛学派则把它与退出危险喧嚣的公民生活联系起来，并以阿卡迪亚隐退处的最低限度的生活乐趣为满足。贺拉斯在公元前1世纪说道："远离尘世，像老人们，用自己的耕牛耕种祖传的农田，不为任何利益所束缚，这样的人是幸福的。"人们能发现，在罗马人的奥古斯都时代的诗歌和西塞罗式的修辞中处处散播着类似的情思。

可是，在早期的基督教徒当中，情况并非如此。圣奥古斯丁于公元604年辞世前，把人生描绘为在上帝之城的这一边通过泪

第四章 追求幸福：伏尔泰和杰斐逊

谷追求虚荣。他的说法对应的是紧接着到来的千年中大多数人所经历的状况，男男女女年年岁岁在半奴隶的状态中耕作于田野，仅仅吃面包和清汤，英年早逝。他们的生存由托马斯·霍布斯做了最好的总结，他把其描述为一种处于自然状态的生存："孤独、贫困、污秽、野蛮而短暂。"

可是，到15世纪，哲学家们面对一种快乐概念的复兴——这是薄伽丘作品中所宣扬的现世快乐，且如美第奇宫廷中那般优雅。确实，古典主义的复兴于1497年在佛罗伦萨被萨沃纳罗拉的反浮华篝火，在1527年罗马之劫中被查理五世的部队所摧残。宗教改革和宗教战争使幸福作为在人世间所期待的圆满显得比以往更不可能。

但在18世纪，幸福的观念再度兴起，附属于其他诸如进步和繁荣之类的概念。启蒙运动哲学家们把幸福作为一个个人的人生目的，及作为一个集体的社会存在之目的。他们之中最激进的狄德罗、卢梭、爱尔维修和霍尔巴赫都把幸福的概念打造成一种现代版的伊壁鸠鲁学说，并辅之以强烈的公民意识。

至此，19和20世纪的哲学已不可能倒退，纵使是像尼采和弗洛伊德这样的人物搅起的悲观主义逆流。杰里米·边沁的战斗口号"最大多数人的最大幸福"实际上是由两位启蒙运动的思想家提出来的，即苏格兰的哈奇森和意大利的贝卡里亚。边沁则把它纳入一种源于伊壁鸠鲁和卢克莱修的、开明的个人自利哲学，使之适应于英国的改革形势。对于卡尔·马克思这位社会主义幸福的预言家而言，因为阶级利益的阻挠，自由主义的改革永远不能使个人利益与集体利益协调一致。马克思改而把幸福想象为经过全社会的辩证发展过程最终会达到的历史状态。

刚才所论，仅是匆匆一瞥，是从遥远的距离来看幸福观念的历史，就像从月亮上观察的地球。不过由这种角度看，一切东西都会模糊不清。倘若贴近些观看，幸福的概念会看上去像什么呢？我想要审视两种这样的观点，它们出自我认为幸福史上重大的转折点——18世纪的后半叶。更精确地说，我要探讨两句名言："我们必须耕耘我们的花园"，这是由伏尔泰用作《老实人》（1759年）的结论提出来的，以及杰斐逊在美国《独立宣言》中宣称的"追求幸福"的权利。我希望，这种努力会对通称为美国生活方式的、令人好奇地快活乐观的现象有所阐明。

《老实人》的最后一行，"我们必须耕耘我们的花园"，是那个与传奇式流浪冒险情节相伴的哲理性论述的最终点评。由一个经过磨炼的主人公说出来，意欲回答一个问题。但那个问题是什么？该书最后一章中没有一个人物问老实人任何事。如同他们在故事的自始至终所做的那样，他们相互唠唠叨叨。这个问题是由故事本身提供的。在追求真爱居内贡的一次次冒险过程中，老实人在追求着幸福。幸福如何能找到呢？那是由这部小说提出的问题，如同由整个法国启蒙运动提出的一样，而这回答可以被重新确立为"幸福存在于耕耘我们的花园之中"。

在对于上述文本的诸多解释中，有四点较为突出：斯多葛学派的引退（自闭于花园中，老实人及其朋友们不理睬政治）；田园式的乌托邦思想（小社会通过农耕来维系自己，断绝与商业资本主义的关系）；通过劳动进行世俗救助（群体中人人努力劳作，防止贫穷、无聊和恶习）；文化契约（耕耘意味着对文明事业的投入）。对于这每种解释，还有些情况要说。每一点都适应伏尔泰于1758年撰写《老实人》时的背景：他与腓特烈二世的争吵；七年

第四章　追求幸福：伏尔泰和杰斐逊

战争的恐怖；更可怕的里斯本地震灾难；伏尔泰与莱布尼茨和沃尔夫的追随者们关于邪恶问题的论争；及他不久决定退隐到莱德利斯做乡村绅士，他拟在那里辛勤劳作，创建自己的花园。

花园主题也唤醒基督教的伊甸园乌托邦——伏尔泰青年时代所中意的一个目标。作为一个在摄政期间，在巴黎出入于娱乐、社交等场所的具有自由思想的男子，伏尔泰赞赏上流社会的享乐，并嘲笑基督教的禁欲主义。因而，在他年轻气盛的信条《上流社会》中，他嘲弄我们神话时代的祖先在杂草丛生、乱七八糟的花园中的野蛮生活。他把亚当想象为一个猿人，膝关节蹭着地面行走，且把夏娃想象为气味恶臭的放荡女人，手指甲下满是泥污。伏尔泰推崇上流社会中的富人和出身名门的人所享有的充满智慧和美好事物的天地，而不推崇伊甸园。幸福并非在天堂，在巴黎也可能会被找到；不在来世，就在此时此地。"人间的天堂就在我所在的地方"，《上流社会》做出结论。它是一种伊壁鸠鲁式的信条，公然反抗教会。它抓住了18世纪早期沙龙社会的精神。但对于沙龙以外生活在悲惨境地的大多数众生，它却只字未提。

到1758年，伏尔泰已见识了更广阔的世界。但他并没有停止享受生活中的美好事物。《老实人》的最后一章描写一位精通哲学的土耳其人的热情好客，其小小的农庄为老实人的农庄提供了典范：精细的果汁冰水、精选的水果和坚果，"没有与糟糕的巴达维亚咖啡混合的摩卡咖啡"（伏尔泰是一个饮咖啡成瘾者），以及主人两个女儿的有礼貌的服务和才智横溢的交谈。老实人受到了小说中间部分所描述的乌托邦社会黄金国的哲学家国王的同样殷勤而且规模更盛大的款待。伏尔泰本人在莱德利斯，稍后在费尔内，也给来访者提供这种殷勤的款待。这种美好的生活与年轻的伏尔泰在《上流社会》中所鼓吹的享乐主义有什么区别呢？

一件事情，背景。老实人把他的定居处安置在欧洲文明的东方边缘，恰如伏尔泰把其庄园设置在法国的东部边界，远离巴黎且远离政治。"我从来不过问君士坦丁堡发生的事。"这个喜好哲学的土耳其人对老实人说道。当然，伏尔泰竭力使自己能经常得知法国首都的各种阴谋，但他本人已避开宫廷生活。他已脱离上流社会，且已改变语调。他逃避腓特烈二世并逃离柏林后，新生的愤怒和忧郁的态度悄然深入到其全部作品中。他发现自己日益面对着不幸——并且，更糟的是，邪恶。

让我们看看伏尔泰生命中一个最不幸的时刻。它发生于1730年。他心爱的情人、杰出的女演员阿德里安娜·勒库弗勒，在其悲剧《俄狄浦斯王》中担任主角后溘然长逝。阿德里安娜·勒库弗勒还没有放弃职业并接受临终涂油礼，死亡就突袭了她。由于男演员和女演员们被排除于教会的礼仪之外，所以她的遗体不能埋葬到被尊为神圣的土地上。因而，它被倾倒到一个沟渠中，盖上生石灰以加速其腐烂。

这种猥亵的行为立刻使伏尔泰困恼，使其联想到他自己死亡的时刻，他担心到那时他的遗体也将会受到相同的待遇。这种情绪流露于他的一些充满激情的诗歌里，在《哲学信札》，甚而在《老实人》中。在第22章里，老实人走访巴黎并聆听了这令人战栗的情况。然后，他评说道："那〔是〕很无礼的。"这不是我们所期待的对如此对待心爱的人之死的野蛮行为的评论。

但伏尔泰对"礼仪"这个词所倾注的情感是20世纪的人们无法观察到的。老实人在黄金国的乌托邦社会居民当中注意到的第一个特征是他们"极端的礼仪"。他惊叹他们的有礼貌、优雅的服

第四章 追求幸福：伏尔泰和杰斐逊

饰、豪华的住宅、精美的食品、高深的谈话、高尚的嗜好和超群的智慧。黄金国国王集中体现了那些品质。像该书末尾喜好哲理的土耳其人一样，他"以可以想象的慷慨接待他们并有礼貌地邀请他们进晚餐"。乌托邦首先是一个有礼貌的或开化的社会，两者是同一回事。

18世纪"police"的概念可以粗略地解释为理性管理。它属于（概念的，非词源学的）一系列关联术语——有礼貌的（poli）、开化的（policé）、政治（politique）——从文化延伸到政治。对伏尔泰而言，旧制度时期的文化体系逐渐变化成权力体系，而礼仪社会的准则属于开明专制主义的政治。

文化和政治的互相渗透，是伏尔泰最富野心的论著《路易十四时代》(1751年)的主题。对于18世纪的作家们而言，这是一部关键作品，一部为旧制度时期的文学体系下定义及开创法国文学史的书。伏尔泰在其中有力地论证道，全部历史是文学史。尽管国王、王后和将军们吸引其同时代人的大多注意力并占据伏尔泰的叙述的大量篇幅，但归根结底，他们没有重要意义。最重要的是文明。所以，在人类历史的四个"幸福"时代中，最幸福的要算是路易十四的时代，那时，法国文学发展到其全盛时期，且法国宫廷的礼仪（"社会的礼仪和精神"）为全欧洲确立了标准。

就"文明"而言，伏尔泰意指历史的动力，是审美和社会因素、礼仪和风俗的组合，推动着社会朝着黄金国的理想发展，文明是一种让人们十分有礼貌地和开化的状态。这样，伏尔泰把礼仪理解为权力，并且，他看出法国古典文学与在路易十四的统治下法国国家的专制主义之间的联系。这个论点成为《路易十四时代》的关键章节之基础。路易通过研读高乃依的作品掌握了法语，他通过演戏控制宫廷,并通过把宫廷本身转变成示范性的剧院主宰王国。这个观念今天可能是陈词滥调,但当时是伏尔泰首创的。他把权力看作表演,根据文化准则的演出。这个准则从凡尔赛传播到巴黎,再传到外省,并传播到欧洲的其他地方。伏尔泰并不否认军队的重要性,但他把路易十四的无上权威解释为根本上是一种文化霸权。为他征服宫廷而写的剧本出自莫里哀之手,伏尔泰把他称作哲学家兼"礼仪社会中行为准则的立法者"(上流社会的礼仪立法者)。

这种历史观不管怎样不合时宜且不准确,但它还是传达了某种超出《上流社会》中追求生活奢侈品的意向。它传达方向、目的和力量——某种与诺伯特·埃里亚斯的"文明化进程"类似的东西。它还贬低国王的地位,把启蒙哲人定位为历史的真正主人,而这使得历史进程看上去是进步的过程——当然是不平坦的,只是在这个过程中野蛮行径被礼仪力量逼迫退却。

最终,老实人加入到那股势力中。他成为一个哲学家——不是一个虚假的哲学家,像其导师潘格洛斯那样,而是一个真正的哲学家,选择了参与而不是退出。他对幸福的追求,即那位名叫居内贡的女人,并没有导致幸福的结局。最后,当他娶她时,她已变得丑陋且十分讨厌。但这追求教会了他要专心致志于某种更加有价值的事物:礼仪社会,或者文明的进程。

"追求幸福"对美国人来说,要比"我们必须耕耘我们的花园"对于法国人更为熟悉。它是美国《独立宣言》中最令人难忘的名言,托马斯·杰斐逊宣告与生俱来的权利和革命理论在修辞学上的顶峰:"我们声称这些真理是不言而喻的,人生而平等,造物主赋予他们不可剥夺的权利,其中包括生命权、自由权和追求

第四章　追求幸福：伏尔泰和杰斐逊

幸福的权利。"杰斐逊所说的"追求幸福"是什么意思？他的意思与属于心态史上的一个问题，亦即，美国的生活方式有什么关系？

政治话语的分析家们往往通过什么没说及什么说了来确定意义。"生命、自由和财产"是17世纪和18世纪英语世界中政治辩论的标准表述。《独立宣言》用"追求幸福"代替"财产"，意味深长地偏离了其他的宪章——与1640年和1688年的英国革命相关联的《权利请愿书》和《权利宣言》及1765年的美国印花税法代表大会和1774年的第一次大陆会议的宣言。倘若"追求幸福"被视为言语行为，那么，它的意义必定会存在于，至少部分地，与财产权的含蓄比较中。杰斐逊的措辞中略去"财产"，难道是要表明自己是一个隐秘的社会主义者吗？今天，为了使要求社会福利合法正当，并反对最低限度政府的鼓吹者，美国人能够引用杰斐逊的言论吗？

在把杰斐逊从18世纪抽出来并把他投入到我们现在的思想争论之前，我们最好问一问"幸福"在其时代背景下如何产生共鸣。作为一个有哲学头脑的律师，杰斐逊精通自然法传统，这一传统可追溯到柏拉图和亚里士多德，后由洛克、普芬多夫、布拉马基和布莱克斯通为他那一代的法律专业学生做了系统阐述。这些人当中最重要的是洛克（杰斐逊对布莱克斯通的《英国法释义》抱有个人的厌恶）。事实上，洛克的确十分重要，以致许多学者把他视为美国《独立宣言》的精神鼻祖，它所倡导的政府契约理论似乎直接来源于洛克的《政府论》（下篇）（1690年）。

《政府论》（下篇）确实为在政府违反其对公民的契约义务时公民有革命权利提供了根据。但幸福的权利呢？洛克坚守通常的三位一体："生命权、自由权和财产权。"可是，在其《人类理解论》(1690年)中,他把"财产权"扩展成"生命、特权和地产",接着继续谈及"那人们所拥有的人身和物质方面的财产权"。在这样做的过程中,他把论据从法学变换到心理学。人身的财产权意味着自我发展的自由,且对于洛克而言,自我发展是一个认识的过程。按照《人类理解论》描述的程序,当人合并并反思诸多感觉,亦即快乐与痛苦的最初信号时,这个过程就开始了。就这样,洛克的认识论的感觉论可以与其政治理论的天赋权利结合起来,在某种意义下,它会开启通向追求幸福的权利之路。简言之,洛克也是一个论述幸福的哲学家。他亲口说道:"因为智力特质的最完美状态在于精心而持续地追求真正而实在的幸福,所以,关心自己(我们想象中误认为它不是真正幸福)是自由的必要基础。"

但杰斐逊无须把出自洛克的这两段不同的话语,即《政府论》(下篇)与《人类理解论》的不同论述结合起来,因为这项工作已经由其朋友乔治·梅森为他做了。梅森尽最大力量,以弗吉尼亚激进的乡绅阶层的富于哲理的思考把"财产权"扩展为追求"幸福"。像杰斐逊一样,梅森在其乡村庄园冈斯顿宅邸,拥有一个图书馆,收藏古代和现代哲学家的著作。参与热烈讨论印花税法的同时,梅森认真研究了这些材料,随后他起草了一系列关于代议制政府和自然权利的宣言。他与有同样思想的乡村绅士,如乔治·华盛顿、托马斯·杰斐逊、詹姆斯·麦迪逊和帕特里克·亨利等,围在餐桌旁及通过通信展开讨论。1774年和1775年,他在费尔法克斯地区的砖彻法院中召开的业主会议上对它们进行了辩护。

然后,于1776年5月,弗吉尼亚人在威廉斯堡集会,宣布自己是独立于英国之外的。通过起草权利宣言,梅森为这革命性的

第四章　追求幸福：伏尔泰和杰斐逊

一步提供哲学上的辩护，其措辞包含有"人人生来同等自由和独立，并具有某种固有的自然权利……其中包括享受生活和自由，凭借的是获得并拥有财产，追求并得到幸福和安全"。梅森的用语确实与杰斐逊几周后写入《独立宣言》中的著名措辞相似。它暗示幸福并非与财产权相对立，而是其延伸。

杰斐逊并不自命有创见。他把其原则的陈述说成仅仅是"在这个问题上的常识"。半个世纪后，当他在一封信中与詹姆斯·麦迪逊讨论《独立宣言》时，他进一步解释道："既不旨在原则或情感的创见，更不会是抄自任何特别而先有的论著，它意在美国人心声的表达。"

"常识"和"美国人的心声"：我们正进入法国人称谓的心态史的领域，而我应该更愿意把它说成是人类学史。美国人类学家克利福德·格尔茨把常识分析为一个"文化体系"，亦即，一个态度、价值观念和普通人惯常了解世界的认知图式的混合物。普通人，不是哲学家。确实，杰斐逊、麦迪逊、梅森及其民众看上去像美国风格的启蒙哲人。倘若与今天的政治家相比，他们看起来像巨人。他们也是弗吉尼亚农夫，居住在烟草种植园的常识世界里，有佐治亚州的庄园主住宅、主教派教会、县法院、酒馆、赛马会及（让我们勿忘之）奴隶制。种植园使他们在按照父权制原则建立的半自治单位中相互隔离。教会和县法院在加强社会等级制度和背景中聚拢他们。酒馆和赛马会给他们机会发泄激情并支撑其地位。而奴隶制则表现出政治家的局限性，诸如"人生而平等"。

对于自认为是罗马奥古斯都时期拥有奴隶的贵族的继承者，这个矛盾并没有使他们负担很重。他们的藏书为他们的食物贮藏处的传递的信息做了注解。他们所受的古典主义教育和其古典式的房屋建筑风格是匹配的。西塞罗和塞内加的论述听上去是真实的，因为他们顺应由弗吉尼亚州平常的环境散发出的社会秩序和等级制度的价值观念。排斥异己的专制君主政体的辉格党贵族政治的代表人洛克也是这么做的。简言之，哲学家似的思考适合社会环境，这并非意识形态的后见之明，而是弄清自己的公开宣传的常识是怎么回事来的绅士反思方式。所谓常识的"意识"在这一方面属于马克斯·韦伯称谓的"感觉关联"，或"选择性亲和关系"；它是一种整理现实的方式。

倘若弗吉尼亚人不撰写理论宣言，在更随意的时刻他们会如何描述现实呢？这里又是一段杰斐逊的话，1810年写自其乡村庄园：

> 我告退到蒙蒂塞洛，一家人在那儿团聚，徜徉于书海，享受对我久已陌生的静谧。我把上午专用于写书信。从早饭到正餐，我在我自己的家中、在花园里，或骑着马在农场当中；从正餐到傍晚，我与邻人和朋友们一起交往并娱乐；而从黄昏到就寝时间，我读书。我的健康状况极好，我的精力因我所追求的事业而大大增强……我与邻人们谈及犁和耙，播种和收获，如果他们乐意，也谈及政治，和我的其他的同胞们一样毫无保留，我最终感到畅所欲言和随心所欲的幸福。

这就是幸福，某种蕴含在日常生活过程中的感觉。它是一种美国人的生活方式——更亲近于贺拉斯和维吉尔而不是麦迪逊大道和华尔街的美国。

第四章 追求幸福：伏尔泰和杰斐逊

同样还应当提及，贺拉斯式的光辉在接下来的十六年间变得黯然朦胧，在这个时期，蒙蒂塞洛濒临衰退至破产，其主人日益疏离杰克逊时代的政治多样性，那个资本主义的投机大潮，及福音传道的宗教复兴。杰斐逊脱离了上层社会，靠在蒙蒂塞洛耕耘花园——和伏尔泰不一样，伏尔泰利用费尔内作为征服世界的堡垒。

如果说杰斐逊发现了他在18世纪70年代时的理想与19世纪20年代现实之间的差别，那么，美国人究竟如何看待杰斐逊的生活方式和接下来的一个半世纪间他们的生活方式之间的连续性呢？贺拉斯风格的杰斐逊主义和工业资本主义似乎相隔太远，乃至人们会认为它们毫无共同之处。然而，它们被一根共同的线即追求幸福束缚到一起。

如研究思想史的历史学家霍华德·芒福德·琼斯已指出的，这个题目提供了美国法理学的主旨之一。如《独立宣言》所宣称的，倘若我有幸福的权利，难道法院不应该保障它吗？遗憾的是，《独立宣言》没有成为宪法的一部分，除非它被改写成《权利法案》的形式；然而《权利法案》并没有提到幸福，可是，各州宪法却提到了。其中三分之二采用杰斐逊的措辞的变种。这样，长达一个多世纪，美国人跑到法院，围绕着他们认为根据基本法律属于他们的权利而控诉当局或进行民事诉讼。他们要求应得的幸福的权利，为的是建立按摩室，销售避孕药物及抽鸦片。他们很少成功，但他们的行动表明一种普遍流行的态度：追求幸福是美国生活方式的一个基本要素。

当然，在宪法之外，还有大量事物被包含于这个文化模式之中。在19世纪，开放的边疆、唾手可得的土地、淘金热，表面上无尽的致富和成功的机会——全都以幸福概念的价值观念为导向。在每种情况下，幸福好像是某种欲被追求的东西，而非从天而降的东西，且这种追求往往导向西部。在这一方面，杰斐逊的理想也提供了一个起点，因为被杰斐逊偏爱的农民和自耕农场主为征服边地提供了思想推进力。在《西北准州法案》和《路易斯安那购买案》中，杰斐逊试图以一种推行他在弗吉尼亚州所理解的农夫－哲人社会的方式，来塑造西部的移民定居点。当霍勒斯·格里利和其他政论家宣称，"年轻人，到西部去！"时，他们就回应了这种思想。

可是，真正的推进力是金钱，是金钱和土地以及快速致富的机遇。淘金热使人们一下子陷入普遍的渴望西进中。自1848年起，整个国家好像都试图迁移到加利福尼亚州去。当然，我言过其实了，因为在19世纪末期和20世纪早期跨越大西洋的移民大潮一般冲到东海岸上并流入波士顿和巴尔的摩间的贫民窟中。许多来自基辅和那不勒斯的穷苦人来到西部，从未越过曼哈顿上东城——不过其后裔通常跨过哈德逊河并在新泽西郊区定居——确实不是以杰斐逊理想中的自由占有土地的方式，而是在他们自己的小片土地上，住在有花园和白色栅栏的房屋里，后者变成美国梦的新形式。对这些人来说，即便需要用两代人的时间来挣脱贫民窟，即便郊区与俄勒冈小道相距很远，但美国真的是机遇之乡。

这样，杰斐逊的愿景的确转变成美国人的梦想，一个基本上是物质至上的愿景，但它激发了整个旧世界的想象力，那里千千万万的人离开家园去寻求成功。今天，这个梦想仍然有活力，不过移民一般来自拉丁美洲并定居在迈阿密、休斯敦和洛杉

第四章 追求幸福：伏尔泰和杰斐逊

矶。但它的实现依然是许多非洲裔美国人难以企及的目标，其祖先——他们曾在杰斐逊的庄园上干活儿——被合法地排除在对幸福的追求之外，并为美国梦的悲剧性瑕疵提供了活生生的见证。

20世纪后半叶，这个瑕疵并没有阻止这个梦想积聚更多的力量。技术似乎为人人都带来幸福，因为它提供控制环境、享受快乐和减轻痛苦的手段。这一点可能是太明显了，乃至我们习以为常，因为我们已经变得与杰斐逊时代存于日常生活的痛苦绝缘。阅读了18世纪的数以千计的信函后，我时时会想起对腐烂牙齿的担心，对巡回拔牙师的恐惧及在近代世界早期处处可见的、纯粹的下颚疼痛。牙科医学不可能看起来像一种特别高尚的天职，但它已经比我们从伊壁鸠鲁和杰里米·边沁学说继承下来的享乐主义牙垢中的许多职业更具有重要性。

除了牙科学，还应加上整个医学进步、预防注射、公共卫生、避孕措施、保险、退休金、失业补偿、避雷针、集中供暖、空调……这个列表能一直延续下去，因为它导致一连串无尽的、我们由此联想到所谓消费社会的商品，及我们期待于"福利国家"的服务。我知道成千上万的美国人经历过艰难时世，我的话可能听起来是空洞的。但我已经在18世纪花费了大量时间，所以，我不可能不深刻感受到人类在19世纪和20世纪在控制环境方面获得多么大的进展。

在美国，追求幸福已经从科学和技术流溢到通俗文化，这是心态史学家们所钟爱的一个题目。最异乎寻常的花样在南加利福尼亚盛行：热水浴池、"冲浪"、"深层"按摩、减肥中心、爱情门诊部及可以想象到的种种疗法，更不必说在好莱坞电影中依然流行的快乐结局。这种通俗文化能轻易地用漫画来嘲讽，但它不能被轻易地消除，因为它已经遍布美国，乃至现在遍布全世界。我们随处可见"快乐乔"的面孔——里面有微笑的一个圆圈：贴在窗户上，钉在纽扣眼上，甚至，我还在学生的试卷上发现过。与流行的问候语——"玩得痛快"——一道表现出跷拇指、明亮眼睛和毛茸茸尾巴的公众行为形式，这可能令欧洲人厌烦，他们更喜欢把轻轻的握手、忧郁的高卢人及咖啡馆的怠惰作为自我表现的方式。

当然，还有许多其他倾向贯串于美国日常的文化模式中，且与追求幸福背道而驰。为了把幸福的主题置于整体的模式中，重要的是记住三个值得考虑的情况。第一，美国总有一个偏执反常的悲观主义者少数派。美国的伤心故事，与宣讲"山巅之城"或圣徒聚居地一道发生在五月花号船上。在托马斯·杰斐逊扩展洛克的观点时，乔纳森·爱德华为幸福下了如下定义：

> 地狱磨难的情景将永远增强居于天国者的幸福。它不仅使他们发觉上帝的恩惠在其幸福中的重要和自由；而且它将真的使其幸福更大，因为它将使他们更感觉到他们自己的幸福；它将使他们对幸福有更强烈的兴趣。

美国人一直是热衷于反乌托邦文学的消费者：《1984》《动物农场》《美丽新世界》和种种黑色的科幻作品。他们还创作了大量悲观主义文学，从霍桑、梅尔维尔到 T.S. 艾略特、库尔特·冯内古特和约翰·厄普代克。南北战争、边疆封闭、大萧条、垮掉的一代，及 20 世纪 60 年代的反战积极分子代表了对美国梦幻灭的诸多阶段。今日大多数年轻人认为他们生活在一个资源有限而非一个机遇无限的世界里。民意测验表明,他们并不期望比父母们过得更好。倘若他们不再忧虑核灾难和冷战,他们则处处感觉到经济不景气和生态灾害。面对着艾滋病蔓延,他们之中许多人感到愤怒——对政府,甚而对整个世界,因为艾滋病代表对追求幸福这种生活方式的最终否定。

第二,那些继续信仰幸福为人生目标的人们往往以一种看上去自我矛盾的虔诚追求之。他们采取极端的禁欲主义形式:节食、慢跑、健身,远离烟草、肉食和奶油,以及所有被法尔斯塔夫*归入"狂吃乱饮"一类的享乐。为何目的呢?为了长寿吗?对付衰老现在已经成为美国的一个重要产业,而美国生活方式已演变成美国死亡方式——也就是说,殡仪"馆"(home)和田园公墓的亚文化把死亡装饰得如此漂亮以致不能加以拒绝。但美国大多数世俗的禁欲主义者已把旧的新教伦理转换成新的自我崇拜。《自我》期刊、"唯我的一代",及要求培育更健壮的体魄和发展更自信或更平衡的人格都表现出一种普遍的自我主义,看上去像是开国元勋们所实行的各种斯多葛学派和清教徒的自律的对立面。

自我中心的禁欲主义把我们带到第三点,约翰·肯尼思·加尔布雷思把美国生活方式描绘为"私人的富有和公共的贫困"。尽管有食品券和社会保障体系,但福利国家的理念从未在美国取得很大进展。确实,国家公园和一些州立高等教育体制为成千上万的人打开了通往幸福的大门;但消费文化(我们没有全国的销售

---

* 法尔斯塔夫是莎士比亚戏剧中的人物。——校者

税)和粗鲁的个人主义(我们在汽车站不排队等候)妨碍着国家主办的,保证全体人民的最低限度幸福的规划。

罗斯福的新政,是合着"快乐的日子又来到"的曲调发起的,没有为贫穷和种族主义的问题提供答案。那些问题继续在我们的城市中心恶化,但另一方面,各个人却在我们郊区的个人围墙中追求其私人的福利。我认为,这是一种国耻,但它也是一个普遍的问题,一个追溯到分别在伏尔泰和卢梭的著作中所提倡的个人幸福和公众幸福间对立的问题,乃至进而追溯到伊壁鸠鲁和古代传统的问题。在依然植根于杰斐逊传统的同时,美国人的幸福追求也具有西方文明共有的那些希望和问题。

怎样解释这一切呢?文化模式主题没有讨论的底线,所以我不打算以确切的结论结束。让我改而列举我近来想到的两个追求幸福的实例。第一个表现出技术、商业和个人主义的倾向。雷蒙德·韦斯特博士数年前宣称"幸福是一个温暖的听诊器",并向惊愕的世界提供一项新发明:一个听诊器取暖器,它会使健康检查更舒适,并永远消除"背上的小冰块"的不舒适的感觉。

第二个实例是不那么细小的。它表达了最初由托马斯·杰斐逊所界定的、美国共和国的集体目标,这就是克林顿总统1993年1月的就职演说:"当我们的缔造者们勇敢地向世界宣布美国的独立并向上帝宣布我们的目的时,他们知道,美国为了持久,就必须变革。并非为变革而变革,而是为保存美国的理想而变革——生命、自由和追求幸福。"

高尚的言辞。但克林顿如果在想到杰斐逊的同时也想到华盛顿,可能会更得当:这里说的是政治家华盛顿及蛀牙的受害者华盛顿。想象一下,华盛顿坐在老实人的花园中出席一个宴会。要是我们打算集合两种追求幸福的方法,个人的和社会的,我们就应该效仿华盛顿,稳固地矫正下颚,咬牙,大嚼美食,并献身于公众福利。至少,在福利国家看上去和蒙蒂塞洛一样遭遇艰难的时刻,这就是一个美国人的观点。

第五章
/
重要的分水岭：奔向万森途中的卢梭

每个时代都有自己的卢梭。我们已认定卢梭是罗伯斯庇尔主义者、浪漫主义者、进步人士、极权主义者和神经质者。我想要提议说卢梭是人类学家。他创始人类学如同弗洛伊德创始精神分析一样，凭借的是对自身施行的试验。他所写的东西中没有任何会符合"美国人类学家"的职业标准。但倘若我们换一个新的角度重读他的论著，我们可能会弄明白，经历一个文化体系的种种矛盾并通过理解文化本身来克服这些矛盾是怎么一回事。

当然，人类学还有其他创始者。但既然学科被重新组合，其谱系看上去便有所不同。代替旧的由三部分组成的区分——自然科学、社会科学与人文学科——一种新的人类科学组合正开始出现。它集合了与对文化的阐释有关的学科——某些人类学，社会学、历史、文学批评和哲学——，与那些专注于探寻行为规律的学科形成鲜明对照。新人文主义者们不再探求事件的原因，而是试图了解符号体系的功用。他们努力想使自己进入异己的思想方式并领会思维方式是如何塑造行为模式。他们把文化当作一种

第五章 重要的分水岭：奔向万森途中的卢梭

活动来研究，而非当作一套僵滞的思想观念——更接近政治的内容而非博物馆展品的东西。因而，他们应该乐意重新考虑卢梭。

1749年夏日里一个炎热的下午，卢梭首次触及人类科学的中心问题。他正在做从巴黎到万森的徒步旅行，他计划在那儿拜访朋友德尼·狄德罗。这五英里的路程要途经弃婴收容所，卢梭曾把私生子女遗弃在那里。卢梭来到狄德罗当时因发表无神论的《论盲人书简》而被监禁的中世纪古堡。当太阳晒到卢梭身上时，他略读了一本随身携带的文学杂志。他的目光盯到一个通告上，一个由第戎学会提出的关于论文竞赛的问题："艺术与科学之复兴对道德净化有帮助吗？"

> 我一读到它，我就看到另一个宇宙，我成为另一个人……走着走着我再也喘不过气来，我跌倒在大道旁的一棵树下；我在激动不安的状态中过了半小时，乃至当我起来时，我发觉我的外衣上半部分完全浸透泪水，尽管我并不知道我一直在哭泣……倘若我能写下我在那棵树下的仅仅部分所见和所感，我就会多么清楚地揭示这社会制度的矛盾啊！

历史一直吝惜"我发现了！"的时刻*。我们想到洗澡中的阿基米德，奔向大马士革途中的保罗，苹果树下的牛顿；但即使这样一些情景真出现过，它们传给我们时，已被许多神话环绕着，以致我们往往会怀疑它们。卢梭的确使他的一生成为神话。然而，

---

* 相传是阿基米德根据比重原理测出金子纯度时所说的话；现用作因重大发现而发的惊叹语。——译者

我们不能划破《忏悔录》，把言语和现实分开，因为卢梭用他的故事塑造了他自己。最好根据他的话理解他，并用他的话问一问为什么在去万森的路上提出的问题似乎对他非常重大。因为卢梭把它变成自己的说法：我生命的意义是什么？它出了什么问题？搜寻一个答案会导致从其模糊的起源到"社会制度的矛盾"——最终，亦即，到人类学。

即使人们体谅卢梭陈述中的神话成分，他贯穿 18 世纪欧洲社会的人生旅程也是令人震惊的。一个小小的日内瓦城市共和国中钟表匠的孩子，从社会等级制度的微末地位开始步入生活且很快沦落到最底层。他的母亲离开人世，父亲失踪，亲友们安排他跟随一个律师及雕刻师学徒，但这男孩子桀骜不驯。一个星期日晚上，当他正在城墙外与一些朋友玩耍时，他听到宵禁的号角声。他们向城门跑去。太晚了：大门砰地关上。他们不得不在城外过夜，次日清晨因疏忽而挨一顿打。因那类冒犯而被棍打两次后，15 岁的让-雅克逃出日内瓦，走上一条宽敞大道。

紧接着的十三年里，他间歇地谋生计。在都灵，作为一个临时挣钱的天主教皈依者，他弄清了他的灵魂的价钱：20 里弗尔（大约为一个非熟练劳动者三个星期的工资）。在一个贵族家中当仆人，他判断出文雅和粗俗两个极端间的距离，并明白了他属于哪一边。徒步返回，越过阿尔卑斯山后，他拟订一个计划，凭借展示似乎把水变成酒的露泉，骗取农夫的食物。回到安纳西，他与华伦夫人同居，没有成为男佣工，因为他什么都不干就挣钱，也不是一个娈童，因为他叫她妈妈。

在穿过瑞士的一次游览中，他在一家客栈内租一间房，填饱肚子，次日清晨声称他不能付账。沿着道路接着走下去，他靠教

第五章 重要的分水岭：奔向万森途中的卢梭

音乐课养活自己，不过他几乎不能读懂乐谱。他在洛桑真的举办了一场音乐会，不过用的假名，乐师们以笑声把他轰下乐队指挥台。终于，他找到一个更好的财源，自命为希腊东正教教会的大修道院院长，为在耶路撒冷复原圣物匣募集资金。

他充当翻译和广告宣传员，带领希腊人畅游弗里堡、伯尔尼和索洛图恩。在最后一站，曾在君士坦丁堡任职的法国大使，识破了这位大修道院院长的伪装并叫他卷铺盖。但卢梭设法转危为安。通过及时的忏悔，他赢得大使的保护，还携带着100法郎和在巴黎当家庭教师的工作推荐信离开索洛图恩。

直到这个时候，故事可能好像适合许多关于流浪汉和无赖及其冒险事迹的陈述之模式。倘若马克·吐温讲述它，它就会发行出来，听上去像《哈克贝利·芬》中公爵和国王的历险记。倘若它出自伏尔泰之笔，它则会转变成一系列侮辱——叛教者、走狗、盗贼、女子供养的情人和骗子——以押韵两行诗排成一列，如同在《可怜的魔鬼》中那样。但按卢梭的版本，这故事具有异乡的、富有诗意的性质。它是一首天真无邪失落的田园诗。它具有许多评论者没有注意的社会维度。

《忏悔录》的前半部分带领我们穿过一个高度阶层化社会的所有阶层，从手工业者和雇工的世界到贵族和使节们的世界。它还把我们带出"等级分明"的社会，进入旧制度时期的流动人口中。流动手艺人、漂泊的劳动者、乞丐、遗弃者、演员、江湖医生、盗贼：这些漂流者充斥着整个社会画面。他们包括一特殊的亚类型，即知识流浪者靠耍花招骗人过日子，逗乐、引诱、沿街叫卖、当家教及努力赢得一个保护人的信任或从他那儿挣点儿小钱。

知识流浪者充斥着《忏悔录》的前几章，尤其在卢梭关于华伦夫人家的叙述中，他把它回忆成不断被蛇入侵的伊甸园：巴盖雷，一个未能在彼得大帝宫廷中走运后贪婪地大吃华伦夫人钱包的骗子；温特策里德，一个流动理发师，他通过诓骗一串卵形金刚石，学会像一个有才智的巴黎人一样谈话；尤其是，旺蒂勒·德·维尔纳夫，一个漫游乐师，1730年一个寒冷的冬夜，他的敲门声在卢梭的追忆中成为对巴黎致命召唤的回响。

根据卢梭对他的重新塑造，旺蒂勒成为纯粹的巴黎人——衣衫破旧但缝制得讲究，喋喋不休地谈及女演员、歌剧和林荫大道。他使让-雅克头晕。在文坛的中心城市里大出风头！什么荣耀会比这更大呢？年轻的卢梭照巴黎人的模样改变自己。在"妈妈"的帮助下，他购买得体的服饰，学习佩剑，上跳舞课并研习音乐。一时，卢梭与旺蒂勒同住，甚至采用旺蒂勒的部分名字作别名——沃索尔·德·维尔纳夫——当他在瑞士以音乐教师身份混饭漫游时。这条道路必然通向巴黎——并非阔气沙龙的巴黎，而是格拉布街*的巴黎。

带着推荐信，卢梭几次尝试闯入沙龙。但当他向贝曾瓦尔夫人报到时，夫人的第一个想法是打发他到仆人们的住处去吃东西。布泽夫人容许他上餐桌。但当她递给卢梭一些食物后，卢梭就用叉子叉一口，而没有先端起盘子然后用餐——她记录下一次过失，背地里，其他仆人窃笑不已。阶级意识产生自这样的小创伤。尽管卢梭处于和"妈妈"在一起的受保护期，他还是每天都感受到它们。他的手指甲下保留了太多的污物，不能掌握上流社会的规范。这样，他退缩到像莫吉咖啡馆一样的中立地带，他在

---

* 伦敦一条旧街，即现在的弥尔顿街，昔为潦倒文人聚居之处。——译者

第五章 重要的分水岭：奔向万森途中的卢梭

这里成为棋盘边和拉塞勒夫人餐馆的一名常客，聆听身份高贵的年轻人吹嘘与歌剧院舞女的冒险。这种冒险往往以把婴儿抛弃到弃婴收容所告终。如此一来，如果卢梭的情人怀孕，他就有榜样可循了。

泰雷兹·勒瓦瑟不在歌剧院中跳舞。她在卢梭寄宿的宿舍中洗衣服，当卢梭解释诚实的人如何处理他们的后代时，她都不能理解。最终，她的母亲让她明白了这些。老妇人意识到卢梭是一位才子，如果紧紧依靠他，就有可能使全家摆脱穷困。不是因为让-雅克积蓄了钱财。他没能成功卖掉他写的乐评，没能为歌剧院找到赞助人，且没能让其剧本《水仙》在意大利剧院上演。但放弃在上流社会做一名文人而惹人注目的愿望后，他在有钱的迪潘夫人家找到一份秘书的工作，可以一年挣得900里弗尔，足以供养泰雷兹并给她家中大多数人温饱。

这就是卢梭在1749年10月间的境遇，此时，他启程去拜访关在万森的狄德罗。狄德罗的处境看上去大概不会更好些。像卢梭一样，他也出身于工匠家庭。他在文坛中未能崭露头角，且和一个来自社会底层的女子同命运——一个洗烫衣物女工之女——他不仅爱她，而且真娶了她。这两个人在同样的出身背景中与同样的不平等作斗争。当卢梭沿路大汗淋漓走向万森时，他把朋友看作专制的牺牲品。数年后，当狄德罗回忆他们在格拉布街的共同生活时，他认为卢梭是拉摩*的侄子。

最后一点是无法证实的，至少不能让那批狄德罗专家满意。但我却在《拉摩的侄儿》的非正统派主角和《忏悔录》的主角间

---

* 拉摩（1683—1764年），法国音乐理论家，作曲家。——译者

看到惊人的相似之处。二者皆是音乐家。两人都嗜好下棋。两人均为半疯狂的天才和引人注目的怪人。两人都生活在礼仪社会的边缘,靠富人和权贵丢弃的残羹冷炙维持生活。且两人均逐渐削弱传统的道德,首先通过忏悔自己的堕落,然后通过揭露他们处于被宣告有罪的状况所凭借的规范之虚伪。卢梭是否真起了作为狄德罗作品原型的作用依然是一个"学术的"问题。但通过把卢梭想象为拉摩的侄子,随着他朝万森走去,我们能形成一些关于他的精神状态的想法。他在道德的荒野中漫游,如他所言,他到达了"近似妄想的激动"。

艺术与科学的进步究竟会败坏还是净化道德?由第戎学会提出的这个问题触及卢梭的痛处。但他没有从个人的角度予以回答。他也没有采用被认为由他提出的简单论点:人天生是好的,社会是坏的。《论艺术与科学》提出了更微妙的论点,贯穿卢梭随后全部论著的一个观点:文化导致腐败,而专制主义文化会绝对导致腐败。

卢梭没有把原始的自然状态浪漫化,而是意识到道德是一种文化规范,是使社会结合在一起的行为、知识和品位的规则,人类没有它不行,因为被剥夺了文化的人是霍布斯哲学意义上的粗野人,缺乏合乎道德的存在。但过度文明化的人,一半时间花在歌剧院,一半时间花在拉塞勒餐馆的上流社会人物,则更糟糕。卢梭知道,他曾努力成为那种人。通过使自己文明化,他开始认识到文明的本来面目,文明是一个堕落过程。在前往万森的路上,这种意识突然使他感到痛苦。当他摇摇晃晃地离开这条路,他走出了他的时代的主导文化,并使自己成为第一个人类学家。

第五章　重要的分水岭：奔向万森途中的卢梭

当然，卢梭没有用列维·斯特劳斯*的言语表达他的见识。尽管他吸收了法国文学中人类学上的笔调，尤其吸收了蒙田和孟德斯鸠的思想，但他还是写了一个悲哀的故事，一部纯粹修辞学的著作，且诗意甚浓，乃至读者为之倾倒。针对他那个时代的传统偶像——东方的贤人和罗马的通达雅士，他提出相反的单纯、强健的人群形象——法兰克勇士、美洲印第安人、共和主义的瑞士人与荷兰人。斯巴达征服雅典，于是卢梭欢呼道："啊，斯巴达，空虚教条的永久耻辱！""啊，美德，单纯灵魂的高尚学问……"今天，这种欢呼听起来可能是空洞的，但两个半世纪前，它们突然响起，如同对主流的文化格调即沙龙的优雅格调的大胆挑战。卢梭对之予以公开的抨击。他严厉指责"品位""礼仪""文雅"和"轻蔑地讥笑那些祖国和宗教之类的陈词滥调的"才子们。艺术与科学实际上是政治机制。在他看来，沙龙的矫揉造作强化了凡尔赛的专制主义。所有在沙龙中自我表现的文人被他谴责为堕落的行者，"除一个人"之外，亦即，狄德罗。

卢梭的感情冲动可以解释为对狄德罗和达朗贝尔的《百科全书》的谴责，它带有副标题"详尽论述的艺术与科学字典"。但百科全书派成员们团结一致，即使在《论艺术与科学》出版后他们也辉煌了几年。狄德罗出狱后，见到了《百科全书》的头几卷付印并经历了愈演愈烈的论战风暴。卢梭继续贡献辞条。在《百科全书》的"绪论"中，达朗贝尔把卢梭的论文斥为雄辩的、自相矛盾的说法。卢梭也通过与百科全书派成员们合作，否定了这些

---

* 列维·斯特劳斯（1908—2009年），法国社会人类学家，结构主义的主要倡导者。——译者

说法。

现在，文学上的声名使卢梭也成为沙龙社会中的一个合作者。贵妇们突然抓住他不放。赞助人打开钱包。国王的女主管亲自介入，使他的歌剧《乡村卜师》在宫廷里上演。不久，卢梭发现自己就要被引见给国王并得到皇家津贴的支持。他抨击上流社会的成功使他成为其俘虏，这样，他面对着第二个危机，导致他与旧制度的文化体系最终决裂。

卢梭的成功仅仅证实他对其失败的判断。当他从进入沙龙的初步尝试返回时，他开始思索他和泰雷兹的经历。泰雷兹第三次怀孕时，他正在写第二篇论文《论不平等的起源》。1754年，他提交这篇文章，由第戎学会发了奖。第二篇论文比第一篇走得更远、更深。它以对日内瓦圈子充满激情的题词开始，卢梭把它想象为加尔文教的斯巴达，并继续揭露社会不平等是他在第一篇论文中所谴责的，同一个文明化过程的产物。在写这篇文章时，卢梭躺在床上向泰雷兹的母亲口授这篇论文，她充任卢梭的秘书、女仆及安排遗弃孩子的同谋。

在《水仙前言》（1753年）中，卢梭曾声称他将放弃早期无意义的作品，仿佛它们是许多非法的孩子。现在，他正发表更多的声明，遗弃更多的孩子。他的道德主张变得十分时尚。他本人就是一个时尚人物，一个从社会底层捕获并为吸引上层人士而展示的野兽。众所周知，通过夸耀粗鲁并扮演一只"熊"的角色，卢梭在这个游戏中充分合作："没有正确的思想状态且不能获得它就被抛入上流社会……我假装蔑视我不能实行的礼仪。"暴得大名把这个知识流浪汉和格拉布街文人变成一只跳舞的熊。

在这个过程中，卢梭丧失了一些东西：他的自我，来自他加

第五章　重要的分水岭：奔向万森途中的卢梭

以美化的日内瓦的那个本来的让-雅克。当这种丧失的感觉变得无法容忍时，他与上流社会决裂了。他变换装束。他抛弃假发、剑、白袜子、手表及（在一个小偷的帮助下）四十二件细亚麻衬衫。他拒绝为获得皇家津贴而做疏通工作。他放弃工作并动手抄写乐谱，换取微薄的收入。最终，1756年4月，他离开巴黎。他与泰雷兹一起在由德皮内夫人提供的位于蒙特莫伦西园林中的一座小房子里安居下来。他开始了狂热的写作时期，直到六年后，三本改变文化史进程的书《新爱洛漪丝》《爱弥儿》和《社会契约论》出版。

这些书中的每一本分别发展了卢梭往万森途中所获灵感的一个方面。每本书均触及关于文学、教育和政治重大议题的传统看法之痛处。但所有痛处的最深伤口在第四本书中显露，而且是最非传统且最令人痛苦的，因为它使卢梭与上流社会完全决裂，切断他与启蒙思想家朋友们的联系，特别是狄德罗。这部作品，《论戏剧，致函达朗贝尔》（1759年），长达一百多页，对欲在日内瓦建立一座剧院的建议慷慨激昂地表示抗议。达朗贝尔偷偷地把这个建议搁到《百科全书》里他关于日内瓦的撰文中，而卢梭却没完没了地痛斥它，仿佛它是最邪恶的历史年代中最邪恶的思想。

为什么？为什么这位戏剧和歌剧的作者对表面上无害的，在家乡搭建起一个舞台的建议大怒呢？在达朗贝尔的背后，卢梭见到当时恰恰住在日内瓦城外的伏尔泰；在伏尔泰的背后，他见到狄德罗和所有其他百科全书派成员；在他们的背后，是矫揉造作的巴黎文化世界；而在所有这些的背后，是旧制度的政治制度。每样事物都互相渗透，而把所有的一切结合到一起的力量是文化。

因此，卢梭把剧院看作为高度政治化的机构，他谴责舞台的高级鼓吹者——伏尔泰、达朗贝尔和狄德罗——，把他们说成是政治腐败的代理人。他承认剧院在法国君主制中可能有一席之地。通过提高品位和败坏道德，戏剧加强了路易十四的贵族政治与威权主义的混合。可是，如果将其注入日内瓦，它就会毒害这政体。因为共和政体并不从自由选举中汲取生命力，而是取自共和主义的政治文化——卢梭在《新爱洛漪丝》（1761年）中欲理想化的问题：在俱乐部中亲如兄弟，在户外游戏中竞赛及在市民节日里参加合唱。

当卢梭开始在《社会契约论》中直接陈述政治理论时（1762年），他发展了在《论戏剧，致函达朗贝尔》中消极描述的事物的积极方面。现在，文化好像是民主中的关键成分。当卢梭努力解释共同意志（公意）如何在投票制度中表达出来时，这个论点变得一团糟。但在最后的章节中，这种混乱消失，他在其中揭示道，最终把公民结合到一个政体中的是公民宗教——不是一种专注于来世的基督教，而是遍及各方面的，斯巴达式的爱国主义。爱国者们自发地服从共同意志。他们向往共同利益，因为他们被一种共同的文化即全部道德之源团结起来。他们将会因其公民身份而有道德，并由于其伦理而自由。在这样的制度中，惩罚不如教育重要，选举不如节日重要。

这样的教训，法国革命者并没有遗忘，他们总是游行穿过大街，庆祝自由，赞扬公民的高尚道德。如果以现在的眼光看待，卢梭的公民宗教可能造成威胁——乃是纽伦堡群众集会的预兆或美国人更熟悉的足球比赛中场休息时的表演。不管哪种情况，卢梭似乎已确切指出了某种重要的事物。把挥舞旗子与足球混在一起，或者，里根总统竟然让总统就职典礼与超级杯赛的开球安排

第五章 重要的分水岭：奔向万森途中的卢梭

在同一时间，可能令人感到奇怪。但我以为卢梭大概会理解这些。在游历了把日内瓦作坊与巴黎沙龙隔开的巨大社会间隔之后，卢梭认识到象征性的权力形式。他以旧式的道德言语表达了他的深刻见解。但他的故事的寓意真的具有现代的意义。迄今为止，这种寓意还有待于人们来领会，尤其是那些依然确信权力主要来自枪杆子的人。

第六章
/
美国热：孔多塞和布里索

翻开《巴黎日报》，大革命前法国唯一的日报，从 1780 年到 1789 年间的任何一天，你必定会无意中发现关于美国的一些事情——并非几乎不存在的外国消息，而是巴黎人日常生活中碰到的美国主题。1786 年，杂耍剧院中最受欢迎的成功演出要算是在安比古-科米魁上演的《美国女英雄》。一个与它竞争的巡回剧团，国王大舞团演出了自己的同一主题的变奏舞《美国的英雄》，这是一部"三幕哑剧，有对话、舞蹈、音乐和格斗"，与此同时，演出向高档发展，意大利剧院正在上演《贵格派芭蕾舞》。《迪尔扎或伊利诺伊》不再在宽敞的人行道上表演，但在该报纸的"逸事"栏中，"野蛮雄辩术"的行家却能读到美国土著的自然颂歌。甚至更好，在遍布拉丁区的书店里，在《美国旅行者》和《美国耕作者》中，读者们能见到大量的易洛魁人和伊利诺伊人被转变成有卢梭特点的法国人。

为了看一看鲜活的高贵野蛮人，我们可走过拉法耶特的宅邸，有两个印第安人在那儿充当保镖。拉法耶特怒气冲冲盯着约克镇

第六章　美国热：孔多塞和布里索

的敌人，这幅形象在沿着圣-雅克街出售的印制品中受到仰慕。华盛顿的肖像也可能用几个便士就能买到，钉在自家的墙上——旁边还有其他来自印制图画和书籍的人物——弗吉尼亚种植园主、宾夕法尼亚贵格会教徒、南图凯特捕鲸人。富兰克林的肖像似乎比比皆是——或者是"好人理查德"，那个常识化身和年历中的普通人；或者是戴浣熊毛皮帽与凡尔赛的大人物谈判的政治家；或者是在法国科学院大谈电的发现的秃顶哲学家。

富兰克林的后继者托马斯·杰斐逊，在一阵关于美国革命的出版物的高潮后接踵而来。在《巴黎日报》的书评部分，杰斐逊的《关于弗吉尼亚的演说》受到点评，同时还摘登了几个法国军人关于美国独立战争的回忆录和应时小说，像《麦克雷小姐》这样的革命浪漫主义小说等。更不必说一批新的美国专家在异口同声地发表意见。在致编者的信中，对于雷纳尔修道院院长的畅销书《欧洲人在两个印度公司中的机构和商务之哲学与政治史》中所叙述的新大陆的准确性，托马斯·潘恩提出质疑，而菲利普·梅齐则与罗宾修道院院长对宾夕法尼亚贵格会教徒的情况进行争论。但人人皆有话要说：身为一个"美国耕作者"的圣·约翰·德·克雷夫科尔，以"纽黑文一个有产者"身份的拉·罗什富科公爵，作为"美国博马舍"的博马舍等，因为这个主题是无穷尽的，即使对于向费城和起义军推销发型的理发员而言也是如此。①

---

① 此叙述基于1780—1789年《巴黎日报》的一篇读物，连同其他期刊。关于《美国的英雄》的引文来自1786年6月17日的发行物。在发表于1785年2月13日的发行物中的一封信中，博马舍称自己是l'Américain（我是美国人）。许多法国人对美国的看法的专题论文中，最好的依然是 Bernard Fäy, *L'Esprit révolutionnaire en France et aux États-unis à la fin du XVIIIe sièle* (Paris, 1925) and Durand（转下页）

法国人的确对美国神魂颠倒，但它意味着什么呢？当然，见仁见智，尤其是两端的极端分子，在那里，关于美国的意义争议相应于关于法国命运的争论。孔多塞的情况在这方面特别能给人启迪，因为他在观察旧制度的崩溃时，既考虑到美国人的观点，但依然支持1787—1788年危机间的政府，而大多数的狂热亲美派却反对政府。狂热本身在他看来是危险的。在争取控制集体幻想的斗争中，他代表相反的极端，理性，一种既纯粹又实际的理性。

回想起来，玛丽-让-安托万-尼古拉-卡里塔，即孔多塞侯爵，似乎是最后一位启蒙哲人，是启蒙运动在最后阶段的化身。作为达朗贝尔的继承者和伏尔泰与杜尔哥的宠爱者，他以几何学家的身份，又以反对一切形式的不公正的斗士的身份而引人注目。他还被看作关于美国问题的一位专家。作为富兰克林、杰斐逊与拉法耶特的一个朋友，他声称自己是一个美国人。按照《巴黎日报》一篇极富异国情调的报道，他于1785年成为"新约克地区中纽黑文"的一个荣誉公民。[①] 孔多塞对自己的美国化是很当真的。他把革命前发表的一些最重要的小册子署名为《纽黑文的一个有产者》《美利坚合众国的公民》及《共和主义者》。他强烈地亲美，

（接上页）Echeverria, *Mirage in the West: A History of the French Image of American Society to 1815* (Princeton, 1957)。在这类短论中，有我撰写的论文 "The Gallo-American Society"，并以此获得1962年牛津大学的哲学学士学位。

① *Journal de Paris*, July 11, 1785. 关于孔多塞，由莱昂·卡昂（Léon Cahen）撰写的旧传记，*Condorcet et la Révolution Française*（Paris, 1904）依然是出色的，并可以由伊丽莎白（Elisabeth）和罗贝尔·巴丹泰（Robert Badinter）最近撰写的一本补充，*Condorcet (1743–1794): Un intellectuel en politique* (Paris, 1988)。关于孔多塞作为一名社会科学家的重要著作是 Keith Baker, *Condorcet: From Natural Philosophy to Social Mathematics* (Chicago, 1975)。

第六章 美国热：孔多塞和布里索

但他的热情是出于理性的。

高贵的野蛮人和健壮的自耕农们占据了其他法国人对美国的想象，而孔多塞看到的是一个应用数学的问题。他声称，在其《论数学分析应用于多数派决策的概率》（1785 年）中所发展的概率理论，为在一个新生的共和政体中如何组织选举的问题提供了答案，反过来，这个新共和政体又能为任何地方的政治体系提供一个榜样。[1] 美国能教欧洲人忽视历史并从抽象的正义原则和天赋权利中得出政治结论。凭借应用"从不欺骗"的理性，开明的公民们能发展一种新的"立法科学"。事实上，通过效仿美国的榜样，他们能创建一种全新的社会科学，它将会顺应人类知识的无尽扩展而不断变得完善。[2]

因而，早在著名的《人类精神进步史表纲要》于 1795 年发表之前，孔多塞既以一个美国人的身份和一位关于美国的论战的参与者，首先发展了进步的理论。进步的概念应该因某种亲和关系而与美国生活方式相联系，这一点今天似乎不可能令人感到惊奇，至少思想进步的美国人是不会感到惊讶的，但这种联系对于 18 世纪法国人来说却不是不言而喻的。相反，他们倾向于把美国人想象为原始人，常常躲进树林，为的是逃避文明，与印第安人生活在一起，更贴近自然。[3] 孔多塞本人就没有把美国人描述成老于世故的

---

[1] Condorcet, *Lettres d'un bourgeois de New-Haven à un citoyen de Virginie sur l'inutilité de partager le pouvoir législatif entre plusieurs corps,* in A. Condorcet O'Connor and François Arago, eds., *Oeuvres de Condorcet* (Paris, 1847–1849), vol. 9, pp. 22–23 and 76.

[2] Ibid., pp. 56 and 67.

[3] 举例而言，见 "Anecdote sur les sauvages de l'Amérique Septentrionale", in *Journal de Paris*, March 12, 1785。

人。像他同时代人一样,他赞美他们的单纯和平等,而与在法国产生这么多不公正的社会分裂现象形成鲜明对照。但他把美国人想象为哲学家,因而即便退隐乡间,他们也很快使知识的积累加倍:

> 美国呈现出居住几百万人口的广阔大地的前景,由于受到教育,他们变得不受偏见的影响,倾向于学习与沉思;没有任何等级区分或野心的驱使,能制止这些人追求思想完美,追求把智力应用于有益的研究,追求伟大的业绩和发现之荣耀。那里,没有什么事物使部分人处于悲惨的状况,注定愚蠢和贫穷。因而,有理由希望,通过产生和全欧洲一样多的献身于增长知识的人,美国将在几个世代里使知识量和其积累速度加倍。这种进步将同时在实用技艺和思辨科学中发生。①

在这个题为《美国革命对于欧洲之影响》(1786年),题献给拉法耶特的幻想作品中,孔多塞堆叠起一个又一个抽象命题,仿佛他正在推论几何学中的定律。其中没有任何一点与大西洋彼岸的那个真实国家有什么关联,但那没有关系,因为对孔多塞而言,美国是一个精神试验田。由于他从未离开巴黎远游过——除一次对伏尔泰的日内瓦附近的庄园走访之外——孔多塞一直自由地设计他想象中所希冀的国家。因而,他使美国转变成他在法国所痛惜的一切事物之对立面。它享受社会平等、公平而适度的税收、自由贸易和新闻报道自由。美国人那么致力于宗教自由,以

---

① Condorcet, *De l'Influence de la révolution d'Amérique sur l'Europe* (1786), in O'Connor and Arago, *Oeuvres*, vol. 7, p. 28.

第六章 美国热：孔多塞和布里索

致他们使宽容成为其"最珍贵的信条"；他们那么信奉自由，以致他们会很快废除奴隶制；他们那么热爱和平，乃至他们将会全靠其榜样的力量结束欧洲的战事；他们是如此坚定不移地信奉理性，乃至他们会比任何其他人对"人类的可臻完美性"做出更大的贡献。①

当然，其他许多法国人用美国作屏幕，在上面投射改革法国的类似纲领。由埃克托尔·圣·约翰·德·克雷夫科尔撰写的《一个美国农夫的书信》(Lettres d'un cultivateur américain，1784年)，大概是除修道院院长雷纳尔的《欧洲人在两个印度公司中的机构和商务之哲学与政治史》以外所有关于美国的书籍中最流行的一本。看看这本书，我们就能看到什么把孔多塞的幻想与多数人的观念区分开。在时髦的巴黎沙龙里，克雷夫科尔被视为美洲的野蛮人，不过他实际上出身于诺曼底的小贵族家庭。②在19岁时，他已动身去新大陆找出路，他把荒野开辟为两个农场，加入美国籍，娶了一个美国女人，并用一种日记方式记录下他人生变化，他在那儿成为提出这个问题的第一人，即美国人是怎样的人？他把个人观察和从雷纳尔的著作中所获得的启蒙哲学结合起来回答这个问题，并使用了朴实的英语。当他把它呈交给一个伦敦出版商，并于1782年以《一个美国农夫的书信》(Letters from an American

---

① Condorcet, *De l'influence de la révolution d'Amérique sur l'Europe* (1786), in O'Connor and Arago, *Oeuvres*, vol. 7, pp. 16, 19, 27, and 37; quotations from pp. 28 and 37.

② Jacques-Pierre Brissot. *Mémoires* (Paris, 1911), vol. 2, p. 48. 最好的克雷夫科尔（Crèvecoeur）传记（其名字通常被英语化为 Saint John）依然是 J. P. Mitchell, *St. Jean de Crèvecoeur* (New York, 1916)，而对其作品最好的专题研究依然是 H. C. Rice, *Le Cultivateur américain* (Paris, 1933).

Farmer）发表时，它具有了足够的吸引力。返回法国后，克雷夫科尔被乌德托伯爵夫人及其圈子接纳，这个圈子里特别著名的是律师、人文学者 G.-J.-B. 塔尔热和诗人 J.-F. 德·圣-朗贝尔，他们帮助克雷夫科尔把其英文"翻译"成炽热的、有卢梭特点的法文，并且附加了大量的对有德行的贵格会教徒和富于表情的印第安人的描绘。可谓从英语变成长达两倍的法文版，人们能看到美国的主题如何通过法国的温情转化。

举一个示例足矣。在英文的《一个美国农夫的书信》中，克雷夫科尔陈述道，因为美国人生活得贴近自然，所以他们偏爱"自然的"宗教，以代替官方的教会。在法文版的《一个美国农夫的书信》中，这种宗教变成了由卢梭的萨瓦教区牧师所宣讲的出神的自然神论的一个新版本。其中用英文写的、主要包括对鸟类习惯的观察，变成用法文写的、六页的自然赞美诗。这法国化的美国农民与鸟儿一道唱歌，在田地里祈祷，并退隐到"绿树圣殿"，在那儿与自然亲切交谈："……啊！甜蜜的大自然气息，你来了，乘着微风的翅膀来临，你的理性已经透过处处围着我的树叶讲话。"就像这样受到启发，他给孩子们灌输充满感情的公民宗教："我带领他们进入田野，我教他们思索，像我一样去感受；在他们稚嫩的心灵中，我种下普遍道德的基本原则，关于诚实正直、真理、人道和服从法律……以农夫之父的名义，我为他们编写给上帝的祈祷文。"①

这恰好是使孔多塞感到恼火的那种狂热。由于他穿着白色衣

---

① Crèvecoeur, *Letters from an American Farmer* ... (London, 1782), pp. 38–40, and *Lettres d'un cultivateur américain* ... (Paris, 1784), vol. 1, pp. 171–176.

第六章 美国热:孔多塞和布里索

衫向圣母玛利亚表示敬意,直至近八岁,然后在一所耶稣会会士学校中受过宗教上的仪式,所以养成他反教权主义的立场,且对任何一种宗教都没有好感,无论天主教、贵格会还是卢梭主义的宗教。他参加伏尔泰的教会,亦即,参加反对败类的战斗,反对宗教迫害,并支持人权。他与老一代的启蒙思想家结成联盟,尤其是待他如子的达朗贝尔和接纳孔多塞投入开明的改革事业的杜尔哥。孔多塞视美国为上述事业的体现,他使其美国的小册子成为在法国进行改革的宣言:对于宗教宽容(亦即授予新教徒公民权),取消徭役(由农民在王室的道路上进行强迫劳动),贸易自由(通过废除粮价调整、内部税率和行业公会),及建立公正的税收制度(凭借土地税,其将同等地落在所有地主身上并会由推选的立法会议控制)。所有这些主题均出现于孔多塞作为一名美国人与美国人——并非与狂热的克雷夫科尔之类的农夫们,而是与来自美国哲学研究会的启蒙思想家们:本杰明·富兰克林和托马斯·杰斐逊——讨论政治之后写的小册子中。

  许多这种讨论在两位高贵的寡妇——爱尔维修夫人和当维尔夫人——在巴黎的邸宅中举行。只要这些非正式的聚会有政治上的议事日程,就都是由杜尔哥制订的,他是两位女士的亲密朋友。在杜尔哥于1776年突然失势且健康衰退之后,她们精心地爱护他。杜尔哥曾反对法国介入美国独立战争,主要(且相当正确地)基于财政理由,但他全心全意地支持美国人的事业。在1778年的一篇短论中,他赞美它为"人类的希望",并认为与自己的改革纲领完全一致。[①] 他于1781年辞世后,那个纲领继续鼓舞着当维尔

[①] Fäy, *L'Esprit révolutionnaire en France*, pp. 50 and 136–137.

圈子的自由派贵族们，特别是拉法耶特、当维尔夫人之子罗什富科·当维尔公爵，及她的外甥拉·罗什富科-利昂库尔侯爵。在时常出入于那个圈子的过程中，孔多塞与纯数学越来越疏远并日益朝着政治算术走去。他鼓吹的政治思想与他为一个纽黑文的有产者及与法国革命的头两年间所实行的许多改革相适应。那头两年是拉法耶特的时代。① 但要接近当维尔的沙龙中的拉法耶特，我们必须途经安置在一个大理石台子上的由乌东雕塑的孔多塞胸像。②

当维尔圈子中的激进理性主义是值得注意的，因为它代表革命前巴黎的复杂思想场景中的一个极端。乌德托夫人的沙龙则代表另一个：感伤的卢梭主义，也为巴黎的美国热火上浇油。当维尔夫人像母亲一样照管杜尔哥，乌德托夫人则捕获了卢梭，卢梭把她视为其《新爱洛漪丝》中朱莉的化身。在当维尔夫人做招待杰斐逊的女主人时，乌德托夫人则庇护克雷夫科尔，一个不甚高贵但更有感染力的人物："她以拥有一个美国野蛮人而自豪，想要陶冶他并把他引入上流社会。"③ 这就是雅克-皮埃尔·布里索的判断。布里索后来成为法国大革命中吉伦特派的领导者，他也视克雷夫科尔为一个"自然人"，并试图在把他拉入一个较低级社团，

---

① 这个说法来自乔治·勒费弗尔（Georges Lefebvre），他在其重要的文集《法国大革命》（*La Révolution Française*, Paris, 1930）中，将讲述1790年的那一章命名为"拉法耶特之年"。它并不意味着其他革命者，特别是米拉波，没有拉法耶特那样重要，更确切地说，拉法耶特占据注意的中心，至少对于围绕着1790年7月14联盟节（Fête de la Fédération）的那个时期。

② 关于半身像的位置和当维尔夫人对孔多塞"父母似的关爱"，见1819年10月21日威廉·肖特致托马斯·杰斐逊的书信，在马萨诸塞历史协会的杰斐逊的文件中。由约翰娜·赫克特（Johanna Hecht）在本出版物她的短论中引用。

③ Brissot, *Mémoires*, vol. 2, p. 48.

第六章 美国热：孔多塞和布里索

加入另一个他们视为美国人的征服舆论的事业。①

1784 年，克雷夫科尔的《一个美国农夫的书信》征服大部分读者公众，获得巨大成功。那时，布里索正在伦敦的一个法国侨民聚居区当中努力奠定自己作为一个文人的地位。他出版一个杂志，支持各种激进的事业，包括美国的一切事物，把美国奉为"我心中选定的新祖国"。② 这种态度是由阅读克雷夫科尔的书造成的。在关于《一个美国农夫的书信》的热烈书评里，布里索声称他现在已明白，在他最不大可能实现的种种幻想中所梦想的一切事物，实际上存在于一个位于大洋彼岸的共和国中，在自然的怀抱里，而且与欧洲文明的腐败影响隔开一个安全的距离："为什么卢梭不活得更长久些呢？他会阅读 M. 德·圣约翰的文章，并会因见到那些他的对手曾如此无情地嘲弄的梦想之实现而感到宽慰。这个事实将是今天的哲人们的慰藉，他们的崇高思想时常遭到同样的奚落。"③

倘若它被引入法国的政体，这种"美国化"的卢梭主义可能会产生什么结果呢？1786 年，布里索开始玩味这个想法。返回巴黎并从在巴士底狱灾难性的两个月中挺过来后，他来找克雷夫科尔，很快就以"最亲密的友谊和情投意合"而与之关系密切。④

---

① Brissot, *Mémoires*, vol. 2, p. 49.
② Ibid., p. 52.
③ Brissot, *Journal du Licée de Londres* (1784), vol. 2, p. 302.
④ Brissot, *Examen critique des voyages dans l'Amérique septentrionale de M. le marquis Chastellux, ou lettre à M. le marquis de Chastellux, dans laquelle on réfute principalement ses opinions sur les quakers, sur les nègre, sur le peuple et sur l'homme* (London, 1786), p. 17. 到 1786 年 6 月末，布里索几乎天天去看望克雷夫科尔，见 Brissot, *Mémoires*, vol. 2, p. 49。

他还紧紧地粘着另外两个激进的卢梭主义者：艾蒂安·克拉维埃勒，一个金融家，1782 年在出生地日内瓦企图组织一次革命未获成功后，在巴黎定居下来；及尼古拉斯·伯加斯，一个律师，也是法国的催眠运动的倡导者，脑子里混杂着革命的思辨与伪科学。1787 年 1 月 2 日这一天，布里索、克雷夫科尔、克拉维埃勒和伯加斯创立一个社团——法美协会，旨在促进美国和法国间更密切的关系。

尽管这几位法国-美国人计划凭借出版物和通信在遍及两个国家中建立分会并鼓励讨论一切美国的事物，但他们的规划从未实现多少。他们每周定期会面近四个月，但当他们在 1787 年卷入大革命前的危机事件时，他们的活动就中止了。两百年后看，他们的会议记录显示出一堆混乱的论题：人寿保险方案、反通奸运动、广泛的博爱主义和在翁弗勒尔建立一个自由港口。[①] 这些事业相互有什么关系，与美利坚合众国又有什么关系？它们关系到协会成员的各种关切：克拉维埃勒对巴黎证券交易所的投机交易，伯加斯为朋友纪尧姆·科恩曼在通奸审判中所做的辩护，布里索参与的奥尔良公爵的慈善计划，及克雷夫科尔推动其出生地诺曼底的贸易的努力。但使他们团结在一起并在这些法国-美国人的头脑中成为适当的讨论主题的是政治道德，或能联想到美国的、严峻的共和美德。由于他们认为美国就等同于人道事业和追求幸福，几乎任何十足公正的事物均可视为美国才有的。这样，当讨论这个协会的目的时，他们的结论是"尽管其表面上和直接的目的是法国和

---

① 详细情况发表在 Claude Perroud, ed., *J.-P. Brissot, Correspondance et papiers* (Paris, 1912), pp. 105-136。

第六章 美国热：孔多塞和布里索

美国的利益，但它还把人类的幸福当作其总目标的一部分"①。

虽然听起来是含糊的，但这个道德宣传还是对法国大革命前夕舆论的激进化做出了强有力的贡献。它把一种战斗的卢梭主义注入法国人关于朴实的农夫和贵格会教徒的幻想，且它把争辩的锋芒指向最初只不过是一种时尚的活动。这场论战是由1786年至1788年间法国-美国人发表的一系列书和小册子惹起的。与该协会非常密切相关的两部著作是由布里索与克拉维埃勒撰写的《法兰西与美利坚合众国》，及克雷夫科尔的《一个美国农夫的书信》的1787年版本。

虽然表面上是一篇商业论文，但《法兰西与美利坚合众国》读上去像是一个政治短论。法国应该向美国出口羊毛而不是丝织品，出口铜制器皿而非银制器具。布里索与克拉维埃勒认为，这是因为奢侈品与共和主义是不相容的："被自由宪法支配的人们必定是严肃且能反省的。在日常生活物品中，他们喜欢好的东西，不喜欢漂亮的东西，喜欢实在的东西而非仅仅被夸赞的、碰巧是很时新的东西。只要'自由的美国人'（法国-美国人坚持用像'自由的美国人'和'自由的美国'这样的术语，把美国与新大陆的其他殖民地领土区别开）从其极好的宪法获益，他们将宁愿选择穿戴毛织品，而非选用昂贵的衣料。"②

---

① 详细情况发表在 Claude Perroud, ed., *J.-P. Brissot, Correspondance et papiers* (Paris, 1912), p. 109。

② Brissot and Clavière, *De la France et des Étas-Unis, ou de l'importance de la révolution de l'Amérique pour le bonheur de la France, des rapports de ce royaume et des Étas-Unis, des avantages réciproques qu'iles peuvent retirer de leurs liaisons de commerce & enfin de la situation actuelle des Étas-Unis* (London, 1787), p. 130.

从毛织品起，再迈一小步就是人权、社会平等、公众幸福、社会契约和革命权，这些都是布里索和克拉维埃勒在论述关税、运输和贸易平衡时火花四溅的概念。①

克雷夫科尔在 1787 年给《一个美国农夫的书信》新增添的一卷中也是这样做的。他在该卷中塞进了关于扩展法国和美国间的商务机遇的各种实用信息，与此同时，他使美国显得比以前更像神话。在质朴的家庭生活和恬淡的美德主题之上，他现在添加了一种乌托邦的成分。有一章描述一群欧洲人，他们聚集在一个乡村客栈里，为的是规划新社区："社会城堡"。他们每个人都证明，把他赶出欧洲的是这些罪恶：君主的战争、宗教迫害、商业化及"我们庄园主的暴政"。然后，他们起草了一份社会契约，拟定了他们正在创建的政体的原则。这个新共同体将基于农民的美德——"以耕作为荣"，基于平等——"把所有的〔人〕看作生而平等"，基于宽容和自然神论的公民宗教——"……社会的基础必须是对我们所依靠的上帝、农夫之父的崇拜"，基于"兄弟般团结"的精神，及基于某种共同意志，这种共同意志反对任何形式的不平等，尤其在税收上："按照以全体的名义通过的法律，全体都必须付同样的款。"②在另一章里，背景设定在爱尔兰，一群农民"名人"声称，封建政权太残忍，所以他们认为社会契约已被撕毁。他们曾考虑起来反抗，屠杀地方贵族，但最终决定移居到美

---

① 举例而言，见 Brissot and Clavière, *De la France et des États-Unis, ou de l'importance de la révolution de l'Amérique pour le bonheur de la France, des rapports de ce royaume et des Étas-Unis, des avantages réciproques qu'iles peuvent retirer de leurs liaisons de commerce & enfin de la situation actuelle des États-Unis* (London, 1787), pp. xxi and xxx–xxxi。

② Crèvecoeur, *Lettres d'un cultivateur américain* (Paris, 1787), p. 3: letter 5.

第六章 美国热：孔多塞和布里索

国，他们在那里建立另一个像社会城堡一样的平等主义社区。① 根据《信使报》中一篇评论的说法，② 由于这本书出版于显贵会议开始辩论法国的改革后的几周内，所以它看上去比 1784 年版本更加可疑，审查员拒绝通过它，但当它最终默许发表时，它还是被接受了，成为一种对"政治奴役和道德堕落"的抨击。

所有法-美出版物中最直言不讳的是由布里索撰写的一本小书：《夏特吕侯爵先生北美游记的评论》。尽管对于有关美国的辩论，它没有附加任何新思想，但它的语气改变了，因为它指责夏特吕侯爵是一个颓废的贵族，他的美国游记是"毒药"，是一个枯竭灵魂的产物。③ 事实上，夏特吕是抱好感地论述美国，并仅仅对贵格会教徒和其他法国人的幻想中的老套人物抛出几句俏皮话而已。作为伏尔泰的朋友和重农主义者的坚决支持者，他偏爱进步的事业。并且作为法兰西学院的著名院士，他知道如何改变措辞。但按布里索的观点，这是有问题的：夏特吕是风趣的，但这种风趣是贵族的武器，并且这位名门出身的院士把这个武器指向这些非常单纯和有道德的美国人，按照克雷夫科尔的说法，他们是贵格会教徒、黑人和普通人。

根据《夏特吕侯爵先生北美游记的评论》来判断，公众会认为夏特吕和克雷夫科尔参与了一场关于社会性质的重大辩论，而且敏感的读者们知道在哪里找到真理："即使我不认识德·C. 先生（克雷夫科尔），即使我没有上百次地识读他的灵魂，我也能通过

---

① Crèvecoeur, *Lettres d'un cultivateur américain* (Paris, 1787), p.3: letter 10.
② 来自《信使报》的摘录，再次发表于 Ibid. vol. 1, pp. xxiii–xxiv。
③ Brissot, *Examen*. 布里索实际上天天看望克雷夫科尔后，且在法美协会建立前，他写下这 143 页的抨击，见 Brissot, *mémoires*, vol. 2, pp. 46-47。

阅读你的两本书做出判断。只有这种灵魂支配他的精神。你们的灵魂只能证明你们富有智慧,但人们必须以这种灵魂来判断共和主义者,有纯粹道德的人,而这样的人就是贵格会教徒。"①

由于暗示非洲裔美国人劣于白种人,所以夏特吕未能留意自然的召唤,"那位希望我们大家都平等、自由和幸福的好母亲"。且由于贬低美国的普通人,所以他支持了各地无权者的屈从:"人的尊严存在于自由、法律面前之平等、独立,在于只屈从于他所赞同过的法律,在于他能对那些把权力交给他的人行使控制权……我是说,在我们的诸社会中,人并没有那种尊严。"②

这是针对法国的宣传。布里索写下这些文字时,正沉浸在对美国一切事物的狂热痴迷之中,但他从未到过美国,而且他是把在美国革命中战斗过的一个绅士哲人和乔治·华盛顿的一个好朋友作为靶子。

至此,有关美国的辩论正趋向两种极端态度,其形式上的差别超过实质的不同:卢梭主义的狂热和启蒙理性主义。布里索和克拉维埃勒代表前者的这种极端版本,乃至像《信使报》和《巴黎日报》这类温和的期刊也拒绝评论他们的作品,拒绝发表他们给主编的信件。这是一个沉默的阴谋,布里索过后写道:"除了其他问题,《巴黎日报》的销售对象一直是有权有势的人,文学界的小暴君们……"③但在成名的作家们,特别是那些法兰西学院的人看来,例如在让-弗朗索瓦·德·拉阿尔珀看来,布里索是"……那

---

① Brissot, *Examen*, vol. 2, p. 21.
② Ibid., pp. 121–122.
③ Brissot, *Mémoires*, vol, 2, p. 183. 亦见 p. 47 类似的评述。

第六章 美国热：孔多塞和布里索

些实际的疯子之一，那些把自己变成卢梭推崇的猴子并凭借反复念叨美德和人道的词语，就自以为与卢梭一样善辩的狂徒之一"①。

拉阿尔珀把他对布里索的《夏特吕侯爵先生北美游记的评论》之抨击——"由于它的尖酸刻薄和粗俗两方面，是令人作呕的"②——发在其私人传阅的《文学通信》上。但《巴黎日报》没有完全忽视这本书惹起的激烈争辩。1786年11月和12月，它刊载进一步有助于界定两个阵营——分野的交锋信件。第一封信，署名"Ferri"，来自菲利普·梅齐，一个移居到弗吉尼亚的托斯卡纳人，他在那里成为托马斯·杰斐逊的朋友和邻居，然后在巴黎杰斐逊的外交官邸附近定居。③ 梅齐不仅抨击布里索，为夏特吕辩护，而且他企图打破法国人对美国贵格会教徒的迷恋，他把他们称为新教徒中的耶稣会会士。梅齐断言，他们是精明的商人，并非乌托邦理想主义者；他还援引杰斐逊和托马斯·潘恩*等人作为权威，来支持自己的论点。第二封驳斥的信件来自另一个权威，修道院院长夏尔-塞孔尔·罗宾，他曾在罗尚博部队任牧师，也发表过一部关于美国的游记。罗宾证实，贵格会教徒完全如同他们被传颂的那样热心、单纯和有道德，不过他没有说什么关于布里索的好话。然后，梅齐不愿公开争论而有所退却，回答道，贵格会教徒

---

① Jean-François de la Harpe, *Correspondance littéraire, addressée à Son Altesse Impériale Mgr. le Grand-Duc, aujourd'hui Empereur de Russie* (Paris, 1801–1807), vol. 5, pp. 215–216.

② Ibid., p. 216.

③ 关于梅齐，这个故事中的一个关键人物，见 Raffaele Ciampini, ed., *Lettere di Filippo Mazzei alla corle di Polonia* (Bologna, 1937): Margherita Marchione, ed., *Philip Mozzei: Selected Writings and Correspondence* (Prato, Italy, 1983); and RC. Garlick.*Philip Mazzei, Friend of Jefferson: His life and Letters* (Baltimore, 1933)。

* 托马斯·潘恩（1737—1809年），美国独立战争时期的政论家。——译者

并不坏,也不比其他人更坏,只是特别爱好赚钱。为了得到关于美国的准确写照,法国读者应该查阅另一本书:"一个善辩且通哲学的美国人将很快发表一部关于美利坚合众国的作品,他会在书中反驳那些论述同一主题的人散布的数不清的误解,仿佛美国是由修辞学家们编写的传奇世界。他将写出的关于贵格会教徒的简史会使任何人都不可能再相信佩恩*的乌托邦。"①

这部书即由菲利普·梅齐写的四卷本《关于北方美利坚合众国的历史与政治研究》。它是法国人辩论美国问题中的关键作品,因为它标示了理性主义与卢梭主义较量的要点,法国-美国人的神话受到另一种类型美国人的挑战,后者是托马斯·杰斐逊及其友人纽黑文的有产者孔多塞。

杰斐逊对法国人所持有的、关于美国的不切实际的看法表示忧虑。他把其归因于像雷纳尔和马布利这样的文人的影响;他们不着边际地胡说所谓的自然状态,传播潜在有害的各州政府的效力及贸易状况的不实信息。当 J.-N. 德默尼埃请求帮助修改他为《百科知识入门》写的关于美国的辞条时,杰斐逊花了许多时间剔除不精确的言辞。即使如此,这个辞条还保留了不合杰斐逊品位的太多想象内容:"他让雷纳尔修道院院长的大量言辞留下,也就是说,留下了大量的错误。"②梅齐打算使其《关于北方美利坚合众

---

* 威廉·佩恩(1644—1718年),英国基督教新教贵格会领袖,北美宾夕法尼亚殖民地创建人。——译者

① *Journal de Paris*, November 16 and 26, and December 5, 1786.

② Fillippo Mazzei. *Recherches historiques et politiques sur les États-Unis de l'Amérique septentrionale* (Paris, 1788) vol. 4, pp. 140, 144, and 156, and Jefferson to John Adams, August 27, 1786, in *The Papers of Thomas Jefferson*, vol. 10, p. 302.

第六章 美国热：孔多塞和布里索

国的历史与政治研究》矫正这种浪漫想象。在一封致詹姆斯·麦迪逊的信中，他对这本书的起因做了如下的解释："雷纳尔修道院院长已久久使我不安，而马布利修道院院长对我们政府的《评论》（《评论美利坚合众国的政府与法律》，1784年）使我怒火中烧，我一看到和听到它，就留下坏印象……我开始做彻底的批驳……法国最伟大的数学家和最充满活力的作家孔多塞侯爵说，由于使这两位修道院院长成为'我的诗歌的主人公'，给他们带来太多的荣誉。拉·罗什富科公爵嘲笑他的这种说法，但与他有同感。"①

梅齐的书成为事实上的关于美国的信息大全，其许多内容是由杰斐逊提供并经孔多塞加工的。孔多塞审查了译成法语的译文，还附加两篇他自己的短论：《一个纽黑文有产者的书信》和《美国革命对欧洲之影响》。因而，在某种意义上，《关于北方美利坚合众国的历史与政治研究》是集体劳动成果，它描述了不仅由杰斐逊，而且由其全部来自当维尔宅邸的朋友们，尤其是孔多塞，所捍卫的美国。

它也是对克雷夫科尔的粉丝们的美国想象的一次直接进攻。像此前的本杰明·富兰克林一样，杰斐逊常常收到法国人的信，他们被美国的神话迷住，乃至他们想要跳上下一班驶向波士顿的船。克雷夫科尔的一个读者痴迷地写道："你们被选来为我们立法，因为对我们而言，你们是黄金时代的人……啊，先生，你们的国家是期望中的乐土……如果能生活在这样一个美好的国家中，我将会是多么幸福啊，在那里我将会是一个人，而非如我在此这般

---

① Mazzei to Madison, August 14, 1786, *Philip Mazzei: Selected Writings and Correspondence*, vol. 1, p. 530.

是一个奴隶。"① 杰斐逊担忧,这种情绪可能激起在错误思想指导下的移民浪潮。梅齐努力制止他们,告诫说,克雷夫科尔的《一个美国农夫的书信》并没有提供有关美国生活的准确写照,许多法国人"通过阅读那本书,仅只获得了最牵强的认识"②。

1788年,这些评论引起又一轮的辩论。布里索用三篇文章怒斥梅齐,发表在米拉波的《盎格鲁文件分析》上,这个期刊支持法国-美国人偏爱的主题。布里索再一次考察了所有的主题,从奢侈的弊害到贵格主义的美德,但除愤慨之外,他没有给这场辩论增加任何东西:"抨击这样一位可尊敬的人(如克雷夫科尔),即是侮辱天才、人类、健全的道德、法兰西以及美利坚合众国;它是欲证明要自绝于这些东西。"③ 孔多塞为梅齐辩护。在一封致《巴黎日报》的信中,他谴责布里索"陷入狂热",与之相反,梅齐对美国持一种更有见识且更公正的观点。孔多塞揭示道,杰斐逊高度评价梅齐对不明智的移民的告诫,所以他加印了《关于北方美利坚合众国的历史与政治研究》的一些相关章节,以分发给有潜在可能性的移民。以一个杰斐逊圈子内部的人身份写作,孔多塞把美国与欧洲对比时,主张理性与中庸:"我感觉到,他(梅齐),像富兰克林先生和杰斐逊先生一样,像许多其他美国人一样,认为在欧洲,乃至在欧洲的君主国中,存在着一些伟大的天才、伟大的知识和伟大的美德。我感觉到,他并没有把所有的欧洲人视为

---

① Le Mau de L'Ecossay to Jefferson, October 27, 1787, in *The Papers of Thomas Jefferson*, vol. 12, pp. 290–291.

② Mazzei, *Recherche historiques*, vol. 4, p. 98.

③ *L'Analyse des papiers anglois*, vol. 2 (April 11, 1788), p. 368.

第六章 美国热：孔多塞和布里索

怪物，也没有把所有美国人视为天使。"①

此时，关于美国的辩论已经被关于法国旧制度垮台的鼓动所吞噬。大多数辩论家积极从事法国三级会议的竞选运动，采取所谓"爱国党"的立场，亦即很快会通称为左派的态度。可是，他们并没有放弃对美国问题的关注。他们之中许多人化解分歧，聚集在继法美协会之后的一个社团——法国黑人之友协会，该协会致力于一项团结了几乎所有美国之友的事业，亦即，废除奴隶买卖。1788年2月，布里索创建该协会；克拉维埃勒做第一任主席；孔多塞随后接手管理；到1789年早期，它拥有141名会员，包括克雷夫科尔（一个通信会员，因为他当时是法国驻纽约领事），伯加斯、拉法耶特、梅齐、拉·罗什富科公爵，及杰斐逊的秘书威廉·肖特（显然杰斐逊觉得，他作为美国大使的官职使他不适合加入）。②

在18世纪80年代的美国辩论的同盟者和反对者当中，形势的急剧变化造成了多次分化重合。孔多塞与他们分道扬镳并非因为党派关联——甚至也不是与吉伦特派的关系，1793年他被谴责与该派有关——而是因为他恪守理性。他总是独立思考且理性地阐明自己的态度，即使在最激烈的冲突时刻亦然。在

---

① *Journal de Paris*, May 10, 1788. 虽然这封信没带有孔多塞的名字，但它署名为"P. V. B. D. N. H."。我把它当作 par un bourgeois de New Haven 的首字母缩略语，孔多塞那时所钟爱的笔名。就我能查明的，没有任何一个孔多塞的传记作者曾注意到这封信，研究杰斐逊的学者们也没有遇见他从梅齐的《关于北方美利坚合众国的历史与政治研究》中引发出的小册子。

② Léon Cahen, "La Sociéte des Amis des Noirs et Condorcet", *La Révolution Français*, vol. 50 (1906), pp. 481–511, and Claude Perroud, "La Société Français des Amis des Noirs", ibid., vol. 69 (1916), pp. 122–147.

华盛顿的假牙

所谓的 1787—1788 年革命序幕期间，几乎所有美国辩论的参与者——梅齐、拉法耶特和拉罗什富科以及布里索、克拉维埃勒和伯加斯——都转而反对政府，他却支持它。并非他比他们更加保守——相反，比起他们中的大多数人，在像税收改革和代表大会这类议题上，他持有更极端的态度，更不要说在妇女权利和反对奴隶制的态度了——但他估量，由卡洛纳和布里埃纳内阁提出的改革代表了最协调一致的基本变革纲领，而且他不信任高等法院中反政府煽动者的贵族统治倾向，包括被称为"美国人"的玩火者。①

孔多塞在政治议题上的独立立场使他和他最亲密的朋友，特别是拉法耶特和拉·罗什富科之间，在 1788 年出现了某种剧烈的紧张状态。② 但他们又团结起来，支持 1789 年的革命。1790 年，孔多塞在法国科学院前发表一篇富兰克林的颂词中令人作呕地称

---

① 在孔多塞的 *Lettres d'un citoyen des Etats-Unis à un Français, sur les affaires présentes* (1788) 和 *Sentiments d'un républicain sur les assemblées provinciales et les Etats Généraux* (1789) 中，他非常令人信服地陈述了他对革命前危机的分析，二者均在 O'Connor and Arago, *Oeuvres*. p. 9 中重新发表。关于巴黎高等法院对美国人的偏袒，见 Joseph Weber, *Mémoires concernant Marie-Antoinette* (Paris, 1822), vol. 1, p. 180。

② 梅齐在与波兰的斯坦尼斯瓦夫·奥古斯特·波尼亚托夫斯基（Stanislaus Augustus Poniatowski）国王通信中较详尽地报告了这个冲突。特别见其 1788 年 11 月 21 日的信，在 *Philip Mazzei: Selected Writings and Correspondence*, vol. 2, pp. 67-77，他在其中特别提到这一小段对话："Condorcet to me: 'If you go to M. de la Fayette's try to exorcise the demon Aristocracy there to tempt him in the person of a Parlement counsellor or Breton nobleman. To do that, go carrying in your pocket a small vial of Potomac water and an aspergillum made from the stock of a Continental army rifle...'"（"孔多塞对我说：'如果你去德·拉·费耶特处，你可以试着驱除那里的恶魔贵族，以贵族议会顾问或者布列塔尼贵族的身份诱惑他。要做到这一点，你需要在你的口袋里随身携带一小瓶波托马克水和一个由德军步枪枪托制成的洒水器。'"）

第六章　美国热：孔多塞和布里索

赞拉法耶特,而且照例设法保留对理性而不是对狂热情绪的最强烈的赞颂。① 然而翌年,拉法耶特出任了新右派的领袖。他指挥了练兵场屠杀,并创立反动的斐扬派俱乐部*;但另一方面,孔多塞却与其旧日的论敌雅克-皮埃尔·布里索,以及其他雅各宾俱乐部成员采纳了共和主义主张。这种分化最终结束在当维尔宅邸结下的亲密友谊。② 老公爵夫人把孔多塞拒于门外。他的胸像被放进贮藏室,直到它"来到"美国哲学学会才重见天日。到那时,孔多塞追随着布里索和吉伦特派成员遭遇失败和死亡,而杰斐逊,写出"系列读物",把孔多塞最后的著作《人类精神进步史表纲要》奉为一部经典作品,与洛克的《人类理解论》及斯密的《国富论》相提并论。他写道:"关于孔多塞的〔纲要〕,我无须评说。但凡他的一切均已声名远播。"③

---

① *Eloge de Franklin*, in O'Connor and Arago, *Oeurres*, vol. 3, p. 407.

* 斐扬派,18世纪法国革命中的君主立宪派,在巴黎斐扬修道院集会,故名。——译者

② 在有关孔多塞和当维尔圈子之间的分裂的若干论述中,最生动的是一封梅齐于1791年12月22日致斯坦斯尼斯瓦夫·奥古斯特·波尼亚托夫斯基国王的信,在Marchione, *Philip Mazzei*, vol. 2, p. 678。他在信中严厉指责"that scoundrel, Brissot, the leader of the republicans, of whom Condorcet, who formerly considered him a mischief-maker or a raving madman, is now a follower rather than associate. His public behavior has finally prompted the Duchess d'Enville and the Duke de la Rochefoucauld to write two letters asking him to spare himself the trouble to call on them."("那个恶棍,布里索共和党的领袖,孔多塞以前认为他是恶作剧制造者或狂热的疯子,而现在认为他是追随者而不是合作者。他的公开行为最终促使当维尔公爵夫人和拉·罗什富科公爵写了两封信,要求他不要再去打扰他们。")

③ Jefferson to William Green Munford, Jr., February 27, 1799, transcript kindly supplied by John Catanzariti, editor of the Jefferson Papers in Firestone Library, Princeton University.

第七章

追求获利：卢梭主义在巴黎证券交易所

"生意就是生意"。像"战争就是战争"和"为艺术而艺术"一样，这老调跨越数个世纪回响着，好像是使每样事物各得其所的终极论。但在革命前的法国，商业的地位，说得更恰当点，金融，确切地是什么？我倒想论证，金融、政治和思想是以诸种方式混在一起的，全然不理睬传统的历史界限划分；我还想论证卢梭主义也在一个似乎不可能的场所，巴黎证券交易所，参与争权夺利。[1] 通过审视 1785—1787 年金融家艾蒂安·克拉维埃勒和小册子作者雅克-皮埃尔·布里索的经历，我们就能看到，在巴黎证券交易所的投机买卖直接煽动了反政府的言行。

1784 年 9 月 10 日，当警察把布里索赶出巴士底狱时，他是一

---

[1] 下面的叙述是从我的博士论文中更长的专题研究压缩的，*Trends in Raclical Propaganda on the Eve of the French Revolution (1782–1788)* (Oxford, 1964)。很大程度上，它应归功于琼·布查里（Jean Bouchary）的工作，尤其是 *Les Manieurs d'argent à Paris à la fin du XVIIIe siècle* (Paris, 1939), 3 vols., and to Bénétruy, *L'Atelier de Mirabeau. Quatre proscrits genevois dans la tourmente révolationnaire* (Geneva and Paris, 1962)。

第七章　追求获利：卢梭主义在巴黎证券交易所

个破产的人。在一系列灾难性的出版发行冒险中，他丧失了他拥有的一切。他的债务达到 20,000—30,000 里弗尔，相当于一个熟练劳动力毕生的工资。他有妻子和婴儿要抚养，但无工作、无住所也无被雇佣的希望。1784—1785 年冬季的几个月内，他在岳母，布洛涅一个商人的遗孀的家中临时栖身。然后，他在巴黎定居下来，菲利普·梅齐在那里发现这一家人（第二个孩子于 1786 年 3 月出生）挤在两个屋子里且衣衫"褴褛"，大惊失色。但当时无法摆脱困境：布里索在文坛赢得可尊敬地位的梦想最终结束于格拉布街。他成为一个雇佣写手，靠文学上的零活儿度日，期望着时来运转。①

使他时来运转的贵人即艾蒂安·克拉维埃勒。克拉维埃勒在 1782 年的市政革命期间因站在激进代表的一边而被逐出日内瓦。一段时间，他曾考虑在爱尔兰的沃特福德建立一个拥护共和政体的钟表匠移民区，最终，他定居在巴黎，为的是从事股票市场投机。

他的账簿，现存于国家档案馆，表明他是一个有钱人。他把 1,293,770 里弗尔投资于终身年金，一年挣得 116,785 里弗尔，还有其他三个增补收入来源：债券值 457,000 里弗尔，大量价值未具体说明的股票，②及每年即付的额外年金 13,455 里弗尔。克拉维埃勒用这笔收入做投机买卖，而不是让它累积。他把钱押到任何会激

---

① 梅齐的评述被发现于其 *Memoirs*，tr. H. R. Marraro (New York), p. 229。我曾试图在 "The Grub Street Style of Revolution: J.-P. Brissot, Police Spy", *The Journal of Modern History*, vol. 40 (1968), pp. 301-327 中研究布里索的财政困难和革命前的经历。他的传记中最好的依然是 Eloise Ellery, *Brissot de Warville: A Study in the History of the French Revolution* (Boston, 1915)。

② 国家档案馆中克拉维埃勒的书信文件集包括其 "Copie de lettres"，T'646 (1-3)；"Livre de caisse"，T'646 (4)；和 "journal"，T'646 (5)，以及两个装满便条的纸板箱：T'646 (1) 和 T'646 (2)，这些文件是下面讨论克拉维埃勒（转下页）

发他的想象力的事物上——乌托邦式移民区、茶叶贸易、"〔酿造〕醋的秘方"、清理棉花的加工秘方、玻璃制造、巴黎的不动产、苏雷纳附近价值 64,600 里弗尔的一座乡村别墅、蒸馏技术、保险和供水公司规划,及绘画,包括伦勃朗、鲁本斯和凡·戴克的一些作品。克拉维埃勒把炽热的理想主义和精明的商业意识结合起来。他是一个冒险家,是各种政治和金融谋划中的一名赌徒。他投身于法国大革命,而当他意识到他输掉了最大的赌博,即反对罗伯斯庇尔派的战斗时,他自尽身亡。18 世纪 80 年代,他以巴黎证券交易所的强势人物的身份被载入秘密警察部门的档案:"他是一个生性阴郁的人,善于计算但爱好奢华。他是一个出色的演说家,但他令人惧怕和憎恶。"①

克拉维埃勒也大量投资于布里索。有人会从世俗的角度说,从长远看,这项投机最终获得好报,因为布里索为克拉维埃勒于 1792 年接手财政部开拓一条路。但没有理由怀疑,这两个未来的吉伦特派在 18 世纪 80 年代是由真正的友谊结合在一起的。按照布里索的回忆录的说法,克拉维埃勒比他年长 19 岁,他视克拉维埃勒为一个"贤明的导师""实际的父亲",后者出于彻底的利他主义把他从破产中拯救出来。②当然,对这部回忆录应该谨慎对待;几乎每一页都包含着错误和歪曲,正如我们对一个处于断头台的

（接上页）的财政状况和布里索写小册子的主要材料来源。从注明日期为 1786 年 4 月 1 日的日记账目中的定期收益中,克拉维埃勒总结了他的收入。

① Papers of J.-C.-P. Lenoir, Bibliothèque municipale d'Orléans, ms. 1423, "Rapport de l'inspecteur ayant le département de la bourse."

② Jacques-Pierre Brissot, *Mémoires de J.-P. Brissot (1754–1793), publiés avec étude eritique et notes*, 2 vols., ed. Claude Perroud (Paris, 1911), vol. 1, p. 295.

第七章 追求获利:卢梭主义在巴黎证券交易所

阴影中写作的人所能预期的一样。为了对克拉维埃勒的拯救行动以及金融和思想的互相渗透形成更准确的认识,我们可查阅他在金融方面的文件。1793年6月20日,他遭逮捕后,这些文件被扣押。

这些文件,大部分是潦草书写的便条和不完整的账簿,关于1786年前那段时期的情况,信息极少。那时,克拉维埃勒已贷款给布里索10,000里弗尔,以偿还最紧迫的债务,而布里索则与出版商制订一个偿付其他负债的安排。但他依然没有固定的收入——除了他从克拉维埃勒那儿支取的款项。克拉维埃勒的"现金账簿"表明,1785年12月和1786年11月之间他支付给布里索3,383-4-0里弗尔。其中,1,384里弗尔是直接的现金支付,足够养家一年,剩余部分涉及来自其他方面的信用证,由克拉维埃勒为布里索付款。简言之,克拉维埃勒成了布里索的金主。①

1786年11月3日,克拉维埃勒给布里索一个账号——73,使这种情况正式化,从那时起,当克拉维埃勒记录贷方和借方时,他把账号记入"日记账"的左页边内。他向布里索付出所需要的现金,在一个分开的账簿里记下总额,然后,在这日记账中一起记下几笔支出,作为记入布里索账内的单列的借项。举例而言,1788年6月20日,日记簿的记载事项:

> 6月20日:借方现金,及贷方J.-J.克拉维埃勒(艾蒂

---

① 我已抄录克拉维埃勒的涉及布里索的书信文件集中全部账目,并在 *Trends in Radical Propaganda*, pp. 415-428 中重建布里索与克拉维埃勒的账目,整版下面的摘录可在那儿找到。

安·克拉维埃勒的兄弟兼行业同人）关于如下项目，他代表我支付：200里弗尔给瓦尔维（布里索，他把"德·瓦尔维"加到其姓氏上）；200里弗尔给瓦尔维，300里弗尔给瓦尔维，150里弗尔给同一个人……

6月20日：借方布里索·德·瓦尔维，及贷方现金，关于如下付给他的总额：

300里弗尔，我5月14日付给他。

400里弗尔，20日，来自J.-J.克拉维埃勒；

300里弗尔，24日，如上所述；

120里弗尔，27日，来自我；

200里弗尔，本月10日，他给贷方韦尔甘的借据；

277里弗尔，如上所述，给加利；

900里弗尔，上个月30日，如上所述，给布拉邦；

240里弗尔，上个月10日，付给他的妻子；

78里弗尔，上个月16日，如上所述，给其兄弟；

96里弗尔，我的按TR.和Fc.卡泽诺夫支付的票据，以4里弗尔14苏〔折扣〕给持票据人；

312里弗尔，如上所述，以12里弗尔19苏折扣；

1,500里弗尔，我的凭J.-J.克拉维埃勒的借据，我付还之；

179里弗尔，本月10日，他给贷方勒热的借据；

4,902里弗尔（总计）。

到1789年1月30日，当这本日记账终止时，布里索已从克拉维埃勒那儿得到24,653-11-0里弗尔，而仅仅存入20,982-10-0里弗尔，其中大部分来自由家庭成员和朋友们提供的新借款。

第七章　追求获利：卢梭主义在巴黎证券交易所

布里索接连不断地从克拉维埃勒那里借款，又很少偿还，所以若是把这些交易视为类似于现代银行账目业务，那会造成误解。克拉维埃勒大概打算帮助在困难中的朋友，且系统地进行，而非一点一点地，如他在1786年前所做的那样。但设立这个账户有另一个目的，克拉维埃勒在其第一个记载事项中有所说明：布里索用2,000里弗尔（可能是来自岳母的借款）的存款开立一个账户"用于他的账户进行投机"。根据克拉维埃勒的书信和文件，那些投机至少部分地可以加以重构，而且很值得研究，因为在法国历史上一个最具爆炸性的时刻，它们通向巴黎证券交易所的运作中心。

克拉维埃勒为布里索介入巴黎证券交易所所采取手续费交易的形式，这种现代股票交易的18世纪方式，含有在期货交易日买卖股份的选择权。手续费是在股票价格变化不利的情况下，对在约定日期退出优先权的支付，在此种情况下，只有手续费会丧失。它是一个相对安全的期货交易形式，其中，多头也就是买进者，是与空头也就是卖空者，做期货对赌，没有逃避条款。①

克拉维埃勒为布里索的第一次投机提供了一个卖空者手续费交易的好范例。1786年12月5日，克拉维埃勒在布里索账户的借方上记下1,580里弗尔的手续补贴费，把圣-夏尔银行的100股的销售额补给日内瓦的银行家雅克·阿夏尔，他允诺于1787年12月31日以每股600里弗尔的价格购买它们。因一些原因，这投机买卖早在1787年8月20日就结算了。那时，克拉维埃勒把5,427

---

① 在由克拉维埃勒资助的小册子中出现的，关于在巴黎证券交易所投机技巧的最适当的解释，特别是 De la Caisse d'escompte (1785)，以米拉波的名义发表。

里弗尔记入布里索账户的贷方,这是巨大的利润,因为阿夏尔必须付 64,000 里弗尔讲定的价格和 58,500 里弗尔的流通卖价间的差额。克拉维埃勒对布里索有所帮助,因而拿取了 73 里弗尔的手续费。

克拉维埃勒为布里索的其他投机涉及三个关于火灾保险公司和人寿保险公司股份的手续费交易。第一个,使布里索卷入与臭名昭著的股票经纪人 C.-L.-J. 巴鲁的一笔交易中,造成 1,500 里弗尔的损失。其他两个的结果不能做出断定,因为它们发生在 1788 年,其时,克拉维埃勒的日记账中的记载事项变得稀少,乃至不可能详细跟踪每一笔交易。但尽管记录残缺不全不规则,它们仍然表明,布里索紧紧地依赖于克拉维埃勒在巴黎证券交易所的运作,使自己摆脱难以抵挡的债务负担。布里索用他并不拥有的资本进行他从未见过的股票投机。它是危险的交易,但远不及克拉维埃勒自己的投机这样危险,后者之大胆,使整个巴黎证券交易所为之震惊。

1724 年,巴黎证券交易所在德奥尔莱昂公爵的马厩对面的维维安纳街开设,其后的半个世纪内,它并没有产生多大影响。它仅仅给巴黎人提供一个场所,每日上午到他们静下心来吃午餐前,能在那里的六个合资公司中进行几个小时的汇票和股票的买卖。但在 18 世纪 80 年代,巴黎证券交易所突然爆发出投机狂热,涌流到皇宫附近的咖啡馆,伴随着偶尔的吵闹和通过小册子进行的激烈辩论。因为股票是一种隐性资产——在东印度的财富或者巴黎供水项目或人寿保险的利润——因而易于恶性膨胀,由此出现了通过协商购买把虚价附加到股票上的股票经纪人,即带轻蔑意义的术语"投机商"(agioteurs),以及正打算宣告的,关于赚钱的

第七章　追求获利：卢梭主义在巴黎证券交易所

股息的或即将收购有赢利的资产的谣传。作为一个空头，克拉维埃勒用相反的策略操弄。他对股票会下跌的赌注押上上万里弗尔，当他逮到机会时，他就靠揭穿膨胀的股票使跌落突然发生。在期货交易日，经立约规定以高价卖掉他并不拥有的股票，恰恰在那个日子之前，他能以低价买进它们并把差额装进腰包。

整个操纵过程依公认的股票价值而定——也就是说，依公众舆论而定。到1786年，这个"公众"不再由几个维维安纳街上的知情交易人组成。投机热通过有产阶级传播，比在约翰·劳*体系最眩晕的时日传得更远。股票价格难以约束的波动每日均在《巴黎日报》上公布，并最后在秘密公报上讨论，诸如《法国文坛史秘密回忆录》与J.-H.梅斯泰的《文学通信》。像克拉维埃勒这样的投机者需要像布里索这样的政论作家。在巴黎证券交易所和文坛交叉的范围内，两个人占据了战略上重要的地位。

克拉维埃勒和布里索的协作可追溯到1782年，那时，他们在瑞士的纳沙泰尔的普鲁士公国相遇。克拉维埃勒以日内瓦革命失败后的避难者身份来到那里，布里索则以寻找瑞士出版商的一个初出茅庐的启蒙哲人的身份到来。克拉维埃勒需要一个其事业的宣传者，布里索的文笔敏捷，他们合作的结果即是《日内瓦的费城人》一文，对贵族的"否定派"中克拉维埃勒的政敌做了猛烈抨击。布里索以一个偶然误入日内瓦政治的美国革命者的名义写作，并立即把克拉维埃勒的"代表派"确认为同路人。作为一个"费城人"，布里索宣告，"代表派"的严格道德是真正的共和信仰

---

* 约翰·劳（1671—1729年），苏格兰人，在法国推行纸币制度，造成密西西比泡沫，导致金融危机。法国重新流通金属硬币。——校者

之精髓，并且，他引用卢梭的著作尤其是《社会契约论》，作为他们为推翻腐败的"否定派"暴政所做的一切之正当理由。①

到 1784 年，形势改变了。把布里索从破产中救出来后，克拉维埃勒托付其出版商，他们必须仰赖"他的妙笔生花"来获得补偿。② 克拉维埃勒于 1783 年给布里索的一封信中暗示出这种写作的协作特性："来吧，我们聊聊，你做笔记。你将对我有益，或许，我将同样对你有益。"③ 布里索在回忆录中描述了他们的协作："如我已经观察到的，克拉维埃勒，有着源源不断的主意，杰出且使人神魂颠倒的思想；但他缺乏有效地表达它们的能力。他没有掌握分析的艺术；他的思路无序，文体不明晰，他是一个优秀的思想家；但他需要某个人为他写作。"④

可是，这本回忆录关于布里索和克拉维埃勒在巴黎证券交易所的相互利益却言之甚少。布里索的自传式的《答复一贯抨击他过去身世的所有诽谤性短文的作者》(1791 年) 对此言及得更少——精确地说，只有一句话："我要略过我曾致力的金融研究，在这方面我得到的渊博的朋友（克拉维埃勒）的教诲，及我在这

---

① *Le Philadelphien à Genève, ou lettres d'un Américain sur la dernière revolution de Genève, sa constitution nouvelle, l'émigration en Irlande, etc., pouvant servir de tableau politique de Genève jusqu'en 1784* ("Dublin"1783). 作为布里索利用《社会契约论》为其民众权威和革命权的论点辩护的实例，见 pp. 66–67。

② 1784 年 11 月 15 日克拉维埃勒致函纳沙泰尔印刷协会的信，在 Société typographique, Bibliothèque publique et univertaire, Neuchâtel, ms. 1137 的书信文件集中。

③ 1783 年 4 月 10 日克拉维埃勒致函布里索的信，此时，布里索正计划写一部作品，关于克拉维埃勒打算在爱尔兰的沃特福德建立的殖民地的教育问题。

④ Brissot, *Mémoires*, vol. 2, pp. 28–29.

第七章　追求获利：卢梭主义在巴黎证券交易所

个领域中发表的几部著作。"[1] 事实上，这"几部著作"是布里索从巴士底狱释放出来之后和法国大革命爆发期间出自他笔下的最重要的作品。它们是他报答克拉维埃勒把他从破产中救出并供养他家人的方式。

布里索为克拉维埃勒写小册子的作用从未被充分地评价过，因为大多数小册子是以米拉波的名义出版的。事实上，整个作家同行，包括布里索、杜邦·德·内穆尔和 A.-J. 戈尔萨，均与米拉波共事，他提供修辞上的华丽辞藻和吸引注意力的名字。克拉维埃勒使他们的工作与空头的投机者协调一致，这伙投机者由像本杰明·庞科、西奥菲尔·凯斯诺夫和艾蒂安·德莱塞这样的新教徒、日内瓦人和政治激进分子组成。结果是把 1785 年巴黎证券交易所的一系列冲突直接导向 1787—1788 年革命前的权力斗争的论战作品：

《贴现银行》，米拉波伯爵著（1785 年）

《西班牙银行，圣-查尔斯的小故事》，米拉波伯爵著（1785 年）

《米拉波伯爵给勒库特尔克斯·德·拉·诺拉耶的信，关于圣-杰尔斯的银行，及关于贴现银行》（1785 年）

《关于巴黎水务公司的股份》，米拉波伯爵著（1785 年）

米拉波伯爵答复《巴黎水务公司管理人》的作者（1785 年）

---

[1] *Réponse de Jacques-Pierre Brissot à tous les libellistes qui ont attaqué et attaquent sa vie passée* (Paris, 1741), p. 22.

《向公众揭露新投机项目》(1786年)

《就巴黎火灾而言及反对一般的投机买卖,第二封告发保险公司的信》(1786年)

《圣-查尔斯银行实际状况的分析表》(1786年)

《米拉波伯爵向国王和贵族会议通告投机买卖》(1787年)

《米拉波伯爵的一系列投机买卖通告》(1788年)

《破产问题,即致函国家债权人,关于国家破产的不可能性》(1787年)

《公众对国家债权人的信赖》(1788年)

这些著述涉及非常广阔的财政和政治史,远非我们能在一篇短论中所能讨论的。但我们能从一个关键的转折点来审视这些文献,这就是1785年7月到1787年2月间金融变成政治的关键时刻。

空头投机者与艾蒂安·德·卡洛纳相处得很好,后者是18世纪80年代早期政府中的财政总监和关键人物,因为他赞成贴现银行的低贴现率和西班牙银行的适度股息,这两个公司股份是最狂热的投机目标。但在1785年,克拉维埃勒和其他卖空者向巴黎水务公司,这个卡洛纳正努力支撑的公司的下跌股份中投机巨资。这位财政总监有其自己的理由支持它:当他于1783年执掌法国财政管理时,他得到价值23万里弗尔的股份,作为来自国王的奖赏。根据1790年呈交给国民会议的一份报告,卡洛纳曾秘密从国库补助该公司,1784年首次120万里弗尔的预付款,最终挪借了总计为2,000万里弗尔。可是,把旧政权最后三年间的财政政策解释为仅仅是大臣中饱私囊的一种企图,将是太简单了。卡洛纳也正在努力防止股票市场的全面崩溃——实际上,防止王国整个金融体

第七章　追求获利：卢梭主义在巴黎证券交易所

系的崩溃。①

克拉维埃勒也没有兴趣激发股票行情暴跌，但他的投机买卖使他转向对抗卡洛纳的政策，而且在革命前的最关键时刻，反对卡洛纳本人。到 1785 年 7 月，水务公司的股份从每股 800 里弗尔猛增到 3,600 里弗尔。1787 年 3 月，克拉维埃勒立约向一个名叫马祖瓦的买进证券投机图利者以 1,600 里弗尔提供 100 股。为了降价，他使米拉波那伙写作者撰写一个小册子《关于巴黎水务公司的股份》，它包含卖空者通常所有的争辩。他们以"米拉波"的名义集体写作，承认该公司本身没什么不好。它创建起来凭借泵和管道给巴黎人带来饮用水，取代塞纳河上旧有的汲管系统。但它绝不会是有利可图的。维护一台蒸汽泵和铺设数百里格的木制管道的花费绝不会被税收抵消，这整个项目可能被一个更切合实际的计划所取代，即通过改变伊夫特河的流向为巴黎供水。事实上，这项事业只不过是通过使公司的资产膨胀为空头投机者赚钱作掩饰，为他们能把其股份提高到 5,000 里弗尔，然后将其转嫁到不受怀疑的"家族之父"身上。②

这论证相当成功地在一个月之内把股价减低 500 里弗尔。它还引起由买进证券投机图利者的宣传者博马舍发动的反击，他为

---

① 关于卡洛纳对水务公司的关注，见 Auget de Montyon, *Particularités et observations sur les ministres des finances de France les plus célèbres, depuis 1660 jusqu'en 1791* (London, 1812), pp. 255–256, and *Mémoires secrets pours servir à l'histoire de la république des lettres en France, depuis MDCCLXII jusqu'à nos jours* (London, 1784–1789), 36 vols., entry for November 14, 1787。关于巴兹男爵的报告，见 *Gazett nationale, ou le Moniteur universel*, March 22, 1790。

② *Sur les actions de la Compagnie des eaux de Paris* (London, 1785)，关于克拉维埃勒的投机买卖，见 Bouchary, *Les Manieurs d'argent*, p. 63。

该公司的赢利辩护,并嘲笑米拉波的"米拉别里李"(Mirabelles)*,是拯救卖空者当中其赞助人的无聊尝试。这种挖苦激励米拉波写出许多对这些的反驳之反驳。完全不否认他与克拉维埃勒的联系,他宣称他使整个过程增色不少,因为跌价的利益与公众的利益相符;除投机商之外的每个人通过保持股票与资产一致守住收益。米拉波进一步断言,买进证券投机图利者是由"当权者"支持的。滥用巴黎证券交易所源自一种邪恶,它来自"宫廷中的证券投机买卖"。①

18世纪的小册子不是轻易地传播这种说法的。有见识的公众明白,"当权者"指的是政府,也知道米拉波把"证券投机买卖"与卡洛纳画上等号。1785年12月,米拉波情感的迸发公布后不久,他便前往更安全的地区和柏林新的阴谋活动地,留下布里索为克拉维埃勒的利益抗辩,但另一方面,博马舍发言支持买进证券投机图利者和卡洛纳。博马舍有其自己的水务公司的股份投资组合,和多年政治财务的错综复杂局面中的经验,也协助指导1786年水务公司的策略。它包括把火灾保险和消防公司紧密结合到水务公司中,以便新供水系统同时起几种作用。通过扩大该公司的功能,博马舍希望提升其股票的价格,因而,克拉维埃勒用另一个小册子回复,抨击买进证券投机图利者当中的股票投机。

由布里索撰写的、并于1786年6月以匿名方式发表的新小

---

* 欧洲一种植物,可酿酒。——译者

① Pierre-Augustin Caron de Beaumarchais, *Réponse à l'ouvrage qui a pour titre: "Sur les actions de la Compagnie des eaux de Paris" par M. le comte de Mirabeau* (Paris, 1785), 引自 p. 11, and *Réponse du comte de Mirabeau à l'écrivain des administrateurs de la Compagnie des eaux de Paris* (Brussels, 1785), 引自 pp. 3 and 11。

第七章 追求获利:卢梭主义在巴黎证券交易所

册子,把这场财政辩论进一步导向近于政治反抗。它的标题《向公众揭露新投机项目》,预告了该系列中最高潮的小册子《对投机买卖的告发》,它是导致 1787 年 4 月把卡洛纳从政府赶出去的鼓动宣传中最强有力的攻击。在预言式的《对投机买卖的告发》中,布里索把买进证券投机图利者团伙的全部权威论点摆出来,并将其发挥到极致。巴黎并不需要像伦敦那样的消防队,他断言道,因为它的房子是由石头造成的,伦敦的房子主要由木头制成。巴黎的火灾保险是一个更糟糕的想法,因为它会怂恿人们烧掉房屋,尽管它们是石头造的,为的是领取赔偿金。而潜在的对公众道德之毁坏代表超过有形破坏的更大危险。博马舍的职业消防队员——"卑劣的雇佣兵",如果他们成功地灭火,也会熄灭怜悯,或者说同情,卢梭曾指出它是使社会凝聚到一起的基本美德。志愿的消防队员,被老百姓的苦难感动,接连不断地再贮满怜悯的蓄积。如果消除它们,水务公司就会破坏公民道德。但美德对于买进证券投机图利者无意义:"他们不介意它们是否腐蚀灵魂并使心灵僵化。"他们的股票投机代表的正是由卢梭在其陈述共和主义节日中所描述的民主、平等主义的精神的对立面,但业余的消防活动则集中体现那种精神:"在这神圣的活动中,所有社会的差别在公民当中消失:长官、士兵、教士、手工业工人,一切均被吞没,一切均连在一起。"简言之,布里索用同样的卢梭主义道德论述支持克拉维埃勒,如同他在《日内瓦的费城人》中用来反对日内瓦贵族那样,但现在他把它指向克拉维埃勒在巴黎证券交易所中的敌人,为的是降低水务公司的股票价格。①

---

① Jacques-Pierre Brissot, *Dénonciation au public d'un nouveau projet d'agiotage, ou*(转下页)

其间，克拉维埃勒企图用他自己的方式减低公司的股票价格，通过改变伊夫特河河道流向和制订一项与之竞争的保险公司方案，推进向巴黎供水的工程。这些投机买卖间的冲突于 1786 年 7 月达到顶点，此时水务公司正式投票决定把消防和保险包括到他们的供水业务中。克拉维埃勒反对这个措施，认为它使他与马祖瓦的期货交易无效。如他在给他的同道空头投机者泰奥菲尔·卡塞诺维的信中所解释的，扩大的公司可以被视为一项新事业，所以，他没有义务在约定的日子把旧事业中的股票提供给马祖瓦。布里索在另一个小册子《就火灾而言，第二封告发保险公司的信》中，重新提出这个论点，它再度用旨在向他们提出挤兑的语言抨击股票膨胀。在对水务公司的策略做了长篇诋毁后，布里索就全面抨击多头（haussiers）投机买卖，特别是由一个"股票投机牧师"（很明显，他指的是德斯帕尼亚克修道院院长）领导的阴谋团体，强行提高印度公司的股票价格的做法。这个主题预示了《对投机买卖的告发》的最轰动的部分，它把巴黎证券交易所的运作直接与政府联系起来："股票投机商一般同权贵们联合，他们诱发新特权和来自政府的新偏袒，为的是支撑过高的股价。"为了最后一轮的财政宣传，一切都已就绪，它使做空头者反对卡洛纳本人，正如第一次显贵会议召开就是为了考虑卡洛纳孤注一掷的建议，即通过重新制定王国的税收制度，以避免王国的破产。①

（接上页）lettre à M. le comte de Sxxx sur un nouveau projet de compagnie d'assurance contre les incendies à Paris, sur ses inconvéniens, &en général sur les inconvénients des compagnies par actions (London, 1786)，引自 pp. 33-35。

① Jacques-Pierre Brissot, Seconde lettre contre la Compagnie d'assurance pour les incendies (London, 1786)，引自 p. 67。克拉维埃勒给卡塞诺维（Casenove）的信在（转下页）

第七章 追求获利：卢梭主义在巴黎证券交易所

《对投机买卖的告发》以米拉波的名义于1787年3月6日发表——缙绅会议开始审议的两周后。1月间，地下报纸早已注意到，克拉维埃勒正领导着空头投机者疯狂地反击德斯帕尼亚克修道院院长和进行水务公司、印度公司的股票暴涨投机的其他人。①克拉维埃勒的日记账表明，他自己的冒险使他卷入印度公司以及水务公司的期货交易的巨大投机买卖中。②1786年9月12日，他记录下对巴鲁的一笔100股（份）的期货出售；9月23日，对德斯帕尼亚克的150股（份）。1787年3月28日，其现金账簿中的一笔入账表明，他已经付《对投机买卖的告发》本身的开销："为发表对抗马祖瓦的实录，付阿尔杜安（巴黎印刷商）204里弗尔10苏。"前一天，法美协会中激进的美国革命热衷者在其会议记录中记录，克拉维埃勒已不能参加会议，因为他躲藏起来了。他们痛惜对他的"迫害"，这明白地暗指《对投机买卖的告发》，他们投票表决支持他的"爱国主义的努力……使人们了解有关重大的政治和财政的各种问题"。政治和财政最终结合起来，但这种结合采取一种奇特的形式：当法国-美国人赞扬他的爱国主义和启迪作用时，克拉维埃勒却从巴黎证券交易所的角度与政府斗争。

这一特点是值得强调的，因为米拉波的传记作者，遵循由艾蒂安·迪蒙所做的多少使人误解的记述，未能认识到克拉维埃勒在《对投机买卖的告发》这部作品中决定性的作用，不顾一些见

（接上页）Bouchary, *Les manieurs d'argent*, p. 71 中被引用。

① *Mémoires secrets*, entry for January 24, 1787.

② 在 Jacques-Pierre Brissot, *Correspondance et papiers, précédés d'un avertissement et d'une notice sur sa vie*, Claude Perroud, ed. (Paris, 1912), 引自 p. 132，见该协会的详细情况。

闻广博的同时代人的证言。① 确实，米拉波极大地促成了这小册子的成功，他只要将自己的名字写于上面就好。1787年1月，他返回巴黎，未能接受由卡洛纳委任的相当重要的职位，之后，他决定在一部继续于1786年发展的《对投机买卖的告发》的路线中公开抨击总审计官。但是，如同在1786年那样，他主要提供修辞。克拉维埃勒和一些其他卖空者，特别是本杰明·庞肖，供给这个论点的内容实质，利用像布里索和戈尔萨这样的雇佣文人撰写正文。布里索在回忆录中只简要地提到合著，但戈尔萨却在1792年发表了整个工作的完全记述："1786年（又得再等1787年）年长的米拉波为题为《投机买卖》的著名作品出借他的名字，一

---

① 见 J. 贝内特鲁（J. Bénétruy）对艾蒂安·迪蒙（Étienne Dumont）的介绍，*Souvenirs sur Mirabeau et sur les deax premières assemblées législatives*, ed. J. Bénétruy (Paris, 1951), p. 14，和由迪蒙本人所做的相当含糊的评述，pp. 54 and 118，其提供了贝内特鲁在 *L'Atelier de Mirabeau* p. 131 中的陈述基础。事实上，迪蒙直至1788年8月才到达巴黎，且没有1787年编写财政小册子的第一手经历。米拉波最近的传记几乎没提到编写小册子；举例而言，见 Guy Chaussinand-Nogaret, *Mirabeau* (Paris, 1982), p. 94。较老的传记提供它的一些出色的陈述，但它们并不依赖在克拉维埃勒的书信文件集中获得的信息，见 Charles de Loménie, *Les Mirabeau, nouvelles études sur la société française au 18ᵉ siècle*, 4 vols. (Paris, 1889), vol. 3, p. 650, and Alfred Stern, *La Vie de Mirabeau par Alfred Stern, traduit de l'allemand par MM. Lespes, Pasquet & Pierre Péret* 2 vols.(Paris, 1895), vol. 1, p. 272。关于把克拉维埃勒与《对投机买卖的告发》联系到一起的同时代评述，见 Brissot, *Mémoires*, vol. 2, p. 29; A.M. de Cubières, *Mirabeau jugé par ses amis et par ses ennemis* (Paris, 1791), p. 91——"C'est M. Clavière qui a fait presqu'en entier la Dénonciation de l'agiotage..." — and J.-P. Hardy, *Considérations sur la Dénonciation de l'agiotage. Lettre au comte de Mirabeau* (n.p. 1787), pp. 29-30。售书商 S.-P. 阿迪（S.-P. Hardy）于1787年4月10日在其日记账中记录下来自《文学秘密通信》（*Correspondance littéraire secrète*）的一段摘记，其提及克拉维埃勒写了部分《对投机买卖的告发》：Bibliothèque Nationale, mss. fonds. français, 6687。

第七章 追求获利：卢梭主义在巴黎证券交易所

些人认为其中部分是我的努力——他们没有错，至少有一些章节的草稿；至于资金估算，在那一点上，我恳求克拉维埃勒阁员的证言。"

戈尔萨继续解释他如何指导印刷，利用家庭关系和特鲁瓦的秘密印刷机："这份书稿，由庞肖和其他人写成并发出，在米勒小旅馆寄给我，由旅店老板转交，他是我的一个名叫科凯的亲戚。在凡尔赛的布尔多努瓦街我的寓所，这包珍贵的〔印刷品〕被投递出来。就在那邪恶的暴君卡洛纳面前，且不顾其所有的密探，我把它转寄到巴黎。"①

这伙卖空者不得不诉诸这种隐秘，因为这一次，在抨击买进证券投机图利者中，他们把猛烈的抨击直接对准政府本身。确实，"米拉波"采取一个哲人的态度，谴责所有通过操纵巴黎证券交易所而不是通过耕耘大地赚钱的企图。但他的愤慨仅仅发泄于投机商，他们通过密谋策划抬高价格，把虚价附加到股票上，且他们在玩弄邪恶的花招时得到"有影响力的权势人物和那些行使权力的人物当中党派领导人"的支持。过去的两年，米拉波把政府与买进证券投机图利者集团的所有投机买卖联系到一起。接着，在小册子的核心部分，他揭发一个多头使印度公司的股价膨胀的阴谋，这样，他们能通过把它们转嫁于无辜的投资者完成其期货投机买卖。虽然"米拉波"没有揭示这阴谋事件的详情，但他印发"德斯帕尼亚克修道院院长的行动计划"，并控告说政府本身是有牵连的："那个金融家阶层，他们受到管理着国库，监督其收入存款和花费支出的巨头的信任，以他们的职务取得大量的信贷。他

---

① A. J. Gorsas, *Le Courrier des départements*, December 11, 1792.

们就是——是的，就是他们——首先证实股票投机具有巨额钱财的可能性的人。"①

"米拉波"并没有指名提及卡洛纳，但信息是清楚的：财政总监从国库挪用数百万资金，制造一个人为的买进证券投机图利者市场，而与此同时，以国库已干涸为借口要求贵族会议批准严厉的新税收政策。

空头投机者及其小册子作者们大概并不知道他们已如何有效地命中目标，因为他们仅只瞥见法国财政史上最重大的丑行之一。卡洛纳秘密地借助期货购买提高政府的拨给（贷款票据），以维持印度公司和水务公司的股票价格上涨。但股票并没有上涨到足以使多头们能偿还 3 月份的债务，可是它们却在陆军部到期了。德斯帕尼亚克修道院院长通过购买 32,500 股印度公司的股份使其买进证券投机图利者集团中的同伙投机商们摆脱这个困境，为了他们定约在期货交易日购买。他还继续买下其他的，直至他签订 46,000 股的期货合约。那超过实际上在流通着的 9,000 股，这样，买进证券投机图利者不可能提供他们已卖出的股票。因而，德斯帕尼亚克能发号施令地规定和解的条件，加重显贵会议召开前关键的数周内卡洛纳的处境的困难。尽管这些空头投机者没有发现这件丑行的全貌，但他们已充分地感觉到卡洛纳牵涉其敌人，即多头们的秘密花招中。他们使财政总监看上去像巴黎证券交易所中所有见不得人的交易后面的邪恶天才，投机买卖的化身。②

---

① *Dénonciation de l'agiotage au roi et à l'Assemblée des Notables, Par le comte de Mirabeau* (n. p., 1787), 引自 pp. 55 and 66–67。

② 关于埃斯巴尼亚克（Espagnac）政变和 1787 年巴黎证券交易所危机的普遍讨论，见 Marcel Marion, *Histoire financière de la France depuis 1715* (Paris, 1914);（转下页）

第七章　追求获利:卢梭主义在巴黎证券交易所

对卡洛纳的这个看法制造了难题,因为历史学家们通常给予他好评。一些人走得甚远,乃至把他呈递给显贵会议的改革纲领赞扬为一项"新政"。在年度赤字增长超过一亿里弗尔时,大多数人会同意,他的措施代表了把君主国从破产中拯救出来的孤注一掷的尝试。可是,缙绅们另眼看待卡洛纳。他们之中的许多人,包括像拉法耶特这样的自由主义者,不认为有亏损存在。内克尔让他们放心,1781年,国库一年享有1,000万里弗尔的盈余,而从显贵会议内部形成一股强劲的内克尔派思潮反对卡洛纳。从外部,一阵势不可挡的舆论浪潮使卡洛纳显得像是由堕落廷臣和专制大臣组成的世界中的中心人物。完整的"卡洛纳逸事集"体裁在1787—1788年的小册子文献中发展起来。像1771—1774年的"莫普逸事集"体裁一样,它通过把国王的主要大臣描绘成一个道义上的怪物,使政府看上去腐败不堪。它奏出布里索在所有支持克拉维埃勒的小册中所坚持的卢梭主义义愤的同样调子,它在公众中唤起足够的痛恨,导致把卡洛纳从政府并最终从法国驱逐出去。①

(接上页) Herbert Lüthy, *La banque Protestante en France, de la révocation de l'Edit de Nantes à la Révolution*, 2 vols. (Paris, 1961); Bouchary, *Les manieurs d'argent*; and George V. Taylor, "The Paris Bourse on the Eve of the French Revolution", *American Historical Review*, vol. 67 (1962) pp. 961-977。

① 许多关于卡洛纳及其纲领的陈述中,最详尽的是Albert Goodwin, "Calonne, the Assembly of the French Notables of 1787 and the Origins of the 'Révolte Nobiliaire'", *English Historical Review*, vol. 61 (1946), pp. 202-234 and 329-377, and Jean Egret, *La Pré-révolution française (1787-1788)*(Paris, 1962), pp. 5-54。作为贵族当中反卡洛纳观点的实例,见Pierre Chevallier, ed., *Journal de l'Assemblée des Notables de 1787* (Paris, 1960);关于讨论写小册子反对卡洛纳及读者当中对其的反应,见我的 *Trends in Radionl Propaganda*, pp. 234-269。

卢梭主义的修辞会使历史问题复杂化，因为今天它听起来这样不真实。它使现代读者想要查明反对卡洛纳中的双重虚伪，一方面是由缙绅对纳税特权的虚伪辩护，另一方面是克拉维埃勒和空头投机者对股票市场投机买卖的不真诚的辩护。但历史学家们可能脑子反应得太快以致不能推断出，当他们识别到潜伏在其后的既得利益时，他们就理解了这类事物。他们能成为他们自己后见之明的牺牲品。倘若他们未能考虑事件对同时代的人意味着什么，他们就能曲解事件本身。回想起来，我们知道对卡洛纳的丑化被夸大，而且它传播了关于法国财政的不确切的看法。但就在这种成功里，它表达了更有深度的真相，那种真相对法国大革命的爆发是至关重要的：政府对事态的说法不再令人信服；当权者已丧失对舆论的控制；整个政权在其臣民的心目中开始丧失了合法性。

有关金融的小册子仅仅表达了煽动普遍不满的几种思想潮流之一，但它是尤其具有揭示作用的，因为它说明这个进程如何展开的，思想如何渗入日常生活并使流行事件的观念涂上颜色。巴黎证券交易所中的斗争强烈地吸引着公众，如同我们能通过像《法国文坛史秘密回忆录》这样的地下新闻报道所涉及的广泛范围看出的那样。[①] 处于残酷搏斗中的多头和卖空者们，一夜致富又一夜倾家荡产，公众人物被拖进泥潭：股票市场丑闻成为革命前十年中最重大的新闻故事之一。但是还有比钱财更重要的东西。当克拉

---

① 在 Brissot, *Correspondance et papiers*, pp. 131-133 中，见该协会 1787 年 3 月 27 日的会议的详细情况。《法国文坛史秘密回忆录》在 1783 年 10 月 30 日—1787 年 11 月 14 日的文章中广泛地涉及巴黎证券交易所的冲突。

第七章 追求获利:卢梭主义在巴黎证券交易所

维埃勒补贴布里索的小册子时,他肯定打算保护其投机买卖,但他们的合作远远超过对股价下注。贯穿这个金融宣传的卢梭主义道德论述也在巴黎证券交易所外面的诸活动中显露,包括倡导被他们视为与美国共和主义一致的理想。当法美协会投票表决支持克拉维埃勒的"爱国主义的"立场反对卡洛纳时,议事日程上有两项:第一,宣读一个由尼古拉·伯加斯写的法律文章,他曾把一个轰动一时的通奸审判转变成对整个政权的指责;第二,讨论一本当时正由布里索与克拉维埃勒写的书,该书把道德当作法美贸易中最重要的因素。美国、通奸和商务在革命前的思想团体的审议中竟然是紧迫的话题,这可能给我们不可思议的印象,但当时革命前的法国激进主义者与我们的观点并不相同。

1789年中的一天,克拉维埃勒试图亲手写一份人权宣言。他的草稿包括这样一条:"维护道德对于坚持社会契约是绝对必要的,公共部门中的全部财务活动必须要考虑其与道德的关系。"[①]任何做空头的投机买卖不能凌驾于这个声明之上。大概,克拉维埃勒真的依据从卢梭的《社会契约论》汲取的思想来理解巴黎证券交易所。或许,他与布里索一起编写小册子最有意义的方面并非他们打算赚钱,而是他们自己所说的意思。

---

① Bibliothèque Nationale, nouvelles acquisitions françaises, ms. 9534, fo. 410.

第八章
/
不为人知的秘密：历史学家如何扮演上帝

铁一般的事实已经松动。对此无人否定，因为在过去的数十年间，不管你持有什么立场，但相对主义的浪潮已席卷了知识界。传记作者们可能依然偏爱"钻进档案"之类的比喻，而谁会相信能从现实中发掘出坚硬的块金呢？像"事实"和"真相"这类词语使我们感到不安，并激发人们去寻求保护性的遮掩物。倘若你正在写一部传记，你会以一些谦逊声明作为开端。引言应对主题辅之以告诫：我们根本不能了解"真实的"弗吉尼亚·伍尔芙或者泰迪·罗斯福*，并且任何质疑作者过于天真的读者，阅读这本书都应该先看看关于方法论的论述。

近来，我正在为关于雅克-皮埃尔·布里索——法国大革命期间吉伦特派的领导人——的传记研究写一篇保护性的绪言。在把它从我脑海的记忆中删除之前，我回想起我一直通过档案追踪

---

* 弗吉尼亚·伍尔芙（1882—1941年），英国女小说家、评论家。泰迪·罗斯福，即西奥多·罗斯福总统。——译者

第八章 不为人知的秘密：历史学家如何扮演上帝

这个人的三十六年时光。我第一次碰到他是 1965 年在奥尔良市镇图书馆。我是曾敲过这家图书馆大门的唯一的外国人；开门的人，是名叫勒梅尔的代理图书馆馆长，他亲切地招待我，甚至提出要带我逛逛这座城市。因为游览以市政厅开始，且我的法语太差，听不太懂。我还以为勒梅尔先生肯定是奥尔良市市长，对我受到的盛情接待感到吃惊。我想，还有别的什么地方会这么高度尊重研究，乃至让一个青涩的研究生受到红地毯般的待遇吗？只有在法国。

后来，我的法语有了进步，足以使我了解，原来，我的主人负责该图书馆的档案，而且我刚开始猜疑他殷勤的原因时，他有点儿试探性地问我："您是新教徒？"虽然我是无神论者，但我的法语还不能胜任神学辩论。我只能简单地回答："是的，先生。""我们有几个人也是这样。"他回答道，随之莞尔一笑。很快，他就指给我看路易十四统治期间胡格诺派教徒躲避迫害的地下避难所。之后，他把图书馆的钥匙交给我，一把骨骼般的钥匙，什么都能打开，从前门到存有中世纪手稿的壁橱。我肯定想要在晚饭后，图书馆关闭及周末时进行工作。新教徒们工作都很努力。我能自取文件。新教徒是可以被信任的。

黄昏后，我在档案中找到我的第一份有关雅克-皮埃尔·布里索手稿的索引。他也帮助过新教徒们。他写文章支持在 18 世纪 70 年代和 80 年代的新教徒解放运动，那时，他们依然没有公民生存权，亦即，结婚和继承财产的权利。他还鼓吹反对死刑和奴隶制。他是一个充满激情的卢梭主义者，的确见证了 1782 年在日内瓦由卢梭思想激励的一场流产的革命。他的理想主义培养了他对美国革命和一切美国事物的热情，他在书籍和小册子中赞美它们，而且越来越激进。如同在前一章中所阐释的,他和几个朋友创建了法美协会。那几个朋友是艾蒂安·克拉维埃勒,日内瓦金融家、1782年革命失败后的避难者;埃克托尔·圣·约翰·德·克雷夫科尔,《一个美国农夫的书信》的作者,当此书变成有卢梭特点的法语版时,完全征服了巴黎;还有尼古拉·伯加斯,一个激进的律师兼臭名昭著的施催眠术者。这个协会没有持续太久,但它产生了足以供我在牛津大学写出关于它的哲学学士论文的文献资料。我曾努力追随杰斐逊驻任巴黎期间的思想潮流。1788年,当布里索启程离开巴黎赴美国游历时,我继续跟踪他的足迹。后来他回到革命的法国,创办1789年新左派的最激进的报纸之一《法兰西爱国者》,并帮助建立法国黑人之友协会,这是一个有影响力的反对奴隶制的协会,也起了一个政治俱乐部的作用。对于我来说,布里索的生涯轨迹贯穿了18世纪的所有最进步的事业,并把启蒙运动和法国大革命联系起来。

因而,当我在奥尔良图书馆打开让-夏尔-皮埃尔·勒努瓦,巴黎警察总监的文件中的一个文件夹(从1774年8月到1775年5月和从1776年6月到1785年8月),并发现勒努瓦手中的这个便条时,真是令人深为震惊:"布里索逗留在巴黎(从巴士底狱被释放后,1784年7月12日—9月10日,他因有国王敕令被监禁在那里)。他表示愿意给警察部门服务。我拒绝了他,但大约一年内,他与转交他的报告的那个部门中的一个秘书保持着秘密的线人关系,而他因那些报告而得到报酬。我退休之前不久,布里索依然被雇为警察部门的密探。"

布里索,一个警察密探?铁一般的事实?勒努瓦把那个陈述收藏在他欲收集到其《回忆录》草稿中的一些笔记中,但回忆录

第八章　不为人知的秘密：历史学家如何扮演上帝

并未完成。1800年之后，他正以他憎恶的革命的避难者的身份住在法国以外，他不时地写下一些东西。或许，他打算通过中伤一个最杰出的领导者的名誉来诽谤法国大革命。但勒努瓦没有亲自和布里索争吵过。他的文件中没有任何其他资料暗示他是蓄意捏造。相反，他的同时代人和传记作家们通常把他描写为一个诚实而能干的公仆。由于注意到所谓"间谍活动"可能涉及如何写出相对无争议的关于作家和舆论的报告，所以我们可能搪塞这个议题。但巴黎人早在1789年之前就厌恶警察密探，那时，他们至少私下处死了其中的一个人。勒努瓦毫无隐讳地提到：布里索被雇为"警察部门的密探"并得到报酬。三十六年后，我发现自己依然为这问题无法简化的"是与非"的性质而感到困惑：要么布里索为警察部门做密探，要么他没有做；要么勒努瓦说实话，要么他在撒谎。

奥尔良是研究之旅的第一站，终点为真正重要且实际上未整理的档案，即布里索的出版商瑞士纳沙泰尔印刷协会（STN）的文件。该印刷协会发行大量盗版并被禁止的书籍，它们被偷运过汝拉山并在法国各地销售。类似的出版商和批发商纷纷涌现在法国的边境地区，而且他们生意兴隆，这要感谢法国审查制度、书商行会和负责书籍检查的警察对出版加以限制。印刷协会的文件——50,000份信件和各种各样的账簿——只是这巨大的行业残存下来的一部分文件。其中包括119封未发表的布里索的信件，这是我在一本地方志中偶然看到一个脚注后写信给纳沙泰尔图书馆方才得知的。

我来到时，这些信件正等候着我呢：堆积如山的文件中的119封信，涉及出版业的方方面面，从购买纸张到销售书籍。由于不能抵拒诱惑，我开始稍加探究其他作者写的信。使我惊讶的是，我找到由法国大革命的一个更著名的领导人让-保罗·马拉写的一封信。

马拉出生于纳沙泰尔附近的布德赖村。在法国和英国开始医生和科学家的生涯之前，他在纳沙泰尔学院完成学业。此信是写给弗雷德里科-萨米埃尔·奥斯特瓦尔德的，他是马拉的世交并且是印刷协会创始人之一，这封信包括为马拉最有抱负的长篇作品，即三卷本的《论人，或道德准则及灵魂对肉体和肉体对灵魂之影响的规律》（阿姆斯特丹，1775—1776年）的辩护，它揭示了大量关于马拉的精神状态和早期的经历。但它最重要的方面则是出版日期，1776年5月14日。那时，按照他的几个传记作者的说法，他因从牛津阿什莫利恩博物馆窃取价值100英镑的硬币和纪念章而被捕入狱。据传，他一直在兰开夏的沃林顿学院教授法文，化名让-皮埃尔·勒梅特尔。审问时，他雄辩地为自己辩护，大概援引了其在《刑法方案》中所声称的原则："无论什么人为生存而偷窃，当他不能以另外方式生存时，只是在利用他的权利而已。"这个勒梅特尔不久成功越狱，以马拉的身份在巴黎重新露面。文件证明，他从1777年6月开始充当阿图瓦伯爵的卫士的医生。这个故事貌似真实，且有足够的迷惑力引发回溯到1793年3月4日的《格拉斯哥星》中一篇文章的争论。但这个故事是错误的。我手里拿着的这封信是在英国越狱事件之前在法国写的。它证明整个辩论是张冠李戴。

多说无益。我已宣称布里索犯了充当密探罪，马拉没有盗窃罪。我正在宣布我从未谋面的两个人的裁决，而且他们绝不可能为自己辩护，因为他们在两百年前久远的革命中已离开人世。这

第八章 不为人知的秘密：历史学家如何扮演上帝

是正当行使历史学家的使命吗？

回到布里索。既然我已把所有那些信件与我写的一个短篇传记一道发表了，那么，我应意识到自1968年以来我并未终止与这个人生活在一起，当时，我决定放弃撰写关于他的全面的传记。我中止那个方案是因为我认为从事另一个计划更重要，即书籍史，这个新课题，是在接触纳沙泰尔的档案时产生的。一份布里索生平的500页草稿就躺在我的办公室中一个抽屉里。我应努力呼吸其中的新鲜空气，还是应该花费自己这大半生，追逐我永远不能再闻到其气味的其他野兔吗？他值得这么下功夫吗？他真的那么重要吗？

关于研究布里索的重要性，大多数历史学家大概会提出两个论点。第一，当然，他是法国大革命中的十来个最杰出的领袖人物之一；我们知道关于他的情况愈多愈好。他被视为大革命的"布里索阶段"或"吉伦特派"阶段，即恐怖时期前夕最后的温和阶段的代表。他和他的盟友们是共和主义者、理想主义者、某种激进主义者，但并非沾满鲜血的刽子手。他们可能被人浪漫化，如同在拉马丁的《吉伦特派史》中所做的那样，但他们不能被视为无关紧要的而不认真考虑。正相反，他们代表最高的原则，且他们之中大多数，包括布里索在内，勇敢地走向断头台。在六部传记中，布里索以敢于付诸行动的理想主义的典型出现。其中最近的一部，由莱奥诺尔·洛夫特撰写，把他与纳尔逊·曼德拉相提并论。

第二，在传记和一般关于18世纪的著作中，布里索是作为一个关键性进程，即从启蒙运动到大革命之过渡的化身出现的。那两个现象间的联系往往看上去是有疑问的，但布里索在1789年之前写过宣传启蒙运动的文章，此后也捍卫启蒙运动的事业。达尼埃尔·莫尔内，这位研究法国大革命的思想起因的最主要的权威，把他描述成"一代人之全部热望的完美形象"。凡是能找到理解布里索生平的密匙的人就有可能开启他的时代的最重要的问题，——当然，并非明确地解决之，而是说明一个有代表性的个人如何经历它们并把它们体现于其生命的基本模式中。

纳沙泰尔协会的信件无疑开启了一个关于布里索生平的新视角，因为它们表明一个无名的地方青年如何努力成长为一个作家。布里索没有任何有名望的保护人和重要的社会关系，所以他不得不通过写作使自己进入文坛。他的父亲，沙特尔的一个相当富有的酒席承办人（厨师长及饭店老板），希望他当一名律师。但当雅克-皮埃尔完成中等教育时，他受到了伏尔泰的吸引，而当他起初在沙特尔，然后在巴黎担任律师的办事员时，他开始写文章，论及圣保罗的书信中的荒谬及法国刑法体系中的不公正等主题。他的父亲是一个虔诚的天主教徒，恫吓取消他的继承权，最终其父于 1779 年辞世留给他仅 4,000 里弗尔，它是后来 100,000 以上里弗尔的一笔财产的"最低"遗留额度。雅克-皮埃尔用一些钱，600 里弗尔，从兰斯大学买了敷衍了事的法律学位，但他很快放弃法律改学文学。他在《回忆录》中解释道："从此以后就自由了，我决心完全致力于写作事业。"

在那时，写作是一种职业吗？这个问题在由罗贝尔·埃斯卡尔皮、皮埃尔·布尔迪厄和阿兰·维亚拉所创的文学社会学中占据重要的地位。布里索的《回忆录》揭示了他为出人头地而实行的某种策略。他向伏尔泰和达朗贝尔求助，照卢梭的榜样参加论文有奖比赛，谋求文学圈子中的关系并一篇接一篇地撰写哲学论

第八章 不为人知的秘密：历史学家如何扮演上帝

文。虽然他未能跻身于启蒙哲人的前列，但他还是引起了政府的注意，以致遭到迫害。他避开了1779年发布的逮捕他的第一个密札，但1784年的第二个密札导致他被囚禁在巴士底狱两个月。在宣传启蒙思想的系列文章上再加上一份巴士底狱记录，这就在1789年给他提供了一个完美的履历，他脱颖而出，成为一个典型的启蒙哲人出身的革命家。

163

当布里索在《回忆录》中描述其革命前的经历时，他融入这个角色，而他的传记作家们也照着做。1965年，当我开始阅读纳沙泰尔印刷协会文件中他的全套档案时，我也是这么做的。不知道什么缘故，新材料进一步肯定了来自《回忆录》的旧形象。它表明布里索如何发表他大多数的书籍。这些书稿过于费解或太直言不讳，以致不能把他的原稿卖给法国的出版商，他出钱给瑞士人印刷，并希望通过法国巨大的地下书业市场批量销售，弥补他的花销。他最富雄心的书《刑法理论》（1780年），在启蒙运动的法律论著当中肯定应占有一席之地，尽管它几乎完全沿袭贝卡里亚的更富原创性的作品。它给印刷协会的主管弗雷德里克-萨米埃尔·奥斯泰瓦尔德以深刻的印象，他对布里索多少有着父亲般的兴趣。1780年，当奥斯泰瓦尔德到巴黎做公务旅行时，这两个人相遇，他们好像合得来。到1781年，布里索给奥斯泰瓦尔德的信件呈现出极信任的口吻，他的信任态度包含着如何作为一个作家而名利双收的努力。

当然，一流的作家可能有时夸大其志向，并把其人生描述成一个争取成功的游戏中的前进步伐。但我还是惊奇地发现，向上爬的主题遍布于布里索的信中。它们表明他寻求引见，谋求承认，努力在刊物中得到名声，请求给予赞赏的评论，要求在论文竞赛中得到优待并用计使自己被选入学术协会。他在《回忆录》中声称他貌视学术协会，因为它们独断排外，但他在信中请求奥斯泰瓦尔德在印刷协会瑞士的刊物中把他宣传为"布里索·德·瓦尔维先生，巴黎议会律师，多个学术学会会员，已经因其《刑法理论》而闻名，在较早些时候的刊物中且通过去年在德夏隆学术协会表扬过的关于同一主题的研究报告中，我们提及过它"。他在《回忆录》中还声称他一直憎恶国王，但他请求奥斯泰瓦尔德专门把数册装订好的他的书寄给腓特烈二世和叶卡捷琳娜二世："我正在文学中初露头角，而我的名字根本不为人所知……由于我想在这方面引起世人注意，所以它必须被尽最大可能地宣扬，它必须被发送到各处，给所有的国王和王后，为要达到目的，我一定不遗余力。"在草拟了关于"普遍怀疑论"的论文计划之后，布里索恳求达朗贝尔给他写封信当作前言。但当达朗贝尔寄来仅仅两行不大热心的话时，他就放弃了这个计划。他曾在《欧洲信使》工作过一段，当校对员，这种关系使他能做些宣传；但他深为不能跻身于《巴黎日报》而恼火。他使自己被选入（马恩河畔）夏隆学术协会，但他发现自己在巴黎的活动不可能超出皮拉特尔·德·罗齐耶博物馆，一个向大众开放的文学俱乐部的范围，而任何人在那里均能宣读任何文章。他对伯尔尼经济协会没完没了地进行游说，但他在有奖论文竞赛中也没有取胜。尽管他精心策划各种叫好的书评，他的书还是没有一本引起丝毫的轰动。

布里索向出版商不断发出的一连串建议也都属于自我推销和营销策划，而非表明对启蒙运动的忠心。他好像准备写任何东西：十卷的铭文与文学学院期刊的摘要、十卷的文人传记辞典、一套教育论著汇编、一篇关于如何学习语言的论文和一部刑法史。所

第八章 不为人知的秘密:历史学家如何扮演上帝

有这些作品听起来都像骗钱的作品,没有一部真的印行,因为布里索想要把它们卖给印刷协会。在建议编纂铭文与纯文学学术协会作品选集的信件中,他解释道,他将通过雇佣一些抄写员来搞出一套抄本:"我将指挥一群低级的辅助工。"布里索的确考虑汇编两套他个人的文集,十卷的《立法者的哲学丛书》和《关于人与社会福利的通信全集》,他认为它们可以无限期地续编下去,但第二卷后就停止了。它们的题目看起来立意高深,但其内容说明它们只不过是剪刀加糨糊的工作而已。事实上,布里索从未写出过任何杰出的东西——至少我在费力地查阅其数千页无聊的议论后,可以这样说。他最重要的作品《刑法理论》,如上所述,只不过是贝卡里亚的《犯罪与刑罚》的模仿作品,而他最自负的出版物,《真理,或思考达到全部人类认识的真理之方法》(1782年),完全是复述启蒙运动思想中的常规说法。

由布里索撰写的、吸引他同时代人注意力的唯一作品是那些小册子;当圈内的人完全了解了他之后,赞誉他是一个激情的善辩论者。读完其《日内瓦的费城人》之后(1783年),雅克·马莱·迪庞把他评述为一个文学中最庸俗成分的典范:"现今,文人们正变成乌合之众(下等人),而且是最卑鄙的那种乌合之众,因为他们把厚颜无耻和怯懦结合起来。"让-弗朗索瓦·德·拉·阿尔珀把他当个乡巴佬,第五流的卢梭追随者。但其他人似乎更准确地估量他的品格和能力。当弗里德里希·冯·弗罗伊登赖希告诉奥斯泰瓦尔德说,伯尔尼经济协会决不篡改规章,如布里索所要求的,为了给他一个得奖短文竞赛走后门时,他评述道:"在他的年龄(当时28岁),尽力想以一个完全称职的,哲学、政治和法律诸方面的审判员的身份力求上进,以一个新阿基米德出现,就是欲展示只有一个年轻的法国文人做得出的妄自尊大。"

我认为这个评价接近于布里索的特征。就他能被视为一个启蒙哲人而言，布里索代表上层的启蒙运动进入到中间阶层之中。但因何理由把他视为哲学家呢？因为他在《回忆录》中以这种方式展示自己，因为他的传记作者们按他的说法做出解释。可是，如果通过他与印刷协会的通信观之，他却是以不同的样子出现的。除了提出从未得到出版的粗制作品之外，他还出版过一些从未归到他名下的小册子，因为它们是匿名的。印刷协会印出其中四本，这是以前的布里索的传记作者所不知道的。一本是关于研究语言的业余短论，一本是巴黎文学界情况的论战陈述，其余两本是关于国际关系的抱有偏见的抨击作品。当我阅读后者时，我以为我认出了1792年的布里索。他对法国的敌人滥用污蔑并采取责骂的语调，而不是严肃地讨论争端，它听起来像十年后他对雅各宾俱乐部的发言那类话，那时，他比任何其他人都更加积极地使大革命卷入一场灾难性战争中。布里索的作品全集，倘若通过其出版商的档案重建的话，并不显得非常富于哲理性，而布里索本人看上去也不很像一个哲学家。

可是，我或许一直受到布里索的敌人之成见的影响。我必须承认，一旦我开始怀着疑虑阅读其作品，它们就丧失了光泽；当我拼合它们出版的背后故事之后，它们就发出使人不愉快的味道。一个传记作者在开始不喜欢他正处理的主题时就应该警觉了。但我一旦开始，我就不可能停止。被我找到的每一个证据都会加强我对《回忆录》中所表现的这个人的怀疑倾向，特别是当我审视他冒险涉足文学的金融投机的时候。

布里索的遗产足够偿付其首批书籍的印行。但当这笔钱用尽

第八章　不为人知的秘密：历史学家如何扮演上帝

时，他采取了一种金字塔式的策略：出售一本书是预定支付出版另一本的费用。由于支付系统内在的耽搁，推迟从一次出版到另一次的结算是可能的。像大多数与印刷协会有委约书籍的作者一样，布里索允诺用他收到印刷原稿后六个月到期的汇票支付花费。如果他能相当快地出售它们，他就能结清账目。他给其巴黎的书商开票据，如 E-M-P. 德索热（一个诡计多端的老兵，他与同样可疑的人物相勾结，诸如：雅克·勒沃尔，里昂的一个走私者）和寡妇拉努厄（一个拥有散布在整个凡尔赛的秘密仓库的运输代理商）。这些中间人有足够的专长，可以有效地发挥作用；但是，如布里索在其信中所描述的那样，他们按照窃贼黑吃黑的原则行事，且他们寡廉鲜耻。终于，经过各种各样的纠纷和诡计之后，德索热拒绝接受布里索的汇票，布里索抗议道，他一直被一伙无赖敲竹杠。

　　他还有另一个未能付账的理由：警察没收了 500 册《刑法理论》的货品。因而，按照他对自身困境的说法，他是一个书籍战争中受害于交战双方的无辜牺牲品——一方面是国王专制的事务官，另一方面，地下文学的敌手。可是，实际情况是更加复杂的。实际上，地下组织相当不错地履行着职责。这批书一帆风顺地被运送到了寡妇拉·努厄的仓库，但布里索认为，他可以通过把它直接运到警察总监勒努瓦的总部，使它越过巴黎书籍检察官检查。他为什么采取这鲁莽的办法呢？对此他非常自信，他向纳沙泰尔印刷协会解释道："警察给了他一个进入巴黎的秘密许可。"但勒努瓦没有把这些书交付给德索热，而是把这些书籍传给书籍交易检查官勒卡米·德·内维尔，后者即刻没收了它们。

　　经过数月的谈判，内维尔最终准许德索热私下出售 100 册，并同意把另外400册运回到纳沙泰尔印刷协会。最终这批书经由更安全的路线,又寄给了德索热。此时,它们已累积了相当多的运输费,所以,德索热重申他拒绝支付汇票。其间,幸亏来自警察方面的偏袒,布里索得到结关证,把其《立法者的哲学丛书》运到巴黎。尽管在他致纳沙泰尔的信件中仅仅隐晦地提到他与警察的接触,但他们大概包括一位勒努瓦的负责非法书籍交易和巴士底狱的秘书马丹先生。在解释他保证警察会默认他的书时,布里索强调:"马丹先生向我保证,他会热心行事,他似乎很尊重我并欲与我结交。"第一次运货很安全,如所承诺的,顺利到达法院后面德索热的店铺。但接下来布里索过高估计了自己的力量。他未得到警察的许可就印出了《立法者的哲学丛书》第五卷中《通信全集》的内容提要。散发非法内容提要是重大的冒犯,所以警察没收了装载运输中的第五卷,使销售全部十套成为不可能,并使布里索的财政状况陷入混乱。我得出结论,布里索确实遭受到旧政权镇压机构的压制——可是,并非因为公然反抗警察,而是因为他笨手笨脚地弄坏他的安排,去和他们勾结。

  布里索的全部负债是一个复杂的故事,涉及他企图以巴黎的皮拉特尔·德·罗齐耶博物馆为模式,在伦敦创立一个文学俱乐部,但尝试失败了,他破产了,恰恰在他妻子产下第一个孩子之后。短暂地被关在债务人监狱里。之后他返回巴黎,为的是找到一个财政后援者。他主要指望的人是在日内瓦处于困境时所结交的朋友,艾蒂安·克拉维埃勒。但1784年7月12日这天,他花了一个晚上与克拉维埃勒讨论其窘境后,警察就把他带到巴士底狱去了。我推测在那个时刻他负债已达25,636里弗尔,相当于一个普通手工业工人八十年的工资。

第八章 不为人知的秘密：历史学家如何扮演上帝

为什么警察囚禁布里索呢？并非如他在《回忆录》中所说的，由于他激进的哲学思考，而是如巴士底狱记录所写的，"由于诽谤性短文"，亦即，由于诽谤罪。事实上，他与警察的第一次小冲突——那时他好容易才避免被关入巴士底狱——也是由于诋毁，因为在一个叫作《烂坛子》的小册子中，他说了一些关于一位沙龙夫人的性生活的下流话。他在1784年间的冒犯就更加严重了，因为他所写的小册子被认为涉及王后的性生活。布里索在伦敦的法国人的聚居区中度过1783年和1784年的许多时光，这些法国人靠诬蔑和敲诈法国宫廷的主要人物养活自己。他们是难对付的一群——免去圣职的神父、失去社会地位的贵族和贫寒交迫的雇佣文人——他们之中最冷嘲热讽的诽谤者之一是一个名叫安娜-热代翁·拉斐特·德·佩尔波的，后成为冒险家的侯爵。布里索在《回忆录》中声称他几乎不认识佩尔波，直至1783年才遇到他。但在纳沙泰尔印刷协会档案中他的第一封信——注明日期1779年8月31日——是写给佩尔波的，后者当时在纳沙泰尔；根据18世纪的标准，它在语气上是极其亲密的："再见，亲爱的，我拥抱你……"

把佩尔波诱回到巴黎后，警察们在俘获布里索的前一天逮捕了他。他使布里索受到牵连而布里索在自己的审问过程中似乎也还以颜色。按照他的《回忆录》和其他作品的说法，警察把他关在一个地下单人牢房中并切断他与外界的一切接触折磨他，包括他的妻子。然而，按照巴士底狱的档案，布里索受到良好的待遇，获准在巴士底狱花园中散步，并于"〔8月〕24日，九点半至十点半"，几次探视中见到妻子。

布里索与其他人合著了像《夏洛和图瓦内特的恋爱》《安托瓦

内特和德韦尔热纳大臣的消遣》《揭去面纱的王太子诞生》和《圣水缸上的魔鬼》这样淫秽的小册子吗？看完散布在凯德赛*档案中的由伦敦的法国密探写的详尽报告，我认为这不大可能。没有任何一个密探把明确的诽谤罪联系到布里索身上，警察仅仅两个月后就释放了他，而他们却把佩尔波在监狱中拘留四年。但如他的两个朋友在给纳沙泰尔印刷协会的信件中所暗示的，布里索可能帮助分发了一些小册子。发现自己被出卖后，他可能把他所知道的关于佩尔波和伦敦其他诽谤性短文的作者的情况告诉了警察。可是，我们不能证实那些假设，因为布里索的全套档案已经从巴士底狱的档案中消失了。它是在1789年7月14日之后，由其友皮埃尔·马尼埃尔给他的，以后再没有见到。

围绕布里索关进巴士底狱的含含糊糊的话，涉及这些年来一直使我苦恼的问题：布里索是一个警方密探吗？他在被监禁前的数封给印刷协会的信中几次提到与警察的秘密接触，在一封随后写的信中，1785年2月19日，印刷协会的巴黎代理人，J.-F.博尔南报告提到布里索遇见"马丹先生，警察总监的第一秘书"，马丹提供他一些关于抵制书籍走私的警方措施的内部信息。马丹可能就是勒努瓦在陈述布里索做密探中提到的秘书。勒努瓦的陈述符合从布里索与纳沙泰尔印刷协会通信中所显露出来的日益增强的绝望的描绘。它还符合那时由马拉描绘的布里索的状况："〔从巴士底狱释放后〕，那个阶段他在大街上，没有任何财力，为妻儿所累，增加了他的苦恼。现在，众所周知的是，由于不知道做什么，所以，他决定为勒努瓦提供服务，当时他是警察队长，他使布里

---

*　凯德赛是法国外交部所在地，用来指法国外交部。——译者

第八章 不为人知的秘密：历史学家如何扮演上帝

索成为一个王国的观察员，每月 50 埃居（150 里弗尔）。"

尽管马拉和布里索于 1790 年后成为不共戴天的敌人，但他们在 18 世纪 80 年代曾经是亲密的朋友。马拉对布里索做密探的陈述与勒努瓦的陈述密切相关。可是，对这些陈述，我们也应该抱着怀疑的态度阅读，因为它出现在 1792 年 7 月 4 日马拉的《人民之友》中，那时他口无遮拦，肆意评说。从大革命之始直到布里索在法国大革命法庭前受审这段政治混战的最凶险阶段，同样的前后矛盾和不准确的指控，可以在政敌对他的多次抨击中找到，最后，它导致起诉布里索的罪名。考虑到这种论辩的恶毒和后果的悲剧性，我们只能得出结论，这个对他不利的说法至今依然是未经证实的。

我承认，不管怎样，我相信布里索大概是一个密探。这种确信随着我读完他在纳沙泰尔的信件而渐渐增强。到 1784 年，信中的基调就从雄心的受挫变成财政上的挣扎，在他从巴士底狱释放后写给纳沙泰尔印刷协会的第一封信中，他承认他破产了。从警察部门得到每月 150 里弗尔的薪金可能养活他的家庭成员，但一生的劳动也还不清他在伦敦和纳沙泰尔欠下的债务。最终，他被艾蒂安·克拉维埃勒救济，他不仅给布里索贷款，而且劝说纳沙泰尔印刷协会收回布里索的书而代替印刷费用。

布里索试图从 1784 年至 1789 年的破产中爬出来的全部故事牵涉大量的算术计算。为了弄懂它，我认真研究了巴黎国家档案馆中克拉维埃勒的账簿。如第七章中所阐释的，在国民公会下令逮捕克拉维埃勒及其他吉伦特派成员之后，革命的警察部门没收了这些账簿。它们显示了 18 世纪 80 年代后半期，克拉维埃勒对布里索一连串给人深刻印象的支付，那时，布里索也写了一系列旨在为克拉维埃勒在巴黎证券交易所的投机做宣传的小册子。

布里索编写小册子把他直接推向使旧制度倒台的斗争,但是,当这不牢靠的大厦开始坍倒时,他却在美国——据他的《回忆录》所言,为的是调查研究第一手的共和制。我回到美国后,找到布里索在美国古文物协会、马萨诸塞州历史协会和纽约历史协会的踪迹。那些档案表明,他一直利用克拉维埃勒的钱财做各个殖民地的纸币的投机买卖,如果按照新联邦政府的可随便以近于其票面价格兑取现金的话,它可能是一笔财富。尽管这些交易牵涉像威廉·迪埃和克里斯托弗·戈尔这样的可疑人物,但它们没有任何方面是不合法的。也没有任何理由怀疑布里索对美国一切事物之热忱的真实性,包括金钱在内。布里索甚至考虑移民,但正在到来的革命的传言使他撤回到法国。他于巴士底狱陷落前三个月创立《法兰西爱国者》报,他的财富与其报刊之成功一起骤增。1792年春季中的某些时刻,他大概是法国最有势力的人物。他运用权势使克拉维埃勒被委任为财政大臣。大革命是他们最大的投机买卖,而且他们1793年春天也一起承受失败。

坦白地说,布里索的传记看上去像一串谎言,与《回忆录》中所展开的并被所有传记作者(只有我除外)所采纳的故事线索完全相反。由于有孤家寡人之感和不断地受修正论诱惑,我于1967年参加了由埃里克·埃里克森教授在哈佛大学开设的关于传记心理学的研究班。我宣读了一篇关于布里索的论文,开始就带着一些夸张地宣称,我能在布里索的《回忆录》中的每一页上发现一个谎言。埃里克森打断了我。"在精神分析中,"他说道,"我们不谈论谎言;我们谈论屏蔽记忆。"

我重写了这篇论文,剔除了俄狄浦斯情结和儿童性欲阶段的

第八章　不为人知的秘密：历史学家如何扮演上帝

说法，翌年，该文以《大革命的格拉布街风格：J.-P. 布里索，警方密探》为标题发表。今天，当我重读它时，我察觉到其中的许多愤怒，有许多是1968年的，甚至还有许多我自己经历中的情绪。我现在感到不怎么反对埃里克森的观点了，尽管他被不幸的个人崇拜围绕着，而我对屏蔽记忆的观念备感赞同。

我有多少屏蔽的过失？我用"过失"这个词，因为我忍不住要问，布里索，这个可怜的混蛋，曾骗了我什么？第一次意外地遇到勒努瓦的手稿后发生了一些事情。事实似乎铁证如山，但我继续以更阴暗的模式排列它们。从文学雄心到为钱写作，负债、破产、做密探、做投机买卖、给自己的保护人谋取权势并把法兰西推入国内外的灾难之中，布里索变成了我一度仰慕的人的对立面。传记能受困于格式塔转换吗？①

这些事实尚未转化成论述，但它们现在看上去已不一样了。我现在认为，布里索真的是一个理想主义者，是启蒙运动的真正信徒，而当他撒谎时，他相信其谎言的真实性。它们是可信的，像卢梭的《忏悔录》中的记忆错觉。布里索第六次阅读《忏悔录》后，他便开始在狱中，在断头台的阴影下写《回忆录》。此《回忆录》缺乏天才的光环，但它们听起来不像是假的。它们是一个被卷入部分由其自己造成的革命中的格拉布街雇佣文人的真实回忆。上帝愿他的灵魂安息。上帝对我们大家发发慈悲吧。

你们可能怀疑我没有掌握事实并滑入后现代主义，乃至那类启蒙运动所反对的迷信之中。那么，让我引用最后一个事实，这是我从纳沙泰尔同样的档案中发掘出来的：1779年2月24日，

---

① 格式塔转换，意为观念范式发生变化，对事物的看法也发生变化。——校者

让-埃利·贝特朗之死。

贝特朗是一个新教牧师出身的文人,娶了奥斯泰瓦尔德的女儿后,成为纳沙泰尔印刷协会的三位理事之一。从其信件和其友人的信件以及他的两卷布道书判断,他是一个有同情心的人,一个好丈夫、好父亲、慷慨、有教养、思想开放,并献身于温和的、瑞士风格的启蒙运动。他在40岁时辞世,留下遗孀和三个孩子。这个打击永远留痕于他们的生命,通过其家人的信件,我们就能看出来它造成的影响。其他大部分关于公务的信件,也导向贝特朗的全套档案。当我通过其他人的全套档案追踪其他人的情况时,贝特朗的信不断让我回头查看他的整套档案。每次我打开贝特朗的档案,我都知道会发生什么。

在某一时刻,他使一个通信者确信,他的咳嗽正在好转。在另一个时刻,他不能与人相会,因为他卧病在床。接着,情况变得有希望;他已回到印刷厂。但那可怕、不可避免的日子仅仅几封信之遥:2月14日,他永远一去不复返了。

我能以许多方式重演贝特朗之死,也能在任何时刻终止它,使它倒播,或者快速把它推进到以无限的组合与他的档案关联起来的其他档案的链环中。

我正在做什么呢?每个历史学家做什么:扮演上帝的角色。

如圣奥古斯丁*所解释的,上帝存在于时间之外,他能随心所欲地重演历史,向后或向前,或突然地。

历史学家无可否认地创造了生命。他把生命注入到他从档案中挖出来的泥土中。他还要对死者做出判断。他别无选择:要么

---

* 圣奥古斯丁(354—430年):古罗马基督教神父,基督教哲学家。——译者

第八章 不为人知的秘密：历史学家如何扮演上帝

布里索曾经为警方做密探，要么他没有做。事实绝不会消失，但其式样随着我对它们的重新安排而改变，不仅由于我能使出的某种技巧，而且由于格式塔转换：革命者还是警方密探？哲学家还是雇佣文人？兔子还是鸭子？

或许，不管怎样，非此即彼地处理传记是有瑕疵的。大概，生命是一束矛盾，而试图把一致强加于其上是错误的。布里索既是一个富有献身精神的革命者又是一个粗俗的警察密探吗？

只有上帝知道。凭借扮演上帝，隐秘查阅档案，借助于狂妄自大，历史学家同样知道，但却是不完整的。

索　引

（词条中页码为原书页码，即本书边码）

absolutism，专制主义，35，99
　enlightened，开明～，10，94，95
　questioning of，对～的质问，8—9
Académie de Châlons-sur-Marne，（马恩河畔）夏隆学术协会，164
Académie des inscriptions et belleslettres，铭文与纯文学学术协会，164—165
Académie française，法兰西学院，79，130，131
academies，学会或协会，80，163—164
Academy of Dijon，第戎学会，108—109，113，115
Academy of Sciences (Berlin)，科学院（柏林），83
Academy of Sciences (Paris)，科学院（巴黎），136

Achard, Jacques，雅克·阿夏尔，141
actors and actresses，男演员们和女演员们，93
Adorno, Theodor，西奥多·阿多诺，15，17
"Affair of the Fourteen, The"，"十四人事件"，58—67，60，65
Africans，非洲人，14；
　参见 black；slavery
agioteurs，投机商，142，147，151，152
AIDS epidemic，艾滋病流行，104
Aix-la-Chapelle, Treaty of，《埃克斯-拉-夏佩尔条约》，44，62
Alembert, Jean le Rond d'，让·勒隆·达朗贝尔，15，114—117，121，124
　Brissot's relationship with，布里索与～的关系，162，164

American Antiquarian Society，美国古文物协会，172

American dream，美国梦，102，104

American Historical Review website，《美国历史评论》网址，40注，41，67

American Indians，美洲印第安人，14，122
    French fascination with，法国对～的迷恋 X，XV，119，123

American mind，美国人的心声，98—99

American philosophical Society，美国哲学协会，125，136

American Revolution，美国革命，120，125，131，150，157

American Stamp Act Congress，美国印花税法代表大会，96

Ami du peuple (Marat)，《人民之友》（马拉），171

Amouns de Zeokinizul, roi des Kofirans, Les (roman à clef)，《科菲兰斯国王，泽欧基尼朱尔的情人》（根据真人真事写的小说），45—46，49
    keys for，对～的解读，49注，50

Analyse des papiers anglois, L，《盎格鲁文件分析》，134

Anderson, Benedict，本尼迪克特·安德森，83

An deux mille quatre cent quarante, L' (Mercier)，《2440年》（梅西耶），71

Anecdotes sur Mme. la comtesse du Barry (Mairobert)《关于迪巴丽伯爵夫人的逸事》（梅罗贝尔），36—38，68—72

Angerville, B.-J.-F.Moufle d'，当热维尔，B.-J.-F. 穆弗勒，71，72

Annecy，安纳西，109

anthropology，人类学
    cultural systems in ～的文化体系，99
    othering in ～的他者化，xiii，13
    Rousseau and，卢梭与～，107—108，109，114

antiutopian literature，反乌托邦文学，104

Arbre de Cracovie, L' (Panard)，"克拉克夫树"（帕纳），27注

Archimedes，阿基米德，108

Archives nationales，国家档案馆，171

Aretino, Pietro，彼得罗·阿雷蒂诺，74

Argens, J.-B. de Boyer, marquis d'，J.-B. 德布瓦耶·阿尔让侯爵，72

Argenson, comte d'，达尔让松伯爵，

57，58，59

Argental, J.-G. Bosc, du Bouchet, comtesse d', J.-G. 博斯·迪·布歇，达尔让塔尔伯爵夫人，29—30

aristocrat, aristocracy,（一个）贵族，（总称）贵族，99，143

as social ideal，作为社会理想的～，81

Aristotle，亚里士多德，89，97

Arrétin, L' (Laurens),《拉雷坦》(洛朗斯)，71

artisans, in consumer culture，手工业工人，消费文化的～，84

asceticism，禁欲主义：

Christian，基督教～，92

egocentric，自我中心～，105

Ashmolean Museum，阿什莫利恩博物馆，160

"Asiatic values"，亚洲价值观，87

Assembly of Notables，显贵会议，129，149，152—153

Augustine, Saint，圣奥古斯丁，89—90，174

Austria，奥地利，10—11，78

authority, Enlightenment questioning of，权威，启蒙运动对权威的质问，8—9，15

Bachaumont, Louis Petit de，路易·珀蒂·德·巴肖蒙，68注

Bagueret (confidence man)，巴盖雷（骗子），111

baissiers，空头，141，142，144，145，147，149，153

balance of power, war and，均势，战争与～，78—79

Balkans，巴尔干国家，77

Banque de Saint-Charles，圣-夏尔银行，141

Banque d'Espagne，西班牙银行，145

Baron de XXX, Le (Bonafon),《×××男爵》(博纳丰)，52

Baroud, C.-L.-J.，C.-L.-J. 巴鲁，142，149

Barre, Poulain de la，普兰·德·拉·巴雷，19

Barthes, Roland，罗兰·巴塞斯，59

Basques，巴斯克，20

Bastille，巴士底狱，9，39，52

"Affair of the Fourteen" at，在"十四人事件"方面，58，59—61，60，65，66

Brissot in，布里索在～，137，162—163，168—171

Mairobert in，梅罗贝尔在～，38，54

·205·

prisoners frisked at，在～被搜
查的囚徒，54，55，64—66
Bayle, Pierre，皮埃尔·培尔，6，80
Beaumarchais, Pierre Augustin Caron
de，皮埃尔·奥古斯坦·卡隆
德·德·博马舍，120，
146—147，147注
Beccaria, Cesare，塞扎勒·贝卡里
亚，7，81，90，163，165
Bentham, Jeremy，杰里米·边沁，
90，103
Bergasse, Nicolas，尼古拉斯·伯加
斯，127，135，154，158
Berlin，柏林，7，83，93，147
Bernard Jules-Alexis，朱尔-亚历克
西·贝尔纳，44，46，48
Bertrand, Jean-Élie，让-埃利·贝特
朗，173—174
Bezenval, Mme.，贝曾瓦尔夫人，111
Bibliothèque de l'Arsenal，拉尔瑟纳
尔图书馆，28注，54
Bibliothèque historique de la Ville de
Paris，巴黎市图书馆，66
Bibliothèque municipale d'Orléans，奥
尔良市镇图书馆，156—157，
158
Bibliothèque nationale de France，法
国国家图书馆，67
Bibliothèque philosophique du législateur

(Brissot)，《立法者的哲学丛书》
（布里索），165，168
bills of exchange，汇票，82，142，
167，168
blacks，黑人，8，14，102，130；
参见 slavery
Blackstone, William，威廉·布莱克
斯通，97
Bloch, Marc，马克·布洛赫，47
Boccaccio, Giovanni，乔瓦尼·薄伽
丘，90
body language，肢体语言，79
Bogart, Humphrey，汉弗莱·博加
特，20
Bonafon, Marie-Madeleine-Joseph，玛
丽-玛德莱娜-约瑟夫·博纳
丰，52注，52—53
Bonis, François，弗朗索瓦·博尼，
58，61
bons mots，妙语，3，9，36
book trade，书籍交易，10，33
  bills of exchange in，～的汇票，
  82，167，168
  European scale of，～的欧洲范
  围，83
  underground，地下（书籍交
  易），31，34，70—74，
  159，163，167，170
Boorstin, Daniel，丹尼尔·布尔斯

廷，xi
Bornand, J.-F.，J.-F. 博尔南，170
Borodino, Battle of (1812)，博罗季诺战役（1812 年），78
Bosnia，波斯尼亚，20
Boulainvilliers, Henri de，亨利·德·布兰维利耶，8—9
Bourdieu, Pierre，皮埃尔·布尔迪厄，162
Bourse (Paris)，巴黎证券交易所（巴黎），xi，137，138，141—149，171
  agioteurs and，投机商与～，142，147，151，152
  baissiers and，空头与～，141，142，144，145，147，149，153
  and Compagnie des eaux de Paris，～和巴黎水务公司，145—149
  haussiers and，多头与～，141，146，149，151，152
  marchés à prime and，期货市场与～，141
  marchés à terme and，期货交易与～，141，149，152
  politics and ideology in，～的政治和思想，137，139，144—155

public opinion and，舆论与～，142—143，153
Boze, Mme. de，布泽夫人，111
Breuil, Sieur de，布勒伊先生，34
Brissot, Jacques-Pierre，雅克-皮埃尔·布里索，123 注，134—145，156—174
  background of，～的背景，162
  career trajectory of，～的生涯轨迹，157—158
  Clavière's collaboration with，克拉维埃勒与～的协作，139—142，143—145，147—150，153—155，171
  and craze for America，～和美国热，xv，126—132，134—136，157，172
  imprisonment of，～被监禁，162—163，168—171
  libel charges against，对～用文字提出控告，169—170
  in London，～在伦敦，168—171
  lying of，～的说谎，172—173
  as pamphlet writer，作为小册子作者的～，143—145，147—150，153—155，165，166，169—170，171
  pyramid strategy used by，～使

用的金字塔式策略，
166—167
self-advancement strategy pursued
by，～追求的自我发展策略，
162—165
as spy，作为密探的～，xi，
158—160，170—171，174
in United States，～在美国，
158，171—172
unpublished letters of，～的未
发表的信件，159—160，
162，171
bruits publics；参见 public noises
Bruno, Giordano，乔达诺·布鲁诺，
85
Buddhism，佛教，87
Burke, Edmund，埃德蒙·伯克，5，
6
Byron, George Gordon, Lord，乔
治·戈登·拜伦勋爵，13—14

Caesar, Julius，尤利乌斯·恺撒，76
Café de Foy，富瓦咖啡馆，40
Café de Caveau，卡沃咖啡馆，54
Café Dupuy，迪皮咖啡馆，44
Café Maugis，莫吉咖啡馆，
111—112
Café Procope，普罗科佩咖啡馆，
38，51

cafés, Paris，巴黎咖啡馆，5，142
list of，～的一览表，42
map of，～的地图，43
news in，～的消息，27，36，
37—44，50，54，66，73
Cagliostro, Alessandro, count di，亚历
山德罗尼·卡廖斯特罗伯爵，
79—80
Caisse d'escompte，贴现银行，145
Calas, Jean，让·卡拉斯，81
California，加利福尼亚，102，103
Calonne, Étienne de，艾蒂安·德·卡
洛纳，136，145—147，
149—154
"Calonniana"，卡洛纳逸事集，153
campanilismo，钟楼主义，79，86
canards，谣言，27，35
Candide (Voltaire)，《老实人》(伏尔
泰)，14，91—96
capitalism，资本主义，12，100
Caraccioli, Louis Antoine de，路
易·安东尼·德·卡拉乔里，83
Cartesianism，笛卡尔主义，16
Casablanca (film)，《卡萨布兰卡》
（电影），20
Casanova, Giovanni Giacomo，乔瓦
尼·贾科莫·卡萨诺瓦，
79—80
Casenove, Théophile，西奥菲尔·凯

斯诺夫，144
Cassirer, Ernst，恩斯特·卡西勒，16
Catherine II, empress of Russia (Catherine the Great)，俄国女皇，叶卡捷琳娜二世（叶卡捷琳娜大帝），10—11，81，164
Catholics, Catholicism，天主教徒，天主教，9，46—48，80，93，109，124，162
censorship，审查制度，129—130
　　illegal book trade and，非法图书交易与～，70—73，159
　　of news，新闻的～，31—33，34，38，73
　　police role in，～的警察作用，31注，33，34
　　royal privileges and，国王特权与～，33
"Chansonnier Maurepas"，《歌手莫勒帕》，66
chansonniers，歌手，53注，66—67
　　"keys" for，～的"解释"，67
Charlemagne, king of the Franks，法兰克国王，查理曼，76
Charles III, king of Spain，西班牙国王，查理三世，10—11
Charles V, Holy Roman emperor，神圣罗马皇帝，查理五世，90
Chastellux, marquis de，夏特吕侯爵，130—132
Châteauroux, Mme.，夏托鲁夫人，45—48
China，中国，13，87
Choiseul, Étienne-François de，艾蒂安-弗朗索瓦·德·舒瓦瑟尔，70
Christianity，基督教，7，14，76，81，92，117；
　　参见 Catholics, Catholicism；Protestants
chroniques scandaleuses，丑闻，35，72—74
Cicero，西塞罗，99
civilization，文明：
　　American escape from，来自～的美国逃脱，122，126
　　Rousseau on，卢梭论～，113—114，115
　　Voltaire on，伏尔泰论～，94—95
civilizing process，文明化进程，95
civil religion，公民宗教，117—118，129
Clavière, Étienne，艾蒂安·克拉维埃勒，xi，131，135，137—151，168
　　arrest of，～被捕，171
　　Brissot's collaboration with，布

里索与～的协作，139—142，143—145，147—150，153—155，171

 as Finance Minister，作为财政大臣的～，139，172

 as Gallo-American，作为法国－美国人的～，127—129，150，157

Clavière, J.-J., J.-J. 克拉维埃勒，140

"Clef du Caveau, La" (Capell),《酒吧间的谱号》(卡佩尔)，67

Clinton, Bill，比尔·克林顿，x—xi，106

Clovis I, king of the Franks，克洛维一世，法兰克国王，48

coffeehouses，咖啡馆，26，80，84；参见 cafés，Paris

Collé, Charles，夏尔·科莱，53—54

collectivism，集体主义，12，90

common sense，常识，98—99

communication systems，传播系统，xi—xii，xv，25—75

 correspondence networks，通信网络，80—81

 Doublet salon，杜布莱沙龙，27—31，51，56，68注

 forgotten media and genres of，～被人们遗忘的新闻媒介和类型，35

 history of，～的历史，26，67—68

 manuscript copying services，手稿抄写服务，27—31，37

 nouvellistes de bouche (newsmongers)，口头传播新闻的人（爱传播流言蜚语的人），26—27，28，32，36，37—38，54

 philosophes' mastery of，启蒙思想家们掌握的～，7，10

 schematic model of，～的图示模型，35—36

 and Tree of Cracow，～和克拉克夫树，26—27，28，31，75；

 参见 news；public opinion

communism，共产主义，18

Compagnie des assurances contre la vie，人寿保险公司，141—142

Compagnie des assurances contre les incendies，火灾保险公司，141—142

Compagnie des eaux de Paris，巴黎水务公司，145—149，152

Compagnie des Indes，印度公司，149，151

Condillac, Étienne Bonnot de，艾蒂

安·博诺·德·孔狄亚克，4
Condorcet, Marie-Jean Caritat, marquis de：马里-让·卡里塔，孔多塞侯爵：
   and craze for America，～和美国热，xv，120—125，132—136，182页注，184页注
   liberation of mankind advocated by，～提倡的人类解放，8，17，87
   in prerevolutionary crisis，革命前危机时期的～，135—136
Confessions (Rousseau)，《忏悔录》（卢梭），108—113，173
Constitutional Convention (1787)，立宪会议（1787），21—22
consumer culture，消费文化，84，85，103，105
conversation, art of，谈话艺术，79，83
Cook, James，詹姆斯·库克，12
copying services, manuscript，手稿抄写服务，27—31，37
Coquereau, J.-B.-L.，J.-B.-L. 科克罗，72
Corneille, Pierre，皮埃尔·高乃依，95
Correspondance littéraire (Brissot)，《文学通信》（布里索），131

Correspondance universelle sur ce qui intéresse le bonheur de l'homme et de la societé (Brissot)，《关于人与社会福利的通信全集》（布里索）165，168
correspondence networks，通信网络，80—81
cosmopolitanism，世界主义，5，6，19，77—84
   language and，语言与～，78，79，83
   pejorative use of term，贬损性的术语使用，79—80
   social code of，～的社交规范，79
Courrier de l'Europe, Le，《欧洲信使》，83，164
Courtener, F.，F. 库特纳，82
Crébillon, Claude-Prosper Jolyot de, fils，克洛德-普罗斯珀·若利特·德·克雷比永，50
Crèvecoeur, Hector Saint John de，埃克托尔·圣约翰·德·克雷夫科尔，xv，120，123—130，133—134，135，157—158
Crusades，十字军，14
cultural imperialism，文化帝国主义，12—14，86—87，95
cultural systems，文化体系，99

culture，文化：
  boundaries in，～的界限，13，18—19
  as civilizing process，作为文明进程的～，81
  consumer，消费者，84，85，103，105
  human sciences and，人文科学与～，107—108
  material，材料，82
  political，政治～；参见 political culture
  popular，大众～，68，103
  pursuit of happiness in，在～中追求幸福，99—106
  Rousseau's views on，卢梭关于～观点，107—108，113—117
  secular，世俗～，76
  Voltaire on literary history in，伏尔泰论文学史，94—95
currency，货币，82
  euro，欧元，xii，76，77，82，86
  U.S.dollar，美元，22

Dazemar, Sieur，达泽马尔先生，44—45
Declaration of Independence, American，美国《独立宣言》，16，19，85，91，96，97，98，101
Declaration of Rights, English，英国《权利宣言》，96
Declaration of the Rights of Man and the Citizen, French，法国《人权和公民权宣言》，16，19，76—77
Dei delitti e delle pene (Beccaria)，《犯罪与惩罚》（贝卡里亚），165
deism，自然神论，124，129
Delacroix, Ferdinand-Victor-Eugène，费迪南-维克多-欧仁·德拉克鲁瓦，13—14
De la France et des États-Unis (Brissot and Clavière)，《法兰西与美利坚合众国》（布里索和克拉维埃勒），128
Delavault, Hélène，埃莱娜·德拉沃尔，67
De l'esprit (Helvétius)，《论精神》（爱尔维修），14
De l'esprit des loits (Montesquieu)，《论法的精神》（孟德斯鸠），10
Delessert, Étienne，艾蒂安·德莱塞，144
De l'homme, ou des principes et des lois de l'influence de l'âme sur le corps et du corps sur l'âme (Marat)，《论人，或道德

准则及灵魂对肉体和肉体对灵魂之影响的规律》(马拉), 160

De l'influence de la révolution d'Amèrique sur l'Europe (Condorcet),《美国革命对于欧洲之影响》(孔多塞), 122, 133

Demeunier, J.-N., J.-N. 德默尼埃, 133

democracy, 民主, x, 16, 86, 87, 101, 117

Déntonciation au public d'un nouveau projet d'agiotage (Brissot),《向公众揭露新投机项目》(布里索), 147—148

Dénonciation de l'agiotage ("Mirabeau"),《对投机买卖的告发》(米拉波), 147, 149—151

dentistry, 牙科学, 牙科医术, ix, xii—xv, 23, 103

Derrida, Jacques, 雅克·德里达, 19

Desauges, E.-M.-P., E.-M.-P. 德索热, 167—168

Descartes, René, 勒内·笛卡尔, 4, 85

Devin du village, Le (Rousseau),《乡村卜师》(卢梭), 115

diaries, 日记, 38, 56

Diderot, Denis, 德尼·狄德罗, 4, 13, 15, 16, 19, 90, 112—113, 114

Rousseau's break with, 卢梭与～的决裂, 116—117

in Vincennes, 万森的～, 108, 112

Discourse on the Arts and Sciences (Rousseau),《论艺术与科学》(卢梭), 113—115

Discourse on the Origins of Inequality (Rousseau),《论不平等的起源》(卢梭), 115

dollar, U.S. 美元, 22

Don Juan (Molière),《唐·璜》(莫里哀), 85

Doublet, M.-A. L.: M.-A.-L. 杜布莱: manuscript news sheets of, ～的手抄新闻印刷品, 29—31, 37

salon of ("the parish"), ～的沙龙, ("堂区"), 27—31, 51, 56, 68 注

du Barry, comtesse, 迪巴丽伯爵夫人, 36—38, 68—70

Duer, William, 威廉·迪埃, 172

Dujast, Alexis, 亚历克西·迪雅斯特, 58

Dumont, Étienne, 艾蒂安·迪蒙, 150

Dupin, Mme., 迪潘夫人, 112

du Pont de Nemours, Pierre-Samuel,

皮埃尔-萨米埃尔·杜邦·德内穆尔，144
Dutch (Morris)，《荷兰》（莫里斯）48 注

Eden，伊甸园，92，111
Edict of Nantes，南特敕令，8
Édouard, Jean，让·爱德华，58
Edwards, Jonathan，乔纳森·爱德华兹，104
eighteenth century，18 世纪：
　European unity in，～的欧洲一体化，76—88
　as information age，作为信息时代的～，xv，25—75
　life expectancy in，～的预期寿命，85
　strangeness of，～的光怪陆离，ix—xiii，xv
　warmer climate in，～的更温暖的气候，85；
　参见 Enlightenment；philosophes
Einstein, Albert，阿尔伯特·爱因斯坦，19
elective affinities，选择性亲和关系，99
Elias, Norbert，诺伯特·埃利亚斯，81，95

Eliot, T.S.，T.S. 艾略特，19
Émile (Rousseau)，《爱弥儿》（卢梭），10，116
Encyclopédie，《百科全书》，7，9，10，11，79，114—115，116
Encyclopédie méthodique，《百科知识入门》，133
Encyclopedists，百科全书派成员，18，114—117
England，英国，6，62，82
　nationalism in，～的民族主义，78—79
　press in，～的报业，34
　revolution in，～的革命，96
　in Seven Years War，七年战争中的～，78，92；
　参见 London
English language，英语，86
Enlightenment，启蒙运动，xi—xii，3—24，173，174
　boundaries and，界限与～，11，18—19
　Brissot's relationship to，布里索与～的关系，161，164，165，166，173
　as campaign for change and reform，作为变革和改革运动的～，4—11
　cultural imperialism of，～的文

化帝国主义，12—14，
86—87
economic self-interest in，～自
身经济利益，22
Eurocentrism of，～的欧洲中心
主义，12，86—88
European unity and，欧洲一体
化与～，76，77，80—81，
85—88
origins of，～的起源，4，8—9
postmodernist critiques of，～的
后现代主义者的评论，
11—19
Republic of Letters identified
with，与～一致的文人共和
国，80，86
spread of，～的散布，6，7—8
values of，～的价值观，11，
76—77，86；
参见 philosophes；reason
Enlightenment Studies，启蒙运动研
究，3—4
Enlightenment's Wake (Gray)，《启蒙运
动之苏醒》(格雷)，17
Enville, Mme.d'，当维尔夫人，
125—126，136
Eon chevalier d'，德翁骑士，x
Epicureans, Epicureanism，伊壁鸠鲁
学说信奉者，伊壁鸠鲁学说，
89，90，92，93，106
Epicurus，伊壁鸠鲁，90，103
Epinay, Mme., d'，德皮内夫人，116
equality，平等，14，20，22，96，
99，129，130，131
Erikson, Erik，埃里克·埃里克森，
172—173
Escarpit, Robert，罗贝尔·埃斯卡
皮，162
Espagnac, abbé d'，德斯帕尼亚克修
道院院长，149，151，152
Espion anglais, L' (Mairobert)，《英国
间谍》(梅罗贝尔)，72
esprit de clocher，l'，钟楼精神，79
esprit systématique vs. *esprit de système*，体
系精神与系统癖，16
*Esquisse d'un tableau historique des progrès
de l'esprit humain* (Condorcet)《人
类精神进步史表纲要》(孔多
塞)，121—122，136
*Essai sur l'application de l'analyse à la
probabilité des décisions rendues à la
pluralité des voix* (Condorcet)，《论数
学分析应用于多数派决策的概
率》(孔多塞)，121
Essay concerning Human Understanding
(Locke)，《人类理解论》(洛克)，
97，136
essentialism，本质主义，13

Estates General,三级会议,135
Estrades, Mme.d',斯特拉德夫人,57
ethics and morals,伦理和道德,154—155
　　civil religion and,公民宗教与～,117—118
　　effects of arts and sciences on,艺术与科学对～的影响,108—109,113—115,117
　　and French craze for America,～和法国的美国热,127—128
　　undermining of,～的削弱,14—16
Eugene of Savoy, Prince,萨瓦的尤金亲王,78
euro,欧元,xii,76,77,82,86
Eurocentrism,欧洲中心主义,12,86—88
Europe,欧洲,76—88
　　boundaries of,～的界限,76
　　cosmopolitanism in,～的世界主义,77—84
　　language in,～的语言,78,79,83,86
　　mythic origins of,～的神话般的起源,76
　　as state of mind,作为精神状态～,76
　　unity of,～的一体化,76—88
European Community,欧洲共同体,77,86
Évangile de la raison (Voltaire),《理性的福音》(伏尔泰),9—10
Examen critique des voyages dans l'Amérique septentrionale de M.le marquis de Chastellux (Brissot),《夏特吕侯爵先生北美游记的评论》(布里索),130—132
exoticism,异国情调,xiii,14

Fagan, Christophe-Barthélemy,克里斯托夫-巴泰勒米·法冈,54
faith,信仰,15
　　in reason,理性的～,16—17,81
fascism,法西斯主义,14—18
fashion,时尚,111,116
　　in luxury goods,奢侈品中的～,81—82
Favart, Charles-Simon,夏尔—西蒙·法瓦尔,53—54
Fénelon, François de Salignac de La Mothe,弗朗索瓦·德·萨利尼亚·德·拉·马瑟·费内隆,8—9
Ferney, Voltaire's estate in,伏尔泰在费内的庄园,80,93,100,122

fifteenth century, idea of pleasure in, 15 世纪的快乐概念, 90

Filangieri, Gaetano, 盖塔诺·菲朗格里, 76

Finance Ministry, French, 法国财政部, 139, 172

fire insurance, 火灾保险, 147, 148—149

First Continental Congress, 第一次大陆会议, 96

"*fleurs blanches*", "白色的花", 56—57

Fleury, André-Hercule de, 安德烈-埃居尔·德·弗勒里, 41, 45

Florence, 佛罗伦萨, 90

folklore, political, 政治民间传说, 22, 70, 75

Fontenoy, Battle of (1745), 丰特努瓦战役（1745年）, 69

food, 食物：
  dining customs and, 进餐习惯与～, 111
  new types of, ～的新类型, 82, 85

Formey, Samuel, 塞缪尔·福尔梅, 80

Fort Mabon, siege of, 马翁堡的围攻, 82

Foucault, Michel, 米歇尔·福柯, 13, 59

Founding Fathers, 开国元勋, ix—xv, 21—24
  false historical consciousness about, 关于～的错误历史意识, x—xi
  nineteenth-century view of, ～的19世纪观点, ix—xv, 21—24, 91, 96—102, 104, 105, 106
  on pursuit of happiness, ～论追求幸福, 91, 96—102, 104, 105, 106;
  参见 specific individuals

France, 法国：
  currency in, ～的货币, 82
  destruction of parlements in (1771—1774), （法国大革命前的）贵族议会的消亡（1771—1774年）, 34
  fascination with America in, ～对美国的迷恋, xv, 119—136, 157
  German war with, ～与日耳曼战争, 44—45, 46, 47
  and history of mentalities, ～和心态史, xi, 99
  Maupeou's destruction of judicial system in, 莫普的司法系统

之消亡，70
nationalism in，～的民族主义，20，78
reading public in，～的爱好阅读的公众，34—35
in Seven Years War，～在七年战争中，78，92；
参见 news；Old Regine；Paris
Franklin, Benjamin，本杰明·富兰克林，22，120，121，125，133，134，137
fraternity，博爱，20，22，83—84
Frederick II, king of Prussia (Frederick the Great)，腓特烈二世，普鲁士国王（腓特烈大帝），10—11，78，81，83，164
Voltaire's quarrel with，伏尔泰与～的争吵，92，93
free love，自由恋爱，85
French language，法语，78，79，83，86，95
French Revolution，法国大革命，22，36，67，83—84，117—118，153，158，172
Brissot in，～中的布里索，126，136，156，161，171，173
Clavière in，～中的克拉维埃勒，138
Lafayette years of，～的拉法耶特时代，125
Terror in，～的恐怖，17，18，161
tratnsition to，向～的过渡，161—162
French Society of the Friends of the Blacks，法国黑人之友协会，161—162
Freud, Sigmund，西格蒙德·弗洛伊德，16，90，107
Freudenreich, Friedrich von，弗里德里希·冯·弗罗伊登赖希，165
Fromaget, Nicolas，尼古拉·弗罗马热，54
furniture，家具，82

Galbraith, John Renneth，约翰·肯尼思·加尔布雷思，105
Gallet, Pierre，皮埃尔·加莱，53—54
Gallo-American Society，法美协会，127—131，134，135，150，154，157—158
gardens，花园：
in Candide，《老实人》中的～，91—96
in Monticello，蒙蒂塞洛的～，100
gastronomie，美食学，烹饪术，82

索　引

Gaujoux (wigmaker)，戈儒（假发制造商），44—45，46，48，51
Gazette d'Amsterdam，《阿姆斯特丹时事报》，34，83
Gazette de France，《法兰西时事报》，33
Gazette de Leyde，《莱登时事报》，34，83
Gazette d'Utrecht，《乌德勒支时事报》，34
gazettes；参见 journals and gazettes
Geertz, Clifford，克利福德·格尔茨，99
Gelehrtenrepublik，《学术界》，80
General Will，共同意志，117，129
Geneva, republic of，日内瓦圈子，83，109，115，116—117
  revolution attempted in，～的未遂革命，127，138，143，157
gentlemen，绅士：
  segmental identity of，～的分割开的同一性，84
  as social ideal，作为社会理想的～，81
  Virginia farmers as，如同弗吉尼亚农夫，99
George I, king of England，乔治一世，英国国王，78
German language，德语，78

Germany，德国，81
  French war with，法国与～的战争，45，46，47
  Hitler in，～的希特勒，15—18
  press in，～的新闻业，34，84
Gibbon, Edward，爱德华·吉本，83
Gillet (manuscript copier)，吉莱（手稿抄写人），30
Girondists，吉伦特派，126，135，136，139，156，161，171
Gobineau, Joseph Arthur, comte de，约瑟夫·阿蒂尔，戈比诺伯爵，14
Goethe, Johann Wolfgang von，约翰·沃尔夫冈·冯·歌德，6
Goldoni, Carlo，卡洛·戈尔多尼，85
gold rush, U.S. 美国，淘金热，101—102
Gore, Christopher，克里斯托弗·戈尔，172
Gorsas, A.-J.，A.-J. 戈尔萨，144，150—151
gossip，流言蜚语，27，37，38—53，67
  about public figures (*mauvais propos*)，关于知名人士的～（坏话），35，36，37，38，

· 219 ·

51, 59

in spy reports, 密探报告的～, 38—45

"Three Sisters" story and, "三姊妹"故事与～, 44—49, 50, 52, 53; 参见 news

Gouges, Olympe de, 奥林佩·德·古热, 19

grand tours, 奢华旅行, 79, 80

Graves, Robert, 罗伯特·格雷夫斯, 20, 21

Greek Orthodox Church, 希腊东正教教会, 110

Greeks, ancient, 古代希腊人, 81, 89

"Grab Street Style of Revolution, The" (Darnton), "大革命的格拉布街风格"（达恩顿）, 172—173

Gunston Hall, 冈斯顿宅邸, 98

Gustavus III, king of Sweden, 古斯塔夫三世, 瑞典国王, 10—11

Guyard, abbé Christophe, 修道院院长克里斯托弗·居亚尔, 55, 59, 63注, 64—66

Habermas, Jürgen, 于尔根·哈贝马斯, 63

Hallaire, Jacques-Marie, 雅克-玛丽·阿莱尔, 58, 59, 61

Haller, Albrecht von, 奥尔布雷克特·冯·哈勒, 5

happiness, pursuit of, 追求幸福, 85—86, 89—106, 128

Edwards on, 爱德华论～, 104

egocentric asceticism and, 自我中心的禁欲主义与～, 105

Founding Fathers and, 开国元勋与～, xiv, 91, 96—102, 104, 105, 106

in historical perspective, 历史观点的～, 89—91

Jefferson's views on, 杰斐逊对～的观点, 91, 96—102, 104, 106

libertinism and, 放荡与～, 85

philosophes and, 启蒙哲人与～, 5, 7—8, 90

private vs. public factors in, ～中的个人与公共的因素相比, 90, 105—106

and right of property, ～和财产权, 85—86, 96—98

in U.S. jurisprudence, 美国法律体系的～, 101

Voltaire's views on, 伏尔泰对～的观点, 91—95, 106

westward expansion and, 西进

运动与～, 101—102, 104
Hardouin (Parisian printer), 阿尔杜安（巴黎印刷商）, 150
haussiers, 多头, 141, 146, 149, 151, 152
Hebrews, ancient, 古代希伯来人, 81
Hegel, G.W.F., G.W.F. 黑格尔, 15
Heidegger, Martin, 马丁·海德格尔, 15—16
Helvétius, Claude Adrien, 克劳德·艾德里安·爱尔维修, 14, 18, 90
Helvétius, Mme., 爱尔维修夫人, 125
Hémery, Joseph d', 约瑟夫·德梅里, 58
Henri IV, king of France, 亨利四世, 法国国王, 69
Henry, Patrick, 帕特里克·亨利, 98
Histoire philosophique et politique des établissements et du commerce des Européens dans les deux Indes (Raynal),《欧洲人在两个印度公司中的机构和商务之哲学与政治史》（雷纳尔）, 12, 71, 120, 123
history, 历史, x—xv, 121

anthropological, 人类学的～, 99
danger of presentism in, ～的现代主义之危险, xii
eureka moments in, ～的"我发现了"时刻, 108—109
literary, 文学～, 94
of mentalities, 心态的～, xi, 96, 99, 103
mixing fact and fiction in, ～中混合事实和虚构, 48—49
mythical dimension of, ～的虚构范畴, xv, 108
playing God in, ～扮演上帝, 174
subjectivity in, ～主观性, xiii
value of, ～的价值观, xiii
Voltaire's views on, 伏尔泰对～的观点, 94—95
history cooperative. org./ahr, 41, 67
Hitler, Adolf, 阿道夫·希特勒, 15—18, 76
Hobbes, Thomas, 托马斯·霍布斯, x, 90
Holbach, Paul-Henri-Dietrich, baron d', 保罗－亨利－迪特里希·霍尔巴赫男爵, 4, 16, 72, 90
Holland, press in, 荷兰, ～的新闻业, 34

Homer，荷马，15

Hôpital des Enfants Trouvés，弃婴收容所，108，112

Horace，贺拉斯，89，100

Horkheimer, Max，马克斯·霍克海默，15，17

Hôtel de Ville，维尔旅馆，44

Hôtel-Dieu，王宫医院，61

Houdetot, comtesse d'，乌德托伯爵夫人，123，126

Huguenots，胡格诺派教徒，74，157

human rights，人权，16，23—24，87，88

human sciences，人类科学，107—108

Hume, David，大卫·休谟，6，7，81

Hutcheson, Francis，弗朗西斯·哈奇森，90

identities, segmental，分割的身份认同，84

imagined communities，想象的共同体，83

immigrants，移民，102，134

impeachment debates，弹劾争辩，x—xi

imperialism, cultural，文化帝国主义，12—14，86—87，95

incest，乱伦，47—48

Independence Hall，独立大厅，21—22

India，印度，13，87
　nationalism in，～的民族主义，20，21

individual，个人：
　happiness and，幸福与～，90，105，106
　respect for，尊重～，18

individualism，个人主义，5，12，13，105，106

information age，信息时代：
　every age as，～的每个时代，25
　Internet and，互联网与～，xii，xv；
　参见 communication systems；news

Ingres, Jean-Auguste-Dominique，让-奥古斯特-多米尼克·安格尔，13—14

intellectual tramps，知识流浪者，110—111

Internet，互联网，xii，xv，25
　map of Paris cafés on，关于巴黎咖啡馆的地图，41，42，43，67

Ireland，爱尔兰，20，77，138
irrationality，非理性，15，16—17
Israel，以色列，20
Italy，意大利，82

Jacksonian politics，杰克逊的政治，100
Jacobin Club，雅各宾俱乐部，18，166
Jacobins，雅各宾俱乐部成员，18，136，166
Jansenists，詹森主义者，8，45，47—48
Japan，日本，14，22
Jefferson, Thomas，托马斯·杰斐逊，14，22，121，132—136
 Madison's correspondence with，麦迪逊与～的通信，xi
 at Monticello，蒙蒂塞洛的～，100，102
 in Paris，～在巴黎，120，125，126，132—133
 and pursuit of happiness，～和追求幸福，91，96—102，104，106
Jews，犹太人，8
Johnson, Samuel，塞缪尔·约翰逊，5，78—79
Jones, Howard Mumford，霍华德·芒福德·琼斯，101
Joseph I, king of Portugal，约瑟夫一世，葡萄牙国王，10—11
Joseph II, Holy Roman emperor，约瑟夫二世，神圣罗马帝国皇帝，10—11
Jouet, Denis-Louis，德尼-路易·儒埃，58
Journal de Paris，《巴黎日报》，34，119，120，121，131，134，143，164
Journal des savants，《学者报》，33
Journal helvétique，瑞士的刊物，163
Journal historique de la révolution opérée … par M. de Maupeou (Mairobert and d'Angerville)，《莫普革命的历史日志》(梅罗贝尔和当热维尔)，71，72，73
journals and gazettes，日报和时事报，30—35，61，143
 history of，～的历史，31
 international trade in，～的国际贸易，34
 manuscript，手稿，30—33，36，37
 royal privileges and，皇家特权与～，33；
参见具体著作

Kames, Henry Home, Lord, 亨利·霍姆·卡姆斯勋爵, 14

Kant, Immanuel, 伊曼纽尔·康德, 6, 14, 15, 76, 77

Katz, Elihu, 伊利胡·卡茨, 63

Kim Dae Jung, 金大中, 87

Kipling, Rudyard, 拉迪亚德·吉卜林, 13—14

Kissinger, Henry A., 亨利·A.基辛格, 77

Korea, South, 韩国, 87

Kornmann, Guillaume, 纪尧姆·科恩曼, 127

Kurds, 库尔德人, 20

La Barre, 拉·巴尔, 81

La Beaumelle, Laurent Angliviel de, 洛朗·安利维埃尔·德·拉·博梅尔, 50

Lafayette, marquis de, 拉法耶特侯爵, 121, 122, 125, 135, 153
   American Indians and, 美国印第安人与～, x, xv, 119
   Condorcet's tensions with, 孔多塞与～的紧张关系, 136

"La France", use of phrase, "拉弗朗斯", 话语的效用, 37, 68

La Harpe, Jean-François de, 让-弗朗索瓦·德·拉阿尔珀, 131, 165

laissez-faire government, 自由放任主义政府, 96

Lally-Tollendal, Thomas Arthur, comte de, 托马斯·阿瑟·拉利-托兰达尔伯爵, 81

La Noue, Widow, 寡妇拉努厄, 167

Laplace, Pierre-Simon, marquis de, 皮埃尔-西蒙·拉普拉斯侯爵, 4

La Popelinière, A.-J.-J. Le Riche de, A.-J.-J.勒里什·德·拉·波普利尼埃勒, 64

La Rouchefoucauld, duc de, 拉·罗什富科公爵, 120, 125, 133, 135

La Rouchefoucauld-Liancourt, marquis de, 拉·罗什富科-利昂库尔侯爵, 125

La Selle, Mme., 拉塞勒, 112

Latin, 拉丁语, 83

Lattaignant, Gabriel-Charles, 加布里埃尔-夏尔·拉泰格南, 54

Laurens, H.-J.du, H.-J.迪洛朗斯, 71

Le Bret, 勒布雷, 50—51

Le Clerc, Jean-Louis, 让-路易·勒克莱尔, 51

Lecouvreur Adrienne, 阿德里安娜·勒库弗勒, 93

Lefebvre, Georges, 乔治·勒费弗

尔，125 注
Le Grand Thomas，大托马斯，xiv
Leibniz, Gottfried Wilhelm，戈特弗里德·威廉·莱布尼茨，4，92
Le Maire (librarian)，勒梅尔（图书馆馆长），156—157
Le Maître, Jean-Pierre，让-皮埃尔·勒梅特尔，160
Lenoir, Jean-Charles-Pierre，让-夏尔-皮埃尔·勒努瓦，158—159，167，168，170，173
Leopold, Archduke of Tuscany，托斯卡纳的利奥波德大公，10—11
Le Peletier de Forts，Michel-Robert，米歇尔-罗贝尔·勒佩尔蒂埃·德·富尔，41
Les Délices，莱德利斯，92，93
Lessing, Gotthold Ephraim，戈特赫尔德·伊弗雷姆·莱辛，81
letters，信函，信件，38，56，98，102—103
 Brissot's unpublished，布里索未发表的～，159—160，162，171
 in correspondence networks，通信网络，80—81；参见 manuscript news
Letters from an American Farmer (Crèvecoeur)；参见 Letters d'un cultivateur américain
Letters on the Blind (Diderot)，《论盲人书简》（狄德罗），108
Letter to M. d'Alembert on the Theater (Rousseau)，《论戏剧，致函达朗贝尔》（卢梭），116—117
Lettre philosophique par M. de V-(anon.)，《哲学书简》，M. de V-（无名氏），72
Lettres d'un bourgeois de New-Haven (Condorcet)，《一个纽黑文有产者的书信》（孔多塞），133
Lettres d'un cultivateur américain (Crèvecoeur)，《一个美国农夫的书信》（克雷夫科尔），123—124，126，128，129，134，158
Lettres Persanes (Montesquieu)，《波斯人信札》（孟德斯鸠），9
Lettres philosophiques (Voltaire)，《哲学书简》（伏尔泰），9，93
Le Vasseur, Thérèse，泰雷兹·勒瓦瑟，112，115，116
libelles (scandalous books)，诽谤性短文（毁谤性书籍），35，37—38，47 注，49，51，61—62，69—74
 brothel-to-throne formula of，从妓院到王位的～的流程，38，68—70

history of，～的历史，74

illegal trade in，～的非法交易，70—73

leitmotifs in，～的中心主题，73

literary qualities of，～的文学特性，72

liberalism，自由主义，12，90，125

libertinism，自由思想，9，85

Liberty, Equality, Fraternity，自由、平等、博爱，20，22

liberty，自由，x，5，7—8，15，18

 right to，～的权利，76，85，86，96，97，98，106，130，131

 of self-development，自我发展的～，97

life, right to，生命的权利，85，96，97，98，106

Lincoln, Abraham，亚伯拉罕·林肯，22

literacy，有文化，5，34—35

literary history，文学史，94

literary theory，文学理论，13，25

literature，文学，8—9，80

 antiutopian，反乌托邦的～，104

 classical French，正统的法国人，94，95；

参见 *libelles*；具体著作

Locke, John，约翰·洛克，4，6，80，87，97，99，104，136

Loft, Leonore，莱奥诺尔·洛夫，161

Loménie de Brienne, Étienne Charles，洛梅尼·德·布里埃纳，埃迪昂纳·夏尔，136

London，伦敦，7，84，126，148

 Brissot in，～的布里索，168—171

 libellistes in，～的诽谤性短文的作者，169，170

Lord, Albert B.，艾伯特·B. 洛德，64，65注

Louisiana Purchase，《路易斯安那州购买》，101

Louis XIV, king of France，路易十四，法国国王，xiv，8—9，94—95，157

Louis XV, king of France，路易十五，法国国王，37，38—73

 in coffee spilling incident，咖啡沸溢事件中的～，37，68—70，71，73

 coronation of，～的加冕典礼，48

 dauphin's birth and，王太子的诞生与～，44

incestuous adultery of，～的乱伦通奸，47 — 48

Maurepas's relationship with，莫勒帕与～的关系，56 — 57

near death of，～的险乎死亡，46，47，48

Paris avoided by，～回避的巴黎，46 — 47

parlements destroyed in reign of，～在位时代消亡的贵族议会，34

Rousseau presented to，卢梭被引见给～，115

royal touch lost by，～丧失的国王触摸，45，47，48，70

sacred power of，～的神圣权力，47，48

sex life of，～中的性生活，38 — 50，63，68 — 70

in songs and poems，歌曲和诗歌的～，54 — 67，60，65

"Three Sisters" story and，"三姊妹"故事与～，44 — 53，50，55

Louis XVI, king of France，路易十六，法国国王，34，74，145，153

Louvre，卢浮宫，47

Lucretius，卢克莱修，90

Luxembourg Gardens, news in，卢森堡花园的消息，27，32

luxury goods，奢侈品：

consumption of，～的消费，84，85

trade in，～的贸易，81 — 82，128

Mably, Gabriel Bonnot de，加布里埃尔·邦诺·德·马布利，133

Machiavelli, Niccolò，尼科洛·马基雅维利，x

Madison, James，詹姆斯·麦迪逊，xi，22，98，99，133

mail, regulation of，邮政业务的调整，34

Mailly, Mme. de，马伊夫人，45，48

Mairobert, mathieu-François Pidansat de，马蒂厄-弗朗索瓦·皮当萨·德·梅罗贝尔，36 — 38

Anecdotes sur Mme. la comtesse du Barry by，～《关于迪巴丽伯爵夫人的逸事》，36 — 38，68 — 72

arrest of，～被逮捕，38，54，66

maitresse en titre，有头衔的女主人，57

"Malbrouck s'en va-t-en guerre" (song)，《马尔布鲁克上战场》(歌曲)，

53

Malesherbes, C.G. de Lamoignon de，C.G. 德·拉穆瓦尼翁·德·马尔泽布尔，10

Mallet du Pan, Jacques，雅克·马莱·迪庞，165

Malplaquet, Battle of (1709)，马尔帕拉凯战役（1709年），78

Mandela, Nelson，纳尔逊·曼德拉，161

Manuel, Pierre，皮埃尔·马尼埃尔，33，170

manuscript news，手抄新闻，27—33，36，37，80—81

"Mapping Café Talk" (Darnton)，"绘制咖啡馆谈话地图"（达恩顿），39—40，41，42，43

Marat, Jean-Paul，让-保罗·马拉，159—160，170—171

marchés à prime，期货市场，141

marchés à terme，期货交易，141，149，152

Maria Leszczynska, queen of France，玛丽·莱斯兹祖恩斯卡，法国王后，41—45

Marie-Antoinette, queen of France，玛丽-安托瓦内特，法国王后，x，169

Martin, M.，马丹先生，168，170

Marx, Karl，卡尔·马克思，90

Mason, George，乔治·梅森，22，98，99

Masonic lodges，共济会地方分会，5，80

Massachusetts Historical Society，马萨诸塞历史协会，172

Maupeou, René de，勒内·德莫普，70

"Maupeouana"，"莫普逸事集"，153

Maurepas, J.-F. Phélypeaux, comte de，J.-F. 菲利波，莫勒帕伯爵，56—57，66

mauvais propos，中伤语，35，36，37，39，51，59

mayonnaise，蛋黄酱，82

Mazarin, Jules，朱尔·马扎兰，74

Mazois (speculator)，马祖瓦（投机商），146，149，150

Mazzei, Filippo，菲利普·梅齐，120，132，134，135，137—138

Medici court，美第奇宫廷，90

Meister, J.-H.，J.-H. 梅斯泰，143

Mémoires (Brissot)，《回忆录》（布里索），143—144，150，162，166，169，172，173

Mémoires de l'abbé Terray (Coquereau)，《泰雷修道院院长回忆录》（科

克罗），72

Mémoires de Louis XV (anon.)《路易十五回忆录》（无名氏），72

Mémoires secrets pour servir à l'histoire de la République des Lettres en France (clandestine gazette)，《法国文坛史秘密回忆录》（秘密时事报），31，51，73，143，154

Mémoires secrets pour servir à l'histoire de Perse (*roman à clef*)，《波斯史秘密回忆录》（根据真人真事写的小说），49，51，52

Mencius，孟子，87

mentalities, history of，心态史，xi，96，99，103

Mercier, Louis-Sébastien，路易－塞巴斯蒂安·梅西耶，53，71

Mercure，《信使报》，33，130，131

Merlet, François-Philippe，弗朗索瓦－菲利普·梅勒，51

Mesmer, Franz，弗朗兹·梅斯梅尔，79—80

Metz crisis，梅斯危机，46，47，48

middle class，中产阶级，5
　in consumer culture，消费文化的～，84，85

Milan，米兰，7

"Mirabeau" (pen name)，"米拉波"（笔名），144—146，149—152

Mirabeau, Honoré-Gabriel Riqueti, comte de，奥诺雷－加布里埃尔·里凯蒂·米拉波伯爵，x，134，144—147

mistresses, royal，皇家女主人，6，115
　libelles, on，～的诽谤性短文，37—38，68—70
　in police and spy reports，警察和密探报告中的～，38—45，50—51
　in songs and poems，歌曲和诗歌的，54—57，62，63
　"Three Sisters" story and，"三姊妹"故事与～，44—53，50，55

Molière，莫里哀，85，95

monarchy，君主制：
　degradation of，～的堕落，64，69—70，73
　literature and，文学与～，8—9
　sacred power of，～的神圣权力，47，48，69
　参见具体君主制

Monboddo, James Burnett, Lord，詹姆斯·伯内特·蒙博多勋爵，14

Moncrif, François-Augustin Paradis de，

弗朗索瓦-奥古斯坦·帕拉迪·德蒙克里,54
"Mondain, Le" (Voltaire),《上流社会》(伏尔泰),92,93,95
monde, le,上流社会:
    Rousseau's relationship with,卢梭与~的关系,111—116
    use of term,术语的使用,9
    Voltaire and,伏尔泰与~,92,93
"Monstre dont la noire furie" (song),《狂怒中的怪物》(歌曲),58,60
Montagne, Fleur de,弗勒尔·德蒙塔涅,51
Montaigne, Michel de,米歇尔·德·蒙田,114
Montange, Inguimbert de,安甘贝尔·德·蒙塔涅,58,61
Montbailli case,蒙特贝利案件,81
Montbrun, Fougeret de,富热勒·德·蒙布伦,72
Montesquieu, baron de La Brède et de,拉布雷德和孟德斯鸠男爵,x,9,10,13,15,114
Monticello,蒙蒂塞洛,100,102
Montmorency,蒙特莫伦西,116
morality,道德;
    参见 ethics and morals
Mornet, Daniel,达尼埃尔·莫尔内,161
Morris, Edmund,埃德蒙·莫里斯,48注
Moscow,莫斯科,82
Mount Vernon,弗农山,xv,23
Mozart Wolfgang Amadeus,沃尔夫冈·阿马德·莫扎特,85
Musée of Pilâtre de Rozier,皮拉特尔·德·罗齐耶博物馆,164,168
myths,神话:
    of Europe's origins,欧洲起源的~,76
    history and,历史与~,xv,108
    of Rousseau's life,卢梭生平的~,108—109

Naples,那不勒斯,8,83
Napoleon I, Emperor of France,拿破仑一世,法国皇帝,76
National Assembly, French,法国国民会议,145
nationalism,民族主义,19—22,76—78,86
    in England,英国的~,78—79
    in France,法国的~,20,78
    in India,印度的~,20,21
natural law,自然法,7—8,14,

96—97
natural rights,生来的权利,96,
　97,98,121
nature, American closeness to,美国人
　的贴近自然,122,124
nature, state of,自然状态,4—5,
　7—8,90,132—133
Necker, Jacques,雅克·内克尔,
　153
Négatif party,内加蒂党派,143
Nesle, marquis de,内斯勒侯爵,
　45,47注,55
Neuchâtel,纳沙泰尔,143;
　参见 Société typographique de
　Neuchâtel
Neveu de Rameau (Diderot),《拉摩的
　侄儿》(狄德罗),16
Néville, Le Camus de,勒卡米·德·内
　维尔,167
New Deal,新政,105
news,新闻、消息,25—75
　in cafés,咖啡馆的～,27,
　　36,37—44,50—51,54,
　　66,73
　censorship of,～的审查制度,
　　31—33,34,38,73
　defined,规定的～,25
　at Doublet salon,杜布莱沙龙
　　的～,27—31

　foreign diplomats and,外国外
　　交家与～,27
　manuscript,手稿,27—33,
　　36,37,80—81
　oral,口头的～,26—27,28,
　　32,36,37—53,54,67;
　　参见 gossip; songs and poems
　private lives of public figures in,
　　知名人士私生活的～,xii,
　　36—75
　"public noises" (*bruits publics*),
　　"公众议论"(公众议论),
　　27,35,36,37,50—51
　reception of,～的接收,
　　68—70
　at Tree of Cracow,克拉克夫树
　　的～,26—27,28,31,
　　75;
　　参见 communication systems;
　　public opinion
newsmongers (*nouvellistes de bouche*),
　传播新闻的人(爱传播新闻的
　人),26—27,28,32,36,
　37—38,54
newspapers,报纸,25,26,
　34—35,84,158;
　参见具体报纸
Newton, Isaac,艾萨克·牛顿,4,
　14,80,108

New-York Historical Society，纽约历史协会，172
Nietzsche, Friedrich Wilhelm，弗里德里希·威廉·尼采，15，16—17，90
nineteenth century，19 世纪：
　　Founding Fathers and，开国元勋与～，ix—xv，21—24，91，96—102，104，105，106
　　happiness in，～的幸福，90，101—106
　　immigrants in，～的移民，102
　　imperialism in，～的帝国主义，12，13—14
Nixon, Richard M.，理查德·M. 尼克松，x—xi
Northwest Territory Act，《西北准州法案》，101
Nouvelle Héloïse, La (Rousseau)，《新爱洛漪丝》(卢梭)，116，117，126
nouvelles à la main (oral news)，手抄新闻（口头新闻），27—33，36，37
Nouvelles de la République des lettres (Bayle)，《文人共和国信息》(培尔)，80
nouvellistes de bouche (newsmongers)，爱传播新闻的人（传播新闻的人），26—27，28，32，36，37—38，54

Occidentalism，西方文化，14
"Oeuvres diaboliques pour servir à l'histoire du temps" (collection of songs)，《作为时代史的恶魔般作品》(歌曲集)，66
Old Regime，旧制度，77，135
　　finance in，～的财政，137—155
　　floating population of，～的流动人口，110—111
　　news in，～的新闻；参见 news
　　political folklore in，～的政治民间传说，70
　　popular and elite culture in，～的大众和精英文化，68
　　prerevolution of 1787—1788 in，～1787—1788 年革命前，74，120，135—136，144—155
　　Rousseau's break with，卢梭与～的决裂，114—117
oral communication，口头传播：
　　historical recovery of，～的历史恢复，38
　　of news，消息的～，26—27，

28，32，36，37—53，54，67；
参见 gossip; songs and poems
Orientalism，东方学，13—14
Orléans, duc de，奥尔良公爵，127
Ostervald, Frédéric-Samuel，弗雷德里科－萨米埃尔·奥斯特瓦尔德，160，163，165，173
othering, in anthropology，人类学的他者化，xiii，13
Ottoman Empire，奥斯曼帝国，14

pain, and pursuit of happiness，痛苦和追求幸福，89，97，102—103
Paine, Thomas，托马斯·潘恩，120，132
Palestinians，巴勒斯坦人，20
pamphlets，小册子，165，166，169—170
 Brissot-Clavière collaboration and，布里索－克拉维埃勒协作与～，143—145，147—150，153—155，171
Panard, Charles-François，夏尔－弗朗索瓦·帕纳尔，53—54
Panchaud, Benjamin，本杰明·庞科，144，150—151
Paris，巴黎，95，137—138
 American Indians in，～的美国印第安人，x，xv，119
 Bourse in，～的证券交易所；参见 Bourse
 cafés in，～的咖啡馆；参见 cafés, Paris
 as capital of Republic of Letters，作为文学界的重要都市的～，6，7，111
 celebration of dauphin's birth in，～的王太子诞生之庆祝，44
 craze for America in，～的美国热，xi，119—120，122—129
 Enlightenment in，～的启蒙运动，3—10，19
 Jefferson in，杰斐逊在～，xi，120，125，126，132—133
 Le Grand Thomas in，大托马斯在～，xiv
 Louis XV's avoidance of，路易十五对～的回避，46—47
 news in，新闻在～；参见 news
 police in，～的警察；参见 police; police reports
 Rousseau in，卢梭在～，110—116
 salons of，～的沙龙，xv，3，27—31，51—52，56，68

注，81，83，92，111，114，115，125—126
Voltaire's withdrawal from，伏尔泰从～退避，93
"parish, the" (Doublet salon), "堂区"（杜布莱沙龙），27—31，51，56

Paris le modèle des nations étrangères, ou l'Europe française (Caraccioli)，《巴黎，外国的榜样，或者法语的欧洲》（卡拉乔里），83

"Par vos façons nobles et franches" (song)，《凭你的高贵和仪容》（歌曲），67

Pascal, Blaise，布莱斯·帕斯卡尔，4

passéisme，怀旧主义，xiii

past，过去：
　distortion of，对～的歪曲，xiii
　of Europe，欧洲的～，77
　obsession with，对～着迷，xiii
　Ranke on，兰克论～，xii

Patriote français, Le，《法兰西爱国者》，158，172

Paul, Saint，圣保罗，108，162

Peale, Charles Willson，查尔斯·威尔森·皮尔，ix，x，xii

peasants，农夫，5，23，85，109，125，129

peddlers, arrests of，逮捕兜售者，34

Pelleport, Anne-Gédéon Lafitte de，安娜-热代翁·拉斐特·德·佩尔波，169—170

pessimism, U.S. tradition of，美国的悲观主义传统，104

Petition of Right, English，英国《权利请愿书》，96

"Peuple, jadis si fier, aujourd'hui si servile" (poem)，《人们啊，往昔多么自豪，今朝如此卑屈》（诗歌），60，61—62

Philadelphien à Genève, Le (Brissot)，《日内瓦的费城人》（布里索），143，148，165

Philosope, Le，《哲学家》，9—10

philosophes，启蒙哲人，4—19，95，126
　Brissot's relationship with，布里索与～的关系，143，162—163，165—166
　commitment of，～的献身，4—11
　Condorcet's link with，孔多塞与～的联系，124—125
　as elite，作为精英的～，5—6
　foreign，外国～，6，7—8，99
　media mastery of，～的传播媒介掌控，7，10

索　引

as men of letters, 作为文人的
～, 4—5, 9—10
persecution of, 对～的迫害, 5,
9, 10
politeness as viewed by, 由～看
礼仪, 81
postmodernist attack on, 后现
代主义者对～的抨击,
12—19
Rousseau's break with, 卢梭与
～的决裂, 116—117
Picasso, Pablo, 帕布洛·毕加索,
19
Piron, Alexis, 亚历克西·皮隆,
53—54
Plan Turgot, 蒂尔戈平面图, 40
Plato, 柏拉图, 89, 97
pleasure, 快乐:
    fifteenth-century idea of, 15 世
纪的～观念, 90
    and pursuit of happiness, ～和
追求幸福, 89, 90, 97,
102—103
poems, 诗歌; 参见 songs and
poems
Poland, War of Succession in (1733—
1735), 波兰王位继承战争
(1733—1735 年), 26, 28, 70
police, 警察, 38—43

Bonafon questioned by, 被～质
疑的博纳丰, 52
book trade and, 书籍交易与
～, 33, 34, 167, 170
Brissot's relationship with, 布里
索与～的关系, 158—159,
167—171, 174
eighteenth-century notion of, 18
世纪的～概念, 39, 94
prisoners frisked by, ～搜查的
犯人, 54, 55, 64—66, 65
public opinion and, 舆论与～,
39, 47, 48
police reports, 警察报告, 38—43
    "Affair of the Fourteen" and,
"十四人事件"与～,
58—66, 60, 65
    on Mairobert, 关于梅罗贝尔的
～, 38, 54—56
    Mme. de Pompadour in, ～中的
蓬帕杜夫人, 50—51
    Mme. de Vieuxmaison in, ～中
的维厄斯梅松夫人, 51—52
    of Mme. Doublet's servant, 关于
杜布莱夫人的仆人的～,
27—28
    public opinion and, 舆论与～,
39, 47, 48;
参见 spy reports

politeness，礼仪，81，93—95，114，116

political culture，政治文化，17，94—95
  private lives of public figures in，~中的知名人士私生活，xii，36—75
  republican，共和政体~，117

political theory，政治理论，17，18
  pursuit of happiness in，~中的追求幸福，96—99
  Rousseau's views on，卢梭对~的观点，117—118

politics，政治：
  culture and，文化与~，94—95
  folklore and，民间传说与~，22，70，75

Pompadour, Mme. de，蓬帕杜夫人，45，48，54，69，71
  in police reports，警察报告中的~，50—51
  in songs and poems，歌曲和诗歌中的~，57，62，63

Pont-Neuf，巴黎新桥，27，54

popular culture，大众文化，68，103

Portugal，葡萄牙，10—11

postmodernism，后现代主义，11—19
  cultural imperialism and，文化帝国主义与~，12—14
  ethical issues and，伦理学争议与~，14—16
  linguistic terms of，~的语言术语，12
  reason as viewed in，以~看待的理性，16—17
  totalitarianism and，极权主义与~，18

Pot Pourri, Le (Brissot)，《烂坛子》（布里索），169

power，权势：
  balance of，~的均衡，78—79
  fascist，法西斯主义~，14—16
  symbolic forms of，~的符号形式，118
  totalitarian，极权主义~，15，18
  Voltaire's views on，伏尔泰对于~的观点，94，95

pralines，糖衣杏仁，82

Praslin, duc de，普拉兰公爵，82

Preface to Narcissus (Rousseau)，《水仙前言》（卢梭），115

prerevolution of 1787—1788，1787—1788 年革命前，74，120，135—136，144—155

presentism，现代主义，xii

prime (premium)，手续补贴费（溢价），141

progress，进步 16，23，90
Condorcet's theory of，孔多塞的～理论，121—122

property，财产，77
pursuit of happines substituted for，用追求幸福代替～，85—86，96—98

Protestant ethic，新教伦理，105

Protestants，新教徒，8，125，144，157；
参见具体教派

Prussia，普鲁士，10—11
French war with，法国与～的战争，78

psychoanalysis，心理分析，107，172

psychobiography，心理传记，172—173

public gardens, news in，公共花园里的消息，27，32，38，66
Tree of Cracow and，克拉克夫树与～，26—27，28，31，75

"public noises" (*bruits publics*)，"公众议论"（公众议论），27，35，36，37，50—51

public opinion，舆论，28，35，37，62，84—85，126
Bourse and，巴黎证券交易所与～，143，153
police and，警察与～，39，47，48
"Three Sisters" story and，"三姊妹"故事与～，46—48
U.S. pessimism expressed in，用～表示的美国悲观主义，104
Voltaire's command of，伏尔泰对～的控制，80—81；
参见 communication systems；news

public sphere, Habermas's theory of，哈贝马斯的公共领域范围的理论，63 注

publishing industry，出版业；参见 book trade

Puccini, Giacomo，贾科莫·普契尼，13—14

Pucelle d'Orléans, La (Voltaire)，《奥尔良女郎》（伏尔泰），72

Pufendorf, Samuel, baron von，塞缪尔·冯·普芬多夫男爵，97

Pushkin, Aleksander，亚历山大·普希金，83

Puttnam, David，大卫·普特南，25 注

· 237 ·

Quai des Àugustins，奥古斯丁码头，27，54

Quakers，贵格会教徒，120，123，124，130，132，134

"Quand le péril est agréable" (song)，《当危难讨人喜欢时》(歌曲)，56

"Quand mon amant me fait la cour" (song)，《当我的情人向我求爱》(歌曲)，63

"Quel est le triste sort des malheureux français" (poem)，《不幸的法国人的悲惨命运是什么》(诗歌)，60，61

Quesnay, François，弗朗索瓦·魁奈，16

Questions sur L'Encyclopédie (Voltaire)，《关于百科全书的问题》(伏尔泰)，72

Quietists，寂静主义者，8

"Qu'une bâtarde de catin" (song)，《这个私生的婊子》(歌曲)，54，60，63—67，65

racism，种族主义，14，19

Rameau's Nephew (Diderot)，《拉摩的侄儿》(狄德罗)，112—113

Ranke, Leopold von，利奥波德·冯·兰克，xii

Rastadt, Treaty of (1714)，《拉斯塔特和约》(1714年)，83

Rawalpindi，拉瓦尔品第，21

Raynal, abbé G.-T.-F.，G.-T.-F.雷纳尔修道院长，12，71，87，120，123，133

reason，理性，4—5，13，15—18，77，80，81，125—126

  Condorcet's passion for，孔多塞对～的热情，121—123，136

  Rousseauism vs.，与～相比的卢梭主义，131，132

Recherches historiques et politiques sur les États-Unis de l'Amérique septentrionale (Mazzei)，《关于北方美利坚合众国的历史与政治研究》(梅齐)，132，133，134

Reims, Cathedral of，兰斯大教堂，48

religion，宗教，8—9，14，44—45，79，100，123，124—125

  civil，公民～，117—118，129

  "natural"，"自然的"～，124；参见具体宗教

Réponse de Jacques-Pierre Brissot à tout les libellistes qui ont attaqué et attaquent sa vie passée (Brissot)，《答复一贯抨击他过去身世的所有诽谤性短文的作者》(布里索)，144

Représentants，代理人，143

republicanism，共和主义，117，
    136，143，148，150，
    171—172
Republic of Letters，文人共和国，
    xi—xii，19，112，138
    Bourse and，巴黎证券交易所
        与～，143
    Enlightenment identified with，
        与～等同的启蒙运动
    international，国际性～，6，80
    Paris as capital of，作为～首都
        的巴黎，6，7，111
Revol, Jacques，雅克·勒沃尔，167
revolution，革命：
    attempted in Geneva，在日内瓦
        尝试的～，127，138，143，
        157
    as right，～权利，97，128—129；
        参见 American Revolution；
        French Revolution
Revolutionary Tribunal，法国大革命
    法庭，171
Richelieu, duc de，德·里舍利厄公
    爵，45，46，51，64，82
rights，权利，76—77，85—86，
    124，154
    human，人类～，16，
        23—24，87，88
    to liberty，自由～，76，85，
        86，96，97，98，106，
        130，131
    to life，生命～，85，96，97，
        98，106
    natural，自然～，96，97，98，
        121
    revolution as，作为革命的～，
        97，128—129
    to security，安全～，77，86，98
    of women，妇女的～，18，
        19，135
Robespierre, Maximilien de，马克西
    米利安·德·罗伯斯庇尔，17，
    18
Robespierrists，罗伯斯庇尔派，138
Robin, abbé Charles-César，夏尔－塞
    扎尔·罗宾修道院院长，120，
    132
Rohan-Chabot, chevalier de，德罗
    昂－夏博骑士，9
Roman Catholic Church，罗马天主
    教教会，9，46—48，80，93，
    109，124，162
Roman law，罗马法，76
Romans, ancient，古罗马人，89，
    99
romans à clef，根据真人真事写的小
    说：
    keys for，～的解释，49，50，

52
"Three Sisters" story in，～的"三姊妹"故事，45—46，49，50，52，53
Romantics，浪漫主义者，13，18
Rome，罗马，90，99
Roosevelt, Franklin D.，富兰克林·D.罗斯福，22，105
Rossbach, French defeat at (1757)，法国人在罗斯巴赫的失败（1757年），78
Rousseau, Jean-Jacques，让-雅克·卢梭，x，10，15，19，81，107—118，131，143，148，155
 Americanized，被美国化的～，126—127
 anthropology and，人类学与～，107—108，109，114
 background of，～的背景，109—111
 Brissot compared with，与～相比较的布里索，162，165，173
 cosmopolitanism condemned by，～谴责的世界主义，80
 creation of，～的创作，107
 happiness as viewed by，由～看待幸福，90，106
 illegitimate children abandoned by，～遗弃的非法孩子，108，112，115
 Japanese reception of，日本人接受～，14
 le mondés relationship with，上流社会与～的关系，111—116
 myth of，～的神话，108—109
 in Paris，巴黎的～，110—116，126
 politeness as viewed by，由～看待礼仪，81，114，116
 Rameau's nephew compared with，把～与拉摩的侄儿相比，112—113
 royal pension of，～的皇家津贴，115，116
 Vincennes walk of，～的万森徒步旅行，108—109，112，114，116
Rousseauism，卢梭主义：
 financial pamphlets and，财政小册子与～，153，154—155
 reason vs.，～与理性相对，131，132
royal touch, end of，国王触摸的终结，45，47，48，70
Russia，俄国，10—11，22，77，83

索　引

Sade, marquis de，萨德侯爵，ix—x，15
Saint-Lambert, J.-F. de，J.-F. 德·圣-朗贝尔，123
Saint Petersburg，圣彼得堡，80，83
Saint-Simon, comte de，德·圣-西门伯爵，8—9
salons，沙龙，5，6，9，80
　　of Doublet ("the parish")，杜布莱的~（"堂区"），27—31，51，56，68 注
　　in Paris，巴黎的~，XV，3，27—31，51—52，56，81，83，92，111，114，115，125—126
　　Rousseau's attack on，卢梭对~的抨击，114
　　Rousseau's reception in，~接受卢梭，111，115，126
Savonarola, Girolamo，吉罗拉莫·萨沃纳罗拉，90
science，科学，15，103，121
screen memory，屏蔽记忆，172—173
scrofula (King's Evil)，淋巴结结核（瘰疬），47，48
Second Treatise on Civil Government (Locke)，《政府论下篇》（洛克），97

secret du roi, le，国王的秘密，31，49—50，70
secular culture，世俗文化，76
security, right to，安全的权利，77，86，98
self, cult of，自我崇拜，105
self-development，自我发展，97，105
self-interest，自身利益：
　　enlightened，开明的~，22，90
　　rational，合理的~，89
Seneca，塞内加，99
Sentimental Journey (Sterne)，《感伤的旅行》（斯特恩），78
Serbia，塞尔维亚，20，64
serfs，农奴，77
servants，仆人们，111
　　dresses of，~的服装，84
　　literary work of，~的文学著作，52，53
　　news copying service of，~的新闻抄写业务，27—31
seventeenth century，17 世纪，5
　　art of conversation in，~的谈话艺术，83
　　esprit de système of，~的系统的思想，16
　　"little ice age" of，~的"小冰期"，85

property in political debates of，～政治争论的特性，96

Seven Years War (1756—1763)，七年战争（1756—1763 年），78，92

Short, William，威廉·肖特，135

Siècle de Louis XIV, Le (Voltaire)，《路易十四时代》（伏尔泰），73 注，94—95

Siècle de Louis XV, Le (Voltaire)，《路易十五时代》（伏尔泰），73 注

Sigorgne, Pierre，皮埃尔·西戈尔格纳，55，61

Singer of Tales, The (Lord)，《故事歌手》（洛德），65 注

Singh, Ajit，阿吉特·辛格，21

Sinnzusammenhang，感觉关联，99

sixteenth century，16 世纪，85
  conquistador in，～的征服者，12
  Gelehrtenrepublik of，～的《学术界》，80
  radicals and humanists in，～的激进主义者和人道主义者，5

slavery，奴隶制，8，99
  abolition of，～的废除，12，17，87，123，135，158
  Voltaire's denunciation of，伏尔泰对～的痛斥，14

Smith, Adam，亚当·斯密，6，22，136

social classes，社会阶层，90
  intermingling of，～的混合，68，84，111—112

Social Contract, The (Rousseau)，《社会契约论》（卢梭），10，80，116，117—118，143，155

socialism，社会主义，12，86，90，96

social welfare，社会福利，96

Société économique de Berne，贝尔纳经济协会，164，165

société typographique de Neuchâtel (STN)，纳沙泰尔印刷协会（STN），159—171，173—174

songs and poems，歌曲和诗歌，36，39，51，53—67，55
  in "Affair of the Fourteen"，"十四人事件"的～，58—67，60，65
  collections of，～全集，66—67
  court origin of，～的宫廷来源，53，56—58
  diffusion pattern of，～的传播模式，60，60—62，63—66
  of Favart，法瓦尔的～，

53—54

incest theme in，～的乱伦主题，48注

as mnemonic device，作为增进记忆的手段的～，53，61

South Korea，韩国，87

Spain，西班牙，10—11，78

speculators, financial，金融投机商：

agioteurs，投机商，142，147，151，152

baissiers，空头，141，142，144，145，147，149，153

haussiers，多头，141，146，149，151，152

Spinoza, Baruch，巴鲁克·斯宾诺沙，85

spy reports，密探报告，38—45，47—48

of Brissot，布里索的～，158—159，170—171，174

on Mairobert，关于梅罗贝尔的～，38

royal mistresses in，～中的贵夫人们，38—45

Stalin, Joseph，约瑟夫·斯大林，18

Stalinism，斯大林主义，17

Stamp Act，印花税法，98

state constitutions，国家宪法，101

state power，国家权力：

fascist，法西斯主义～，14—16

totalitarian，极权主义～，15，18

stereotyping，铅版印刷，13—14

Sterne, Laurence，洛朗斯·斯特恩，78

stethoscope warmer, invention of，听诊器取暖器的发明，106

Stockholm，斯德哥尔摩，8

stock market，证券市场；参见 Bourse

Stoics，斯多葛派学者，89

stuart, Charles Edward (Bonnie Prince Charlie, the Young Pretender)，查尔斯·爱德华·斯图亚特（博尼·普林斯·夏利，年轻的僭王），62

Stuart, Gilbert，吉尔伯特·斯图尔特，ix，xii，22

subjectivity, in history，历史的主观性，xiii

suburbs，郊区，102，105

Supplément au Voyage de Bougainville (Diderot)，《布干维尔游记续篇》（狄德罗），13

Sur les actions de la Compagnie des eaux de Paris ("Mirabeau")，《关于巴黎水务公司的股份》（"米拉波"），146

Sweden，瑞典，10—11

Switzerland，瑞士，143，159—160

 Rousseau in，卢梭在～，109—110，111；

  参见 Geneva, republic of; société typographique de Neuchâtel

Système de la nature (Holbach)，《自然体系》（霍尔巴赫），72

Tableau de Paris (Mercier)，《巴黎景象》（梅西耶），71

Taconnet, Toussaint-Gaspard，图森－加斯帕尔·塔孔内，53—54

Tanastès, conte allégorique (Bonafon)，《塔纳斯泰斯，寓意故事》（波纳丰）49，52，53

Tarde, Gabriel，加布里埃尔·塔尔德，63

Target, G.-J.-B.，G.-J.-B. 塔尔热，123

taste，品位，嗜好：

 philosophes' appeal to，启蒙哲人对～的追求，81—82

 Rousseau on，卢梭对～的观点，114，117

taxes，税收，45，105，149

 Condorcet's views on，孔多塞对于～的看法，123，125，135

 Crèvecoeur's views on，克雷夫科尔对于～的看法，129

 in news，～新闻中，38，51，55，73

technology，技术，12，14，15

 happiness levels raised by，～提高的幸福水平，102—103

teeth，牙齿：

 pain in，～的痛苦，ix，xiv，23，103

 of Washington，华盛顿的～，ix，xiv—xv，23

Terror，恐怖，17，18，161

theater，戏院，93，119

 Rousseau's views on，卢梭对～的看法，116—117

Théorie des lois criminelles (Brissot)，《刑法理论》（布里索），163—164，165，167

Thérèse philosophe (d'Argens)，《哲人泰雷兹》（阿尔让），72

Thomism，托马斯主义，16

"Three Sisters, The" (story)，《三姊妹》（故事），44—53

 in poems，诗歌中的～，55

 public opinion and，舆论与～，46—48

 in *romans à clef*，根据真人真事

写的小说～, 45—46, 49, 50, 52, 53
Thucydides, 修昔底德, xii
Toland, John, 约翰·托兰德, 6
tolerance, 宽容, 4—5, 8, 129
　　religious, 宗教～, 124—125
toothaches, 牙痛, ix, xiv, 23, 103
totalitarianism, 极权主义, 15, 18
trade, 交易, 12, 125, 127, 133, 154
　　in books, 书籍的～, 参见 book trade
　　in luxury goods, 奢侈品的～, 81—82, 128
Tree of Cracow, 克拉克夫树, 26—27, 28, 75
Tuileries, 杜伊勒利, 27
Turgot, Anne-Robert-Jacques, 安娜-罗贝尔-雅克·杜尔哥, 121, 124, 125, 126
Turin, 都灵, 109
Turks, 土耳其人, 20
　　in *Candide*,《老实人》中的～, 92, 94
Tuscany, 托斯卡纳, 10—11
Twain, Mark, 马克·吐温, 110
twentieth century, 20 世纪
　　fascism in, ～的法西斯主义, 14—16
　　happiness in, ～的幸福, 90, 102—106
　　immigrants in, ～的移民, 102
　　reason in, ～的理性, 16
　　totalitarianism in, ～的极权主义, 15, 18

United Nations, 联合国, 77
United States, 美利坚合众国:
　　Brissot in, 布里索在～, 158, 171—172
　　death in, ～中的死亡, 105
　　and Declaration of Independence, ～与《独立宣言》, 16, 19, 85, 91, 96, 97, 98, 101
　　false historical consciousness in, ～的错误历史意识, x—xi
　　Founding Fathers and, 开国元勋与～, ix—xv, 21—24, 91, 96—102, 104, 105, 106
　　French fascination with, 法国人对～的迷恋, xv, 119—136, 157
　　immigration in, ～的移民, 102, 134
　　pessimism in, ～的悲观主义,

· 245 ·

104

pursuit of happiness in，～的追求幸福，xiv, 89, 91, 96—106

Universal Declaration of the Rights of Man，《世界人权宣言》，77

universalism，普世主义，12, 86—87

utopianism，乌托邦主义，129, 132

in *Candide*，《老实人》中的～，91—94

Vadé, Jean-Joseph，让-约瑟夫·瓦代，53—54

Vauban, marquis de，沃邦侯爵，8—9

vaudeville，讽刺民歌，53, 119

venereal disease，性病，57

Verdi, Giuseppe，吉乌塞佩·威尔第，13—14

Versailles，凡尔赛，x, xi, 27, 38, 46, 56—58, 95, 114, 151, 167

Viala, Alain，阿兰·维亚拉，162

Vico, Giambattista，贾姆巴蒂斯塔·维科，5

Vie privée de Louis XV (*libelle*)，《路易十五的私生活》（诽谤性短文），49, 61—62, 72, 75

Vieuxmaison, Mme. de，维厄斯梅松夫人，51—52

Villeneuve, Venture de，旺蒂勒·德·维尔纳夫，111

Vincennes, Rousseau's walk to，卢梭步行到万森，108—109, 112, 114, 116

Vintimille, Mme. de，樊蒂米夫人，45

Virgil，维吉尔，100

Virginians，弗吉尼亚人，98—100

Voltaire (François-Marie Arouet)，伏尔泰（弗朗索瓦-玛丽·阿鲁埃），4, 5, 78, 130, 162

Condorcet's relationship with，孔多塞与～的关系，121, 122, 124

correspondence networks of，～的通信网络，80—81

cosmopolitanism of，～的世界主义，80—81, 83

death of，～的死亡，93

in fight for rights of man and social justice，为人权和社会正义的战斗，15, 17, 23—24, 86, 124

Jefferson compared with，与～相比较的杰斐逊，100

Lecouvreur's death and，勒库弗勒之死与～，93

Nietzsche and，尼采与～，16—17

positive stereotyping by，～正向模式，13

pursuit of happiness as viewed by，由～看待追求幸福，91—95，106

Rousseau's views on，卢梭对～的观点，116—117

slavery denoanced by，由～谴责的奴隶制，14

wit of，～的才智，9，81

writings of，～的作品，7，8，9，14，72，91—96，110

Voyage à Amatonthe (roman à clef)，《到阿马通特旅行》（根据真人真事的故事），49

Warens, Mme. de，华伦夫人，109，111

War Ministry, French，法国陆军部，152

War of the Austrian Succession (1740—1748)，奥地利王位继承战争（1740—1748年），78

War of the Polish Succession (1733—1735)，波兰王位继承战争（1733—1735年），26，28，78

War of the Spanish Succession (1701—1714)，西班牙王位继承战争（1701—1714年），78

Wars，战争，19，20，81，123

balance of power and，均势与～，78—79

religious，宗教～，79，90

Washington, D.C., eighteenth-century Paris compared with，与华盛顿比较的18世纪的巴黎，75

Washington, George，乔治·华盛顿，21—24，98，106，119—120，131

false teeth of，～的假牙，ix，xii—xv，23

portraits of，～的肖像，ix，x，xii，22，23

Weber, Max，马克斯·韦伯，99

welfare state，福利国家，103，105，106

"We must cultivate our garden" (in Candide)，"我们必须耕耘我们的花园"（在《老实人》中），91—96

West, Raymond，雷蒙德·韦斯特，106

Westphalia, Peace of (1648)，《威斯特伐利亚和约》（1648年），79

westward expansion，西部扩张，101—102，104

"white flowers" (*fleurs blanches*)，"白色花"（白色花），56—57

Wilkes, John，约翰·威尔克斯，79

Williamsburg, Va.，威廉斯堡, Va.，98

Winckelmann, Johann Joachim，约翰·约阿希姆·温克尔曼，6

Wintzenried (itinerant coiffeur)，温特策里德（流动理发师），111

wit，妙语，9，81，92，130

Wolff, Christian, baron von，克里斯蒂安·冯·沃尔夫男爵，92

Wollstonecraft, Mary，玛丽·沃斯通克拉夫特，19

women，妇女

  appeal to taste of，～的追求品位，81—82

  Condorcet's views on，孔多塞对～的观点，8，17

  rights of，～的权利，18，19，135

  salons of，～的沙龙，27—31，51—52，56

World War I，第一次世界大战，20

World War II，第二次世界大战，20

World Wide Web，万维网，xv，25；参见 Internet

图书在版编目（CIP）数据

华盛顿的假牙：非典型的十八世纪指南 /（美）罗伯特·达恩顿著；杨孝敏译. -- 北京：商务印书馆，2025. --（新文化史名著译丛）. -- ISBN 978-7-100-25329-1

Ⅰ.K103

中国国家版本馆 CIP 数据核字第 20257DA012 号

权利保留，侵权必究。

新文化史名著译丛
华盛顿的假牙
非典型的十八世纪指南

〔美〕罗伯特·达恩顿　著
杨孝敏　译
刘北成　校

商　务　印　书　馆　出　版
（北京王府井大街36号　邮政编码100710）
商　务　印　书　馆　发　行
北京博海升彩色印刷有限公司印刷
ISBN 978-7-100-25329-1

2025年9月第1版　　开本 880×1230　1/32
2025年9月北京第1次印刷　印张 8

定价：58.00元